Wladimir Megre

Anastasia – Das Wissen der Ahnen

Anastasia -

Das Wissen der Ahnen

Wladimir Megre

Anastasia Bd. VI

|||||||||||||||||||||||||| SILBERSCHNUR ||||||||||||||||||||||||||

Bisherige Titel von Wladimir Megre zu Anastasia:

Erschienen im Wega-Verlag:
– Band 1: Anastasia, ISBN 3-9806724-0-9
– Band 2: Die klingenden Zedern Russlands, ISBN 3-9806724-1-7
– Band 3: Raum der Liebe, ISBN 3-9806724-2-5
– Band 4: Schöpfung, ISBN 3-9806724-3-3
– Band 5: Wer sind wir, ISBN 3-9806724-6-8

Preis je Band: 14,90 €

Neu übersetzt im Govinda-Verlag:
Band 1: Anastasia – Tochter der Taiga
gebunden: ISBN 3-906347-65-6, 16,00 €
Taschenbuch: ISBN 3-906347-66-4, 9,50 €

Originaltitel: РОДОВАЯ КНИГА („Buch der Ahnen")

Aus dem Russischen übersetzt von Sylvia Schäfer

© für die deutsche Ausgabe Verlag „Die Silberschnur"

ISBN 3-89845-040-6

1. Auflage 2003
2. Auflage 2003

Illustrationen: Olga Zeiger, Andernach
Gestaltung & Satz: XPresentation, Boppard
Druck: Finidr, s.r.o. Cesky Tesin

Verlag »Die Silberschnur« GmbH · Steinstraße 1 · D-56593 Güllesheim

www.silberschnur.de
e-mail: info@silberschnur.de

Inhaltsverzeichnis

1. Kapitel: **Wer erzieht unsere Kinder?**   9

2. Kapitel: **Das Gespräch mit meinem Sohn**   43
   - ➢ Verdrehte Vorstellungen über die Geschichte   50
   - ➢ Du hast Mama geliebt, aber die Liebe nicht erkannt   57
   - ➢ Das Buch der Urquellen   60
   - ➢ Eins plus eins gleich drei   63
   - ➢ Ich werde das Mädchen „Universum" glücklich machen   67
   - ➢ Wie kann man die Barriere überwinden?   72
   - ➢ Ich rette meine Mama   77

3. Kapitel: **Einladung in die Zukunft**   87

4. Kapitel: **Die eingeschlafene Zivilisation**   99

Die Geschichte der Menschheit, erzählt von Anastasia   113

5. Kapitel: **Wedismus**   115
   - ➢ Der Bund zweier Menschen – die Trauung   118
   - ➢ Die Erziehung der Kinder in der wedischen Kultur   135
   - ➢ Rituale   145
   - ➢ Ernährung des Leibes   149
   - ➢ Ein Leben ohne Raub und Diebstahl   155

6. Kapitel: **Das Zeitalter der Bildgestaltung**   161

7. Kapitel: **Der geheime Krieg mit der wedischen Rus**   179
➤ In welchem Tempel soll Gott sein?
(Erstes Gleichnis Anastasias)   180
➤ Der beste Platz im Paradies (Zweites Gleichnis)   186
➤ Der reichste Bräutigam (Drittes Gleichnis)   190
➤ Geänderte Taktik des Priesters   197

8. Kapitel: **Okkultismus**   205
➤ Der Priester, der auch heute die Welt regiert   209

9. Kapitel: **Denk nach!**   215
➤ Wer rettete Amerika?   221
➤ Wer ist dafür, wer ist dagegen?   235
➤ Genauso verleumdeten sie unsere Ureltern   240
➤ Frohe Botschaft   245

10. Kapitel: **Das Buch der Ahnen**   253
➤ Die gütige und aufmerksame Großmutter   264
➤ Leben in der herrlichen Realität   268

… für Frieden und Glück
für alle Menschen und
für den Kosmos.

1. Kapitel

Wer erzieht unsere Kinder?

„Doktor der medizinischen Wissenschaften, Facharzt für Kinderpsychologie" war auf dem großen Schild an der Tür der Privatpoliklinik zu lesen. Es war der Name des Arztes, der mir als eine der wissenschaftlichen Koryphäen zu Fragen der Eltern-Kind-Beziehung empfohlen worden war. Ich schrieb mich als Letzter in seine Sprechstunde ein, um weder mich noch ihn zeitlich zu begrenzen – wenn sich das Gespräch als nützlich erwies, würde ich den Arzt bitten, gegen zusätzliches Entgelt dieses für mich so wichtige Gespräch fortzusetzen.

Im Sprechzimmer am Tisch saß ein Mann im Rentenalter mit einem traurigen Gesicht. Müde legte er beschriebene Blätter in eine Mappe. Nachdem er mir einen Platz angeboten hatte, legte er ein weißes Blatt Papier vor sich hin und sagte:

„Ich höre. Was haben Sie für Probleme?"

Um nicht die lange Geschichte der Ereignisse nach dem Treffen mit Anastasia in der Taiga zu erzählen, bemühte ich mich, den Kern meiner Frage so kurz wie möglich zu formulieren: „Alexander Sergejewitsch, ich muss Kontakt mit einem Kind knüpfen, mit meinem Sohn, der bald fünf wird."

„Sie glauben, dass Sie den Kontakt zu Ihrem Sohn verloren haben?", fragte der Psychologe müde und teilnahmslos.

„Einen solchen richtigen Kontakt gab es fast nicht. Nach seiner Geburt hatte ich mit dem Kind fast keinen Umgang. Ich sah ihn im Säuglingsalter und dann … Nicht einmal unterhalten habe ich mich mit ihm, genau genommen, hat er ohne mich begonnen, das Leben zu begreifen. Wir lebten getrennt, und nun steht mir ein Treffen mit meinem fünfjährigen Sohn und ein Gespräch mit ihm bevor. Vielleicht gibt es ja irgendwelche Methoden, die helfen, die Sympathie eines Kindes zu gewinnen? Es gibt doch solche Fälle – ein Mann heiratet eine Frau, die bereits ein Kind hat, und irgendwie entwickeln sich zu ihm Beziehungen, und er wird für ihn wie ein Vater und Freund.“

„Solche Methoden gibt es natürlich, aber sie sind nicht immer gleichbleibend wirkungsvoll. Vieles in den Beziehungen zwischen Eltern und Kindern hängt von der Individualität, vom Charakter ab.“

„Ich verstehe, aber ich möchte trotzdem diese konkreten Methoden kennen.“

„Konkret … Na gut … Wenn Sie in eine Familie kommen – wobei Sie verstehen müssen, dass sogar eine Frau mit Kind bereits eine Familie ist –, versuchen Sie, so wenig wie möglich ihren eingespielten Lebensrhythmus zu stören. Sie werden für Ihren Sohn eine gewisse Zeit ein Außenstehender sein und damit müssen Sie sich abfinden. Sie sollten zunächst alles beobachten und zulassen, dass auch Sie beobachtet werden. Versuchen Sie, Ihr Erscheinen mit der Erfüllung früherer unerfüllter Wünsche und Träume des Kindes zu verbinden. Bringen Sie von seiner Mutter in Erfahrung, von welchem Spielzeug er träumte, was sie ihm aber nicht kaufen konnte. Sie sollten dieses Spielzeug nicht selbst kaufen. Bringen Sie irgendwie das Gespräch mit dem Kind auf Ihre Kindheit, Ihr Spielzeug und sagen Sie ihm, dass Sie davon geträumt haben. Greift er das Gespräch auf und teilt seinen Wunsch mit, dass er so etwas auch gern hätte, schlagen Sie ihm vor, zusammen mit Ihnen ins Geschäft zu fahren und das gewünschte Spielzeug zu kaufen. Wichtig ist dabei das eigentliche Gespräch, die gemeinsame Fahrt. Der Junge soll Ihnen seinen Traum anvertrauen und erlauben, an seiner Erfüllung teilzuhaben.“

„Das Beispiel mit dem Spielzeug passt nicht ganz zu mir. Mein Sohn hat Spielzeug, das in Geschäften verkauft wird, noch nicht gesehen."

„Seltsam, wieso passt das nicht? Nun, mein Lieber, mal raus damit ... Wenn Sie einen nützlichen Rat bekommen möchten, dann erzählen Sie genauer über Ihre Beziehung zu der Frau, die Ihnen den Sohn geboren hat. Wer ist sie? Wo arbeitet, wo lebt sie? Wie wohlhabend ist ihre Familie? Was war Ihrer Ansicht nach der Grund für das Zerwürfnis?"

Ich verstand, wenn ich konkrete Ratschläge des Psychologen erwartete, musste ich über mein Verhältnis mit Anastasia sprechen, über das ich mir doch selbst noch nicht ganz klar geworden war. Wie also sollte ich es dem Psychologen darlegen? Ohne ihren Namen zu nennen, sagte ich folgendes:

„Sie lebt in einem sehr entlegenen Ort in Sibirien. Ich lernte sie zufällig kennen, als ich dort auf einer Handelsreise war. Zu Beginn der Perestrojka habe ich in Sibirien Geschäfte gemacht – auf einem Dampfschiff habe ich auf dem Fluss Ob in entlegene Orte Waren transportiert und auf dem Rückweg Fisch, Pelze und Wildfrüchte mitgebracht."

„Ich verstehe. Also wie Paratow, ein Kaufmann vergnügt sich auf einem Fluss in Sibirien allen Neidern zum Trotz."

„Ich habe mich nicht vergnügt, ich habe gearbeitet. Unternehmer haben immer genügend Sorgen."

„Mag sein, aber sich zu amüsieren, dazu habt Ihr Unternehmer auch Zeit."

„Für mich war es kein Amüsement mit dieser Frau. Ich wollte von dieser Frau einen Sohn. Ich wollte schon früher einen Sohn, dann hatte ich meinen Wunsch fast schon vergessen. Die Jahre vergingen ... Und als ich sie sah ... Sie sah so gesund aus, jung und schön ... Heute sind fast alle Frauen irgendwie abgezehrt und krank, aber sie war das blühende Leben und strotzte vor Gesundheit. Nun und da dachte ich, dass das Kind auch schön und gesund wird. Und sie gebar meinen Sohn. Ich besuchte sie, als mein Sohn noch ganz klein war. Er konnte noch nicht laufen und sprechen. Ich hielt ihn auf dem Arm. Danach hatte ich keinen Kontakt mehr mit ihm."

„Und warum nicht?"

Wie sollte ich diesem Menschen in der Kürze all das erklären, worüber ich einige Bücher geschrieben hatte? Wie sollte ich ihm sagen, dass Anastasia nicht ihre Waldlichtung in der Taiga verlassen und mit dem Sohn in die Stadt kommen wollte und ich wiederum nicht für ein Leben in der Taiga geeignet war? Und wie, dass gerade sie es war, die mir nicht die Möglichkeit gab, ihm traditionelles Spielzeug zu schenken und mich einfach mit ihm zu unterhalten. Jeden Sommer fuhr ich in die sibirische Taiga, ging auf die Waldlichtung, wo Anastasia und mein Sohn wohnten, aber es gelang mir nie, meinen Sohn zu sehen. Nie war er bei Anastasia, sondern bei ihrem Großvater und Urgroßvater, die in der Nachbarschaft, tief im Inneren der endlosen sibirischen Taiga lebten. Anastasia lehnte es ab, mich zu ihnen zu Besuch zu bringen. Mehr noch: Immer bestand sie hartnäckig darauf, dass ich mich zunächst einmal auf ein Gespräch mit meinem Sohn vorbereiten solle.

Bei meinen Versuchen, das Thema der Kindererziehung zu durchleuchten, stellte ich vielen meiner Bekannten ein und dieselbe Frage, die jedes Mal zu Erstaunen und Unverständnis führte, obwohl sie doch so einfach war: „Hast du jemals ernsthaft mit deinem Kind gesprochen?"

Immer stellte sich dabei heraus, dass die Gesprächsthemen bei allen gleich waren: „Geh essen ... Es ist Zeit zu schlafen ... Benimm dich anständig ... Räume dein Spielzeug auf ... Hast du deine Hausaufgaben gemacht?..."

Das Kind wächst heran, geht zur Schule, aber um über den Lebenssinn, über die Vorherbestimmung des Menschen oder einfach darüber, welcher Lebensweg ihm bevorsteht, zu sprechen – dafür haben viele keine Zeit oder sie halten ein solches Gespräch nicht für wichtig. Vielleicht sind sie der Meinung, dass die Zeit noch nicht reif ist, dass sie es immer noch nachholen können. Aber sie holen es nicht nach. Das Kind wird älter und älter ...

Wenn wir jedoch selbst nicht den Versuch unternehmen, ernsthaft mit unseren Kindern zu sprechen, wer erzieht sie dann?

Warum ließ mich Anastasia all diese Jahre nicht mit meinem eigenen Sohn verkehren? Mir war nicht klar, wovor sie Angst hatte oder was sie verhindern wollte.

Und dann kam der Tag, als sie plötzlich fragte: „Wladimir, fühlst du dich jetzt dazu bereit, dich mit deinem Sohn zu treffen und dich mit ihm zu unterhalten?" Ich antwortete ihr, dass ich mich mit ihm treffen wolle, brachte jedoch das Wort „bereit" nicht über die Lippen.

In den vergangenen Jahren hatte ich alles gelesen, was ich irgendwie über die gegenseitigen Beziehungen von Eltern und Kindern finden konnte. Ich schrieb Bücher, hielt Vorträge auf Konferenzen in verschiedenen Ländern, aber ich schrieb kaum über das Wesentlichste, das, was mich die ganzen Jahre interessierte – über die Erziehung von Kindern und ihre Beziehungen zur älteren Generation.

Ich überdachte viele Ratschläge aus der Literatur zur Kindererziehung, aber ein Satz Anastasias kam mir immer öfter in den Sinn: „Die Erziehung von Kindern ist die Erziehung von sich selbst." Lange war mir der Sinn dieses Satzes unklar, aber im Endeffekt schloss ich für mich daraus: Unsere Kinder werden nicht von elterlichen Strafpredigten, nicht vom Kindergarten, von der Schule oder Hochschule erzogen. Unsere Kinder erzieht die Lebensweise: unsere Art zu leben, die Lebensart der Gesellschaft insgesamt. Und was immer die Eltern, Lehrer an den Schulen oder anderen Bildungseinrichtungen sagen werden, welch kluge Erziehungssysteme auch angewandt werden mögen, die Kinder werden die Lebensweise annehmen, die sich bei der Mehrheit der sie umgebenden Menschen eingebürgert hat.

Folglich hängt die Kindererziehung völlig vom eigenen Weltverständnis ab, davon, wie du selbst, deine Eltern und die Gesellschaft insgesamt leben. In einer kranken, unglücklichen Gesellschaft können nur kranke und unglückliche Kinder geboren werden.

„Wenn Sie mir nichts Genaueres über Ihre Beziehungen zur Mutter Ihres Sohnes erzählen, werde ich Ihnen nur schwerlich einen wirksamen Rat geben können", unterbrach der Psychologe die lange Pause.

„Das ist eine lange Geschichte. Wenn ich es kurz machen soll – es kam so, dass ich einige Jahre keinen Kontakt mit meinem Sohn hatte, das ist alles."

„Gut, dann sagen Sie mir, haben Sie die Mutter Ihres Kindes in all den Jahren materiell unterstützt? Ich denke, finanzielle Hilfe ist für einen Unternehmer das einfachste Zeichen der Aufmerksamkeit für seine Familie."

„Nein, habe ich nicht. Sie ist der Meinung, dass sie mit allem Notwendigen versorgt ist."

„Wieso, ist sie sehr reich?"

„Sie hat einfach alles."

Alexander Sergejewitsch stand unvermittelt von seinem Tisch auf und brachte hastig hervor: „Sie lebt in der sibirischen Taiga. Sie führt ein Einsiedlerdasein. Sie heißt – Anastasia, ihr Sohn heißt Wolodja und Sie selbst sind Wladimir Nikolajewitsch. Ich habe Sie erkannt. Ich habe Ihre Bücher gelesen, nicht nur einmal."

„Ja ..."

Alexander Sergejewitsch war erregt, lief durch das Zimmer. Dann fuhr er fort:

„So ... So ... das ist es – des Rätsels Lösung. Beantworten Sie mir bitte eine Frage, es ist sehr wichtig für mich! Für die Wissenschaft ... Obwohl – nein, antworten Sie nicht. Ich sage es Ihnen selber. Ich beginne zu verstehen ... Ich bin davon überzeugt, dass Sie all diese Jahre nach dem Treffen mit Anastasia intensiv die Psychologie, die Philosophie studiert haben. Sie dachten ständig über die Erziehung von Kindern nach. Ist es nicht so?"

„Ja."

„Aber die Schlüsse, die Sie nach dem Lesen der 'klugen' Bücher und Artikel gezogen haben, haben Sie nicht befriedigt. Daher begannen Sie, die Antworten bei sich selbst zu suchen oder anders gesagt, über die heranwachsende Generation, die Erziehung der Kinder nachzudenken?"

„Ja, so war es wahrscheinlich, aber mehr über meinen Sohn."

„Das hängt unweigerlich damit zusammen. Sie sind zu mir gekommen, verzweifelt und mit keiner großen Hoffnung, eine Antwort auf die Sie bewegenden Fragen zu erhalten. Wenn Sie sie nicht von mir erhalten, setzen Sie Ihre Suche fort."

„Wahrscheinlich ja."

„So ... Es ist unglaublich! ... Ich nenne Ihnen den Namen eines Menschen, der unermesslich stärker und weiser ist als ich."

„Wer ist das und wie komme ich in seine Sprechstunde?"

„Dieser Mensch ist Ihre Anastasia, Wladimir Nikolajewitsch."

„Anastasia? Aber sie hat in letzter Zeit sehr wenig über Kindererziehung gesprochen. Sie war es doch, die mir den Umgang mit meinem Sohn verweigert hat."

„Ja eben – sie. Und bis zu diesem Moment konnte ich keine logische Erklärung für dieses Verhalten ihrerseits finden. Ein unglaubliches Verhalten. Eine liebende Frau erklärt dem künftigen Vater, dass er mit seinem Sohn keinen Umgang haben soll. Die Situation fällt aus dem Rahmen, etwas Derartiges gab es noch nicht. Und das Ergebnis! ... Das Ergebnis ist toll! Denn es ist ihr gelungen, Sie zu zwingen ... Nein, das ist nicht das richtige Wort für diese Situation. Anastasia gelang es zu begeistern. Und wen? Entschuldigen Sie bitte, es gelang ihr, einen nicht besonders gebildeten Unternehmer zu zwingen, sich für Psychologie, Philosophie und Fragen der Kindererziehung zu interessieren. Sie haben all die Jahre darüber nachgedacht. Allein die Tatsache, dass Sie zu mir gekommen sind, zeugt davon. Sie hat Ihren Sohn die ganzen Jahre allein erzogen und gleichzeitig hat sie auch Sie erzogen. Sie hat das Treffen von Vater und Sohn vorbereitet."

„Meinen Sohn hat sie tatsächlich allein erzogen. Aber was mich anbelangt – das glaube ich nicht. Wir sehen uns selten und wenn, dann nur kurz."

„Aber das, was sie bei diesen, wie Sie sagen, kurzen Treffen sagt, gibt bis jetzt ausreichend Stoff für Überlegungen. Es sind verblüffende Informationen. Wladimir Nikolajewitsch, Sie sagen, dass Anastasia wenig zur Kindererziehung sagt, aber das ist nicht so."

Alexander Sergejewitsch ging rasch zum Tisch und nahm aus dem Kasten ein dickes graues Heft heraus, strich vorsichtig darüber und fuhr fort:

„Ich habe alle Aussagen Anastasias zur Geburt und Erziehung von Kindern aus Ihren Büchern in einer bestimmten Reihenfolge herausgeschrieben, wobei ich die inhaltlichen Einzelheiten weggelassen habe. Obwohl es vielleicht auch nicht richtig war, die Zitate aus ihrem Kontext herauszureißen. Der Inhalt ist zweifellos wichtig für das leichtere Verständnis. Die Äußerungen Anastasias haben einen tiefgründigen, ich würde sagen einen philosophischen Sinn, die Weisheit einer uralten Kultur. Ich bin geneigt zu vermuten, und im übrigen nicht nur ich, dass diese Postulate in einem Millionen Jahre alten Buch dargelegt sind. Die Rede Anastasias zeichnet sich durch tiefsinnige haarscharfe Äußerungen der für unsere Begriffe bedeutendsten Gedanken aus, die in uralten Manuskripten und modernen wissenschaftlichen Werken dargelegt sind. Als ich alles bezüglich der Geburt und Erziehung eines Menschen einzeln herausschrieb, war am Ende ein Traktat entstanden, das in der Welt seinesgleichen suchen kann. Auf seiner Grundlage, davon bin ich überzeugt, werden viele Dissertationen verteidigt, eine Menge wissenschaftlicher Grade verliehen und verblüffende Entdeckungen gemacht werden. Aber die Hauptsache besteht noch in etwas anderem – auf der Erde wird eine neue Rasse erscheinen, die sich als „Mensch" bezeichnen wird!"

„Der Mensch existiert doch auch jetzt schon."

„Ich meine, von der Position der Zukunft aus gesehen, könnte die Tatsache der Existenz des Menschen durchaus Zweifeln unterliegen."

„Wie das? Sie und ich – wir existieren doch. Wie kann man unsere Existenz anzweifeln?"

„Was existiert, das sind unsere Körper. Wir bezeichnen sie als „Leute". Aber der Inhalt, der psychische Zustand der menschlichen Spezies wird sich in der Zukunft erheblich von unserem unterscheiden, und folglich ist es zur Unterstreichung dieses Unterschieds notwendig, die Bezeichnung zu ändern. Vielleicht wird man die Leute von heute „Mensch des Zeitalters von... " nennen, oder wird man irgendwie anders diejenigen bezeichnen, die in der Zukunft geboren werden.

„Sollte das alles wirklich so tiefgründig sein?"

„Ja, ohne Zweifel. Sie haben doch viele Bücher zur Kindererziehung, die von Wissenschaftlern geschrieben wurden, gelesen. Dann sagen Sie doch – ab wann beginnt denn die Erziehung eines Kindes?"

„Einige Autoren sind der Meinung, dass man damit beginnen müsse, wenn die Kinder ein Jahr alt sind."

„Ja, eben. Im besten Fall mit einem Jahr. Aber Anastasia wies darauf hin, wie der Mensch noch vorher entsteht. Ich bin davon überzeugt, dass Sie jetzt denken 'noch im Mutterleib'. Aber sie bewies, dass die Eltern das künftige Kind formen können, noch bevor sich das Spermium mit der Eizelle vereinigt. Und das ist wissenschaftlich erklärbar. Anastasia steht über allen Psychologen, die es auf der Erde gibt oder gab. Ihre Aussagen haben Gewicht, sie erstrecken sich über alle Zeiträume der Entwicklung und Erziehung eines Kindes: vor der Empfängnis, bei der Empfängnis, im Mutterleib und so weiter.

Sie berührt Themen, die weder die Gelehrten in der Vergangenheit, noch die modernen Wissenschaftler erkennen konnten. Sie setzt den Akzent auf den Punkt, der notwendig ist, um einen vollwertigen Menschen zu gebären und zu erziehen."

„Aber daran kann ich mich nicht erinnern. Ich habe nicht von Zeiträumen geschrieben."

„Sie schrieben Bücher und legten Zeugnis über die Ereignisse ab. Anastasia verstand, dass Sie genau so schreiben werden. Und dann – der nächste Schritt: Sie ließ selbst diese Ereignisse entstehen und kleidete faktisch eine große wissenschaftliche Arbeit in eine ansprechende Erzählform. Sie schuf Ihr Buch durch ihr Leben, indem sie den Menschen unschätzbares Wissen vermittelte.

Die meisten Leser fühlen das intuitiv. Viele sind von den Büchern begeistert, können aber den Grund ihrer Begeisterung nicht völlig begreifen. Sie lesen die ihnen früher unerklärlichen Informationen auf der Ebene des Unterbewusstseins ab. Aber sie können auch bewusst aufgenommen werden. Ich werde Ihnen das jetzt beweisen. Vor uns liegt das Konspekt der Aussagen Anastasias zur Geburt eines Menschen. Ich habe sie mit meinem Kollegen sorgfältig durchgearbeitet und kommentiert. Er ist Doktor der medizinischen Wissenschaften, Sexologe und hat im Nachbarzimmer seine Praxis. Wir haben Experimente durchgeführt und die Situation analysiert."

Alexander Sergejewitsch schlug sein Heft auf und begann mit etwas aufgeregter und feierlicher Stimme: „Also, der Beginn ... Der Zeitraum vor der Empfängnis. In jüngster Vergangenheit und in der Gegenwart wird er als Aspekt der Kindererziehung so gut wie gar nicht beachtet. Aber heute ist ganz klar: Auf der Erde oder irgendwo in den grenzenlosen Weiten des Alls gab oder gibt es eine Kultur, in der die Beziehungen zwischen Mann und Frau viel vollkommener als die heutigen waren. Und der Zeitraum vor der Empfängnis war eine wichtige Komponente, ja vielleicht sogar die Grundlage für die Erziehung eines Menschen.

Anastasia folgt den kulturellen Bräuchen der uns unbekannten Zivilisation und führt, bevor sie ein Kind empfängt, eine gewisse Vorbereitung aus. Sie schwächt Ihre sexuelle Leidenschaft. Aus den Ereignissen, die Sie im ersten Buch beschreiben, ist das für mich als Psychologen ganz deutlich. Ich erinnere nochmals an die Reihenfolge.

Sie sind mit Anastasia in der Taiga und ruhen sich aus. Sie trinken Cognac und essen etwas. Anastasia selbst rührt das von Ihnen angebotene Essen und den Alkohol nicht an. Sie legt ihre Oberbekleidung ab und legt sich ins Gras. Sie sind von ihrer natürlichen Schönheit entzückt und in Ihnen entsteht der Wunsch, diesen wunderschönen weiblichen Körper zu besitzen. In sexueller Erregung unternehmen Sie den Versuch einer Annäherung, Sie berühren ihren Körper und ... verlieren das Bewusstsein.

Wir werden nicht auf die Einzelheiten eingehen, wie sie Ihr Bewusstsein ausgeschaltet hat. Wichtig ist etwas anderes – im Ergebnis dessen betrachteten Sie Anastasia nicht mehr als Objekt zur Befriedigung Ihrer sexuellen Bedürfnisse. Und Sie erzählen das selbst. Ich habe Ihren Satz aufgeschrieben: „Ich dachte nicht im Traum daran ..."

„Ja, das stimmt. Nach dem Picknick hatte ich keine sexuellen Wünsche mehr in Bezug auf Anastasia."

„Nun das zweite Ereignis – die Empfängnis, eine Erzählung zur Kultur der Empfängnis des Kindes.

Die Übernachtung in der gemütlichen Erdhöhle, der Duft nach Heu und Blumen. Aber für Sie ist es ungewohnt, eine Nacht in der Taiga zu schlafen, und Sie bitten Anastasia, sich neben Sie zu legen. Sie haben verstanden: Wenn sie neben Ihnen ist, geschieht Ihnen nichts Böses. Sie legt sich daneben.

In einer sehr intimen Situation ist neben Ihnen der wunderschöne junge Körper einer Frau, der sich durch noch eine Besonderheit auszeichnet: Er strahlt Gesundheit aus. Im Unterschied zu den vielen Frauenkörpern, die Sie vorher gesehen haben, ist dieser tatsächlich voller Gesundheit. Sie spüren den Duft des Atems Anastasias, es überkommt Sie aber keine sexuelle Erregung. Sie ist aus Ihnen ausgetrieben. Der Raum ist für einen anderen psychischen Zustand gereinigt – das Streben nach der Fortpflanzung des Geschlechtes. Sie denken an Ihren Sohn! An den Sohn, der noch gar nicht da ist. Hier ist der Satz aus Ihrem Buch: 'Es wäre schön, wenn mein Sohn von Anastasia geboren werden würde. Sie ist so gesund. Das heißt, auch mein Sohn würde gesund und schön werden.' Unwillkürlich legen

Sie Ihre Hand auf Anastasias Brust, sind zärtlich zu ihr, aber es ist schon eine andere Art Zärtlichkeit. Sie hat keinen sexuellen Hintergrund. Es ist, als ob Sie Ihren Sohn liebkosen. Dann schreiben Sie über das Berühren der Lippen, über den leichten Atem Anastasias und dann ... keine weiteren Einzelheiten. Danach beschreiben Sie gleich den Morgen, die gute Stimmung, das Gefühl einer außergewöhnlichen Erfüllung. Ich bin davon überzeugt, dass die Verleger Ihnen geraten haben, diese Nacht ausführlicher zu beschreiben, um die Popularität des Buches zu steigern."

„Ja, in der Tat hatte man mir mehrmals dazu geraten."

„Sie haben aber dennoch diese Nacht nicht in einem Ihrer neu herausgegebenen Bücher beschrieben, warum?"

„Weil ..."

„Halt! Sagen Sie bitte nichts. Ich möchte prüfen, ob meine Schlussfolgerungen stimmen. Sie haben die sexuellen Einzelheiten dieser Nacht nicht beschrieben, weil Sie sich an absolut nichts erinnern können, nachdem Sie Anastasias Lippen berührt haben."

„Ja, ich erinnere mich nicht und auch jetzt kann ich mich an nichts weiter erinnern, außer an dieses ungewöhnliche Gefühl am Morgen."

„Was ich Ihnen jetzt sage, werden Sie für unmöglich halten. In dieser herrlichen Nacht hatten Sie keinen Sex mit Anastasia."

„Nein? Wieso dann einen Sohn? Ich habe meinen Sohn selbst gesehen."

„In jener Nacht waren Sie sich tatsächlich körperlich nah. Es gab Spermien ... nun alles, was für die Empfängnis eines Kindes notwendig ist, aber keinen Sex. Meine Kollegen und ich haben mehrmals analysiert, was mit Ihnen passiert ist. Sie sind, wie auch ich, davon überzeugt, dass Sie mit Anastasia keinen Sex hatten.

Das Wort 'Sex' an sich bedeutet in unserer Zeit die Befriedigung der leiblichen Bedürfnisse, das Streben nach körperlicher Befriedigung. Aber bei den Ereignissen der Nacht in der Taiga fehlt dieses Ziel, ich meine damit, dass Sie nicht vorhatten, körperliche Befriedigung zu erhalten. Ihr Ziel und Streben galt etwas anderem – dem Kind. Folglich muss auch die Bezeichnung des Ereignisses eine andere sein. Es geht hier nicht nur um die Terminologie, sondern um eine qualitativ andere Art der Geburt eines Menschen.

Lassen Sie mich noch einmal wiederholen: Dies ist eine qualitativ andere Art der Geburt eines Menschen. Meine Behauptung ist nicht abstrakt, man kann sie leicht durch wissenschaftliche Gegenüberstellungen beweisen. Urteilen Sie selbst, keiner der heutigen Psychologen oder Physiologen wird den Einfluss äußerer psychischer Faktoren auf die Formierung des Embryos im Mutterleib negieren. Unter anderem ist von großer und oftmals dominierender Bedeutung, welches Verhältnis der Mann zu seiner schwangeren Frau hat. Wir können auch nicht negieren, dass die Beziehung des Mannes zur Frau im Augenblick ihrer geschlechtlichen Nähe einen Einfluss auf die Entstehung des künftigen Menschen hat. In einem Fall ist es die Beziehung wie zu einem Objekt der Befriedigung der fleischlichen Begierde. Im anderen wie zu einem Mitschöpfer. Dementsprechend verschieden wird das Ergebnis sein. Möglich ist, dass ein Kind, das unter solchen Umständen empfangen wurde, sich so auffallend in seinem Intellekt unterscheiden wird, wie sich der moderne Mensch vom Affen unterscheidet.

Der Sex und das damit verbundene Vergnügen bei der Schöpfung ist kein Selbstzweck, sie sind nur Mittel. Werden die Körper von anderen psychischen Energien geleitet, wird auch der Zustand des Kindes anders formiert.

Aus dem eben Gesagten leitet sich die erste Regel ab: Eine Frau, die einen vollwertigen Menschen gebären und eine feste glückliche Familie schaffen möchte, muss es verstehen, den Moment zu erwischen, in dem der Mann sich ihr nähern möchte, um einen Menschen zu zeugen und sich sein künftiges Kind vorstellen und seine Geburt herbeisehnen wird.

Unter diesen Umständen erreichen Mann und Frau einen psychischen Zustand, der es ihnen ermöglichen wird, höchste Befriedigung des Zusammenseins zu erlangen. Und das werdende Kind erhält Energie, die bei den traditionellen, oder genauer gesagt, den zufällig Geborenen, fehlt."

„Und wie fühlt die Frau diesen Moment? Woher kennt sie die Gedanken des Mannes? Die Gedanken sind doch nicht sichtbar."

„An den Zärtlichkeiten! An ihnen kann man es sehen. Der psychische Zustand drückt sich immer in äußerlichen Anzeichen aus. Freude in Lachen und Lächeln. Traurigkeit in entsprechendem Augenausdruck, der Haltung und so weiter. In diesem Fall denke ich, ist es nicht besonders schwer, reine sexuelle Zärtlichkeiten von den Berührungen der Frau durch den Mann wie zu seinem ungeborenen Kind zu unterscheiden. Nur bei einer solchen Einstellung geschieht 'etwas', das von allen auf der Erde lebenden Wesen nur der Mensch in der Lage ist zu erfahren. Niemand wird je dieses 'Etwas' beschreiben oder wissenschaftlich erklären können. In dem Moment, da dies geschieht, ist es nicht möglich, es zu analysieren. Ich als Psychologe kann nur vermuten, dass das Wesentliche bei diesem Ereignis nicht die Verschmelzung zweier physischer Körper ist, sondern weitaus mehr: die Verbindung zweier Gedanken zu einem einheitlichen Ganzen. Noch genauer: die Verschmelzung zweier Gefühlskomplexe zu einem einheitlichen Ganzen. Die dabei erhaltene Befriedigung und die empfundene Seligkeit werden die einfache sexuelle Befriedigung wesentlich übertreffen. Sie wird nicht nur von kurzer Dauer sein wie beim gewöhnlichen Sex. Der unerklärlich angenehme Zustand kann Monate und sogar Jahre andauern. Er bildet auch eine feste, sich liebende Familie. Genau darüber spricht Anastasia.

Das bedeutet, dass ein Mann, der dies einmal erfahren hat, das erhaltene Gefühl nicht durch einfache sexuelle Befriedigung ersetzen kann. Er hat nicht den Wunsch, seine Frau, seine Geliebte, zu betrügen, er kann es nicht. Genau dieser Moment ist der Beginn der Entstehung einer Familie. Einer glücklichen Familie!

Es gibt diesen Ausdruck: 'Die Ehen werden im Himmel geschlossen.' In diesem Fall stimmt das vollkommen mit dem Ereignis überein. Urteilen Sie selbst. Was ist heute allgemein anerkanntes Zeugnis einer himmlischen Ehe? – Ein vom Standesamt ausgestelltes Papier, alle möglichen kirchlichen Rituale. Lächerlich, nicht wahr? Lächerlich und traurig.

Anastasia definiert ganz genau: Ein Zeugnis über eine Ehe, die im Himmel geschlossen wurde, kann nur der ungewöhnlich herrliche Zustand des Mannes und der Frau sein, auf den die Geburt eines neuen vollwertigen Menschen folgt.

Ich möchte noch hinzufügen: Die meisten heute geborenen Kinder sind unehelich. Und nun ... nun lese ich den Kommentar meines Kollegen, des Sexologen, vor:
Die sexuellen Beziehungen zwischen Mann und Frau, wie sie im Buch 'Anastasia' beschrieben sind, eröffnen eine völlig andere Bedeutung des Sexes. Alle heute existierenden Lehrbücher zu diesem Thema, beginnend mit den altgriechischen, indischen bis zu den modernen, sind einfach naiv und lächerlich im Vergleich zur Aussagekraft Anastasias. In allen uns überlieferten alten und in den neuen Werken zum Sex laufen alle Untersuchungen auf die Suche nach möglichen Stellungen, Techniken der Zärtlichkeit und alles, was dazugehört, hinaus. Währenddessen sind die physiologischen und psychologischen Fähigkeiten und Möglichkeiten der Leute unterschiedlich.

Für jeden einzelnen Menschen kann die effektivste und annehmbarste Stellung nur eine sein, nämlich die, die seinem Charakter und Temperament entspricht, sowie bestimmte äußere Anzeichen der Zuneigung.

Es wird sich in der Welt kaum ein Experte finden, der mit Sicherheit aus den vielen bestehenden Methoden die herausfinden wird, die für jeden konkreten Menschen am annehmbarsten sein wird.

Um eine derartige Aufgabe zu erfüllen, müsste der Experte Tausende bestehende Methoden mit allen Nuancen kennen und die physischen und psychischen Fähigkeiten jedes konkreten Menschen erforschen, und das ist unmöglich.

Ein Beweis dafür, dass das Problem der Theorie sexueller Beziehungen zwischen Mann und Frau von der modernen Wissenschaft nicht gelöst ist, besteht im immer größer werdenden Potenzverlust der meisten Männer und Frauen in der modernen Gesellschaft. Es wächst die Zahl der Ehepaare, die sich sexuell nicht zufrieden stellen können. Dieses unerfreuliche Bild kann verändert werden.

Die von Anastasia gezeigten Ereignisse zeugen davon, dass es in der Natur einen gewissen Mechanismus gibt, gewisse höhere Kräfte, die in der Lage sind, das scheinbar unlösbare Problem im Handumdrehen zu lösen. Dieser Mechanismus beziehungsweise die gewissen Kräfte finden durch den bestimmten Zustand zweier Menschen – eines Mannes und einer Frau – speziell für sie den ausschließlich ihnen eigenen Zustand und die Methode der geschlechtlichen Beziehung.

Ohne Zweifel wird die in diesem Fall erhaltene Befriedigung von allerhöchster Ebene sein. Es ist durchaus möglich, dass ein Mann und eine Frau, die eine derartige Befriedigung erhalten haben, sich die eheliche Treue halten, unabhängig davon, ob sie sich auf Gesetze oder Rituale gründet."

Eheliche Treue! Eheliche Untreue. Ehebruch.

Alexander Sergejewitsch stand vom Tisch auf und fuhr im Stehen fort:

„Anastasia hat als Erste die Art dieser Erscheinung gezeigt. Ich kenne einzelne Sätze und ganze Monologe von ihr auswendig. Zum Beispiel, wie sie sagte: 'Sie suggerieren dem Menschen auf alle möglichen Arten, dass man Befriedigung nur dann erhalten kann, wenn man nur an die geschlechtliche Befriedigung denkt, und entfernen den Menschen damit von der Wahrheit. Arme betrogene Frauen, die davon nichts wissen, ihnen sind das ganze Leben lang Leiden auferlegt, das ganze Leben suchen sie nach der verlorengegangenen Glückseligkeit. Sie suchen an der verkehrten Stelle. Keine Frau wird ihren Mann von Unzucht abhalten können, wenn sie sich ihm der Befriedigung allein geschlechtlicher Bedürfnisse wegen hingibt." Und hier noch ... Gleich ... Ja ...

'Dann werden sie versuchen, immer neue Körper zu besitzen oder aus Gewohnheit und sich seinem Schicksal ergebend nur ihren eigenen Körper zu benutzen, im Innersten ahnend, dass die wahre Seligkeit einer wahren Ehe sich immer weiter von ihnen entfernt.'

Die Ursache der ehelichen Untreue ist absolut richtig dargestellt. Ich kann das auch als Psychologe erklären. Es ist alles logisch: Ein Mann und eine Frau, so genannte Eheleute, betreiben Sex des Sexes wegen. Intuitiv spüren sie, dass sie nicht genügend Befriedigung erlangen, sie gehen zu einem Experten, lesen zusätzliche Literatur. Man empfiehlt ihnen, die Stellungen und Zärtlichkeiten zu wechseln. Mit einem Wort, mehr Befriedigung durch eine Änderung der sexuellen Technik zu suchen.

Beachten Sie das Wort 'suchen'. Es wird nicht unbedingt ausgesprochen. Aber auch Sie selbst, wie Anastasia treffend bemerkte, von ihrem intuitiven Wissen über eine höhere Glückseligkeit geleitet, werden danach suchen. Aber wo sind die Grenzen dieser Suche? Ist sie etwa nur auf die Änderung der Stellung begrenzt? Ihre absolut logische Fortsetzung ist das Wechseln der Körper.

'Ach! – schreit man in der Öffentlichkeit. – Das ist Ehebruch.' Nein, es ist kein Ehebruch. Deshalb nicht, weil es keine Eheleute sind!

Eine Ehe, die sich auf ein Papier gründet, ist kein ehelicher Bund. Das sind nur von der Gesellschaft erdachte Formalitäten.

Der eheliche Bund sollte von einem Mann und einer Frau geschlossen werden, indem sie diesen höchsten Zustand, von dem Anastasia erzählt, erreichen. Sie erzählte davon nicht nur, sondern zeigte auch die Methoden, wie man ihn erreichen kann. Das ist eine neue Kultur der Beziehungen zwischen Mann und Frau."

„Sie, Alexander Sergejewitsch, schlagen also jungen Leuten vor, noch vor der offiziellen Eheschließung intime Beziehungen aufzunehmen?"

„Die meisten Leute machen das so. Nur ist es uns peinlich, offen darüber zu sprechen. Ich rate lediglich, Sex nicht nur des Sexes wegen zu haben, weder vor noch nach der Schließung des ehelichen Bundes.

Wir halten uns für eine freie Gesellschaft. Wir haben die Möglichkeit, uns freien Ausschweifungen hinzugeben. Und wir tun das!

Aus der Unzucht ist eine ganze Industrie geworden. Kino und die Vielzahl aller möglichen Pornoproduktionen, Prostitution, Gummipuppen aus dem Sexshop legen davon Zeugnis ab.

Vor dem Hintergrund dieses Missstandes, der die ganze Hilflosigkeit der modernen Wissenschaft zeigt, die Natur und die vorgesehenen Mechanismen zur Schaffung eines Bundes zweier Menschen zu verstehen, vor diesem Hintergrund kam es zu einer Entdeckung, einer Erleuchtung gleich.

Mir als Psychologen wurde die Grandiosität, die Anastasia aufzeigt, klar. Sie zeigte eine neue Kultur der Beziehungen zwischen Mann und Frau.

Die Hauptrolle darin kommt der Frau zu. Anastasia verstand es, auch Sie zum Verständnis für diese Kultur zu führen. Sie verstand es, indem sie möglicherweise intuitiv das Wissen irgendeiner alten Zivilisation nutzte. Aber wir ... genauer gesagt, mein Kollege, hat praktisch bewiesen ... Also, er hat bewiesen, dass auch ein Mann ...

Er ist Sexologe. Ich habe mit ihm zusammen die Aussagen Anastasias analysiert. Er war es, der als Erster von einer neuen, uns unbekannten Art der gegenseitigen Beziehungen sprach. Am meisten war er von folgender Aussage Anastasias ergriffen... Sie erinnern sich sicher. Sie sagte: 'Wer möchte als Folge eines geschlechtlichen Vergnügens geboren werden? Jeder möchte unter dem Drang der Liebe und des Schöpferischen erschaffen werden und nicht als Folge fleischlicher Begierde auf die Welt kommen.' Doch unsere Kinder sind gerade als Folge geschlechtlicher Befriedigung auf die Welt gekommen. Meine Frau und ich wollten ein Kind, also hatten wir Sex. Ich weiß nicht einmal, an welchem Tag meine Frau schwanger wurde. Konkreter haben wir an das Kind gedacht, als sie schwanger war. Aber Anastasia sagt, dass man einen bestimmten Zustand und Wunsch gerade in dem Moment braucht, der der intimen Nähe vorausgeht. Also, mein Kollege hat wahrscheinlich aus diesen Aussagen mehr verstanden als ich. Oder er hat mehr gespürt. Er wollte diesen Zustand spüren. Er wollte, dass sie ein Kind, einen Sohn, haben werden. Mein Kollege ist schon über vierzig, seine Frau ist zwei Jahre jünger. Sie haben zwei Kinder. Wie er selbst gestand, hatten sie in den letzten Jahren selten Sex. Aber er sprach mit seiner Frau über ein Kind. Zuerst wunderte sie sich sehr über seinen Wunsch. Sie sagte, dass sie für eine Geburt schon zu alt sei. Aber sie änderte ihre Beziehungen zu ihrem Mann zum Besseren. Er gab ihr das Buch mit den Aussagen von Anastasia. Seine Frau lenkte nun von selbst das Gespräch auf – nein, nicht auf ihren Wunsch nach einem Kind - sondern darauf, wie wahr das im Buch Gesagte doch sei. Einmal begann mein Kollege nachts seine Frau zu liebkosen und dachte dabei nicht an Sex, sondern an seinen künftigen Sohn. Wahrscheinlich genauso wie Sie. Der Unterschied ist nur der, dass Sie von Anastasia in diesen Zustand versetzt wurden, aber er hatte ihn selbst erreicht. Ob es ein Zufall war oder nicht, schwer zu sagen, aber er konnte aller Wahrscheinlichkeit nach diesen Zustand erreichen. Seine Frau antwortete ihm mit eben solchen Zärtlichkeiten. Sie sind nicht mehr die Jüngsten, natürlich hatten sie nicht diese starke sexuelle Anziehung wie in der Jugend. Die Gedanken an das künftige Kind haben wahrscheinlich die Gedanken über die sexuellen Techniken in den Hintergrund gedrängt. Im Ergebnis dessen ... im Ergebnis ereignete sich 'etwas'. Weder mein Kollege noch seine Frau konnten sich an Einzelheiten der intimen Nähe erinnern. Wie Sie, können sie sich nicht daran erinnern. Aber wie auch Sie, sprechen sie über ein unvergessliches, herrliches Gefühl am Morgen danach. Mein Kollege sagt, dass er in seinem ganzen Leben nie etwas Derartiges gefühlt hat, wenn er mit seiner Frau oder anderen Frauen, und derer gab es nicht wenig, zusammen war.

Seine vierzigjährige Frau ist jetzt im siebenten Monat schwanger. Aber das ist nicht das Kriterium. Das Wesentliche liegt in etwas anderem – seine Frau hat sich verliebt."

„In wen?"

„In ihren Mann, Wladimir Nikolajewitsch. Stellen Sie sich vor, diese früher so griesgrämige und etwas reizbare Frau kommt jetzt in unsere Klinik und wartet, bis ihr Mann die Patientensprechstunde beendet hat. Sie sitzt im Foyer und wartet wie ein verliebtes Mädchen. Oft habe ich verstohlen ihren Gesichtsausdruck beobachtet. Auch dieser hat sich verändert, es zeichnet sich darauf ein kaum merkliches verborgenes Lächeln ab. Ich kenne diese Familie schon lange. Ungefähr acht Jahre. Diese niedergeschlagene, korpulenter werdende Frau ist um etwa zehn Jahre jünger geworden. Sie ist schön geworden, ungeachtet der sichtbaren Schwangerschaft."

„Und hat sich das Verhältnis Ihres Kollegen zu seiner Frau auch geändert oder ist es dasselbe geblieben?"

„Er selbst hat sich geändert. Er hat völlig mit dem Trinken aufgehört, obwohl er auch früher nicht übermäßig getrunken hat, und er raucht nicht mehr. Seine Lieblingsbeschäftigung mit seiner Frau zusammen ist das Zeichnen geworden."

„Zeichnen? Was zeichnen sie?"

„Sie zeichnen ihren künftigen Familienlandsitz, über den Anastasia gesprochen hat. Sie wollen ein Stück Land nehmen und darauf bauen ... Nein, ich habe mich nicht richtig ausgedrückt, sie wollen kein Haus bauen, sondern die Grundlagen für ein zukünftiges Stück des Paradieses für ihre werdenden Kinder legen."

„Für die werdenden?"

„Ja, für eben die. Seine Frau bedauert jetzt nur, dass die Empfängnis in der Wohnung zustande kam und nicht auf dem eigenen Stück Land, wie Anastasia sagt, in einem von ihnen geschaffenen Raum der Liebe, in dem sich die Frau in der Zeit ihrer Schwangerschaft befinden und in dem das Kind zur Welt kommen soll.

Die Frau meines Kollegen ist davon überzeugt, dass sie noch ein Kind bekommen kann. Mein Kollege glaubt es auch.

Ich behaupte: Der Instinkt der Fortpflanzung, der den Tieren eigen ist, unterscheidet sich von dem menschlichen darin, dass die Tiere nur dem Ruf der Natur folgen, wenn sie sich paaren. Beim so genannten Sex gleicht sich der Mensch dem Tier an. Ein Kind, das als Ergebnis eines solchen Prozesses auf die Welt kommt, ist halb Mensch, halb Tier.

Ein wahrer Mensch wird nur dann geboren, wenn bei seiner Schöpfung die nur dem Menschen eigenen Energien und Gefühle beteiligt sind: Liebe, die Fähigkeit, die Zukunft zu sehen, die Schöpfung zu begreifen. Das Wort 'Sex' passt nicht hierzu. Es banalisiert diese Handlung. Das Wort 'Schöpfung' wäre hier eher angebracht. Wenn Mann und Frau den Zustand erreichen, bei dem es zur Schöpfung kommt, wird zwischen ihnen auch der Bund im Himmel geschlossen. Dieser Bund wird nicht mit einem Papier oder Ritual besiegelt. Er wird durch etwas unermesslich Größeres und Bedeutenderes besiegelt und ist daher stabil und glücklich. Und denken Sie nicht, dass nur junge Leute einen solchen Bund schließen können. Das Beispiel meines Kollegen beweist, dass dies von Leuten aller Altersgruppen erreicht werden kann. Ein solcher Bund ist nur dann möglich, wenn sie die Bedeutung der Worte Anastasias erfassen können."

„Also was folgt daraus? All diejenigen, die in ihrem Ausweis einen Stempel haben, dass sie verheiratet sind, sind es in Wahrheit gar nicht?"

„Ein Stempel im Ausweis ist lediglich eine von der Gesellschaft erfundene Konvention. Papierkram, alle möglichen Rituale zu verschiedenen Zeiten bei verschiedenen Völkern unterscheiden sich äußerlich, aber ihr Wesen ist überall gleich – Einwirkung auf die Psyche, der Versuch, wenigstens künstlich den Anschein eines Bundes zweier Menschen zu erwecken. Und Anastasia bemerkt richtig, wenn sie sagt: 'Ein falscher Bund ist abscheulich. Vor allem für die Kinder! Verstehst du, Wladimir. Die Kinder! Sie empfinden das Künstliche, das Falsche eines solchen Bundes. Und als Folge davon bezweifeln sie alle Worte der Eltern. Die Kinder empfinden unbewusst die Lüge, bereits bei ihrer Empfängnis. Darum geht es ihnen schlecht.'

Also gibt es in der Natur keinen künstlichen, sondern einen natürlichen göttlichen Bund. Wie er erreicht werden kann, wird auch den Menschen von heute gezeigt."

„Das heißt, selbst die Verheirateten, ich meine, die mit Stempel im Ausweis, auch die müssten faktisch noch einmal mit ihrem Mann oder ihrer Frau die Ehe schließen?"

„Genauer müsste es heißen, nicht 'noch einmal', sondern 'richtig.'"

„Das wird für viele schwer zu verstehen sein. In allen Ländern ist man daran gewöhnt, dass Sex das höchste Vergnügen ist, und alle tun es um des Vergnügens willen."

„Das ist doch alles eine Lüge, Wladimir Nikolajewitsch. Neunzig Prozent der Männer sind nicht in der Lage, ihre Frauen zu befriedigen.

Der Mythos, dass die meisten Leute beim Sex höchsten Genuss empfinden, ist doch nur eine psychologische Eingebung. Der sexuelle Trieb des Menschen wird von der kommerziellen Industrie ausgenutzt. Die Masse legaler und illegaler Pornozeitschriften – welches Geld liegt darin. Sie sind es, die die Leute an der Nase herumführen. Auch Filme, in denen Supermänner aller Couleur ihre Partnerinnen ohne weiteres befriedigen, sind nur Geschäft.

Wir haben einfach Angst, wir genieren uns, uns gegenseitig einzugestehen, dass wir nicht die passenden Partner haben. Aber der unbestrittene Fakt bleibt bestehen: Sechzig Prozent der geschlossenen Ehen zerfallen. Die restlichen vierzig Prozent der Familien sind weit ab von Vollkommenheit. Ständiges Fremdgehen und das blühende Geschäft der Prostitution sind ein Zeichen dafür.

Die Befriedigung, die wir heute beim Sex empfinden, ist längst nicht vollkommen. Sie ist lediglich ein kleiner Teil des dem Menschen zustehenden Vergnügens von der tatsächlichen Schöpfung der Göttlichen Vorsehung durch zwei Menschen, das wir unser ganzes Leben lang vergeblich suchen.

'Wir suchen an der falschen Stelle!' Diese Wahrheit bestätigt das Leben selbst.

Anastasia als Vertreterin einer Kultur einer uralten Zivilisation, von der unsere Historiker wahrscheinlich nicht die Spur einer Ahnung haben, zerstört die eingefahrenen Denkmuster. Die Vollkommenheit dieser Kultur kommt auch in der Beziehung zu einer schwangeren Frau zum Ausdruck.

Eine unerlässliche Voraussetzung dieser Kultur ist es, dass sich eine schwangere Frau neun Monate an dem Ort aufhalten soll, wo die Empfängnis stattgefunden hat, und auch dort gebären soll. Wie wichtig ist das?

Mit Hilfe der Information, über die die moderne Wissenschaft verfügt, und der vergleichenden Analyse können die Vorteile einer solchen Behauptung nachgewiesen werden. Der Ort, an dem die Frau ihr künftiges

Kind empfangen und austragen soll, wird als Familienlandsitz bezeichnet. In ihm haben Mann und Frau mit ihren eigenen Händen einen Garten mit verschiedenen Pflanzen angelegt. Die Physiologen werden bestätigen, wie wichtig eine richtige Ernährung für schwangere Frauen ist. Darüber sind viele wissenschaftliche und parawissenschaftliche Werke geschrieben worden. Wie? Soll jede schwangere Frau diese studieren? Alles andere sein lassen und verstärkt literarische Quellen studieren: Wie soll das Essen eingenommen werden und vor allem, was soll man essen. Das ist nur schwer vorstellbar.

Selbst wenn jede schwangere Frau diese wissenschaftlichen Traktate studieren würde, hätte sie eine andere unlösbare Aufgabe: Woher sollte sie das empfohlene Lebensmittel nehmen?

Stellen wir uns einmal ein sehr reiches modernes Ehepaar vor. Sie sind finanziell so gestellt, alles kaufen zu können, was sie möchten. Eine Illusion! Es gibt kein Geld und das kann es gar nicht geben, um das zu kaufen, was die schwangere Frau möchte und noch dazu in dem Moment, wann sie das will. Ich meine damit, dass man für kein Geld der Welt zum Beispiel einen Apfel kaufen kann, der in seiner Qualität nur annähernd so wäre wie der, den die Frau von ihrem Apfelbaum im Garten pflücken und sofort verzehren kann.

Ein weiterer Aspekt des psychologischen Charakters, der nicht weniger wichtig ist als der physiologische. Vergleichen wir einmal zwei Situationen.

Die erste ist die allgemein übliche, wie sie bei den meisten Menschen vorkommt. Nehmen wir eine junge Familie mit einem durchschnittlichen oder etwas überdurchschnittlichen Einkommen. Eine schwangere Frau wohnt mit ihrem Mann in einer Wohnung. Kann sie sich ausreichend gesund ernähren? Nein! Die modernen, selbst die teuren Supermärkte bieten uns keine qualitätsgerechten Lebensmittel an. Konservierte oder tiefgefrorene Produkte sind für den Menschen unnatürlich. Und die Märkte? Auch dort sind die Waren, gelinde gesagt, von zweifelhafter Güte. Auch die Privatleute verwenden alle möglichen chemischen Zusätze beim Anbau der Rohstoffe für die Nahrungsmittel. Es ist eine andere Sache, wenn sie diese für sich selbst anbauen. Wenn sie aber für den Verkauf gedacht sind, setzen sie des Einkommens wegen alle möglichen Stimulatoren ein. Das leuchtet jedem ein und man hat daher ein unruhiges Gefühl, wenn man Nahrungsmittel unbekannter Herkunft zu sich nimmt.

Ein unruhiges Gefühl! Dieses ist ständiger Begleiter des modernen Menschen.

Auf eine schwangere Frau strömt unaufhaltsam ein Informationsfluss über ständige soziale und ökologische Katastrophen ein. In ihrem Unterbewusstsein wächst immer mehr die Sorge um das Schicksal ihres ungeborenen Kindes. Wo sind dann die positiven Faktoren? Sie sind einfach nicht vorhanden und können gar nicht da sein unter den ungeheuerlichen Bedingungen des Alltags, die wir uns selber auferlegen.

Selbst in einer schön eingerichteten Wohnung gewöhnen wir uns an die Einrichtung und sie erfreut unsere Augen nicht mehr mit Neuem. Wir gewöhnen uns auch daran, dass in der Wohnung alle Dinge altern und zerbrechen, so wie wir uns mit dem Wissen darum abfinden, dass Leitungswasser zum Trinken ungeeignet ist. All das beginnt eine schwangere Frau plötzlich klar zu spüren. Ihr bleibt nichts weiter übrig, als darauf zu hoffen, dass 'schon alles gut gehen wird.' Das ist das einzige, worauf sie sich stützen kann, wenn sie unter dem Druck der Ausweglosigkeit steht.

Im zweiten Fall ist die Frau von einem Raum der Liebe umgeben, wie Anastasia ihn nennt. Neben der Befriedigung der physiologischen Forderungen erhält sie noch starke psychologische Unterstützung.

Die moderne Wissenschaft kann fast alle Behauptungen Anastasias erklären und beweisen. Sie sind sehr einfach und logisch. Man muss sich nur wundern: warum wir, die wir so viele kluge Reden führen, ihnen keine Beachtung schenken.

Anastasia spricht jedoch auch von rätselhaften Erscheinungen, die die moderne Wissenschaft nicht erklären kann: 'Drei Punkte sind wesentlich, drei Dimensionen des Daseins müssen die Eltern ihrer Schöpfung in die Wiege legen.'"

Weiter sagt sie, dass für die Verschmelzung dieser drei rätselhaften Punkte des Daseins in eine Einheit an demselben Ort, und zwar auf dem Familienlandsitz, Folgendes geschehen soll: 'Die Träume von zwei Menschen verschmelzen in Liebe ... Das ist der erste Punkt, er heißt der Wunsch der Eltern ... Der zweite Punkt, oder genauer gesagt, noch eine menschliche Dimension, die einen neuen Stern am Himmel entzündet, wird geboren, wenn zwei Körper in Liebe und mit dem Gedanken an die Schöpfung von etwas Herrlichem eins werden ... Der dritte Punkt, die neue Ebene des Daseins, muss auch an demselben Ort entstehen. Dort, wo das Kind empfangen wurde, dort soll auch die Geburt erfolgen. Der Vater muss sie miterleben. Und Gott, unser Vater, der uns alle liebt, wird über allen drei seinen Kranz erheben.'

Zweifellos können die Physiologen und Psychologen den Vorteil der Empfängnis, Austragung und Geburt des Kindes an einem Ort – dem herrlichen Familienlandsitz – wissenschaftlich beweisen. Aber Anastasia geht es um noch mehr. Sie spricht davon, dass in diesem Fall die vollständige Verbindung des geborenen Menschen mit dem Kosmos erfolgt. Warum? Wodurch? Inwieweit ist dieses Herangehen an die Geburt für das Schicksal des ungeborenen Menschen wichtig? Die modernen Wissenschaftler können nur Vermutungen anstellen.

Ich habe versucht, die Auslegungen Anastasias dem gegenüberzustellen, was heute populäre Horoskope voraussagen. Im Prinzip stellt sich die Frage, welcher der drei Momente als der wesentlichste für die Geburt eines Menschen anzusehen ist: der Gedanke, die physiologische Empfängnis oder wenn das Neugeborene das Licht der Welt erblickt? Als allgemein übliches Geburtsdatum des Menschen wird der Moment, da der Säugling aus dem Mutterleib austritt, angenommen. Von diesem Augenblick an werden die Horoskope zusammengestellt. Der Wissenschaft ist nun bekannt: Der Embryo lebt und fühlt bereits, wenn er noch im Mutterleib ist. Und wenn dem so ist, dann existiert der Mensch bereits. Er wurde bereits geboren. Er bewegt sich – die Mutter fühlt die Stöße seiner Ärmchen und Beinchen. Möglicherweise ist ein genaueres Datum der Geburt eines Menschen der Augenblick der Befruchtung der Eizelle durch das Spermium? Vom Standpunkt der Physiologie aus legt dieser Augenblick das Geburtsdatum eines Menschen genauer fest. Aber

... das Zusammentreffen von Spermium und Eizelle ist nicht die Ursache, sondern die Folge. Ihm gehen die Gedanken zweier Menschen voraus. Vielleicht sind gerade sie es, die das Geburtsdatum festlegen? Heute ist es üblich, als Geburtsdatum den Augenblick anzunehmen, da die Frucht das Licht der Welt erblickt. Morgen ist vielleicht etwas anderes allgemein üblich. Aus Anastasias Theorie ergibt sich, dass das Geburtsdatum des Menschen der Moment ist, in dem sich die drei Komponenten, alle oben genannten Momente zu einem einheitlichen Ganzen verbinden. Und darin gibt es eine eigene unanfechtbare Logik. Aber wir, ich meine damit sowohl die moderne Wissenschaft als auch religiöse Lehren, haben Angst, daran auch nur zu erinnern."

„Wieso sollten wir Angst davor haben?"

„Doch, doch ... Sehen Sie, Wladimir Nikolajewitsch, wenn wir anerkennen, dass die Aussagen Anastasias unumstritten sind, dann müssen wir auch anerkennen, dass wir im Vergleich zu den Leuten der Kultur, die sie vertritt, keine vollwertigen Menschen sind. Bei den meisten modernen Menschen werden ein oder zwei Komponenten, die einem vollwertigen Menschen eigen sind, fehlen. Daher fürchten wir uns, nicht nur darüber zu sprechen, sondern sogar daran zu denken. Es wäre aber angebracht, nachzudenken ..."

„Aber vielleicht sprechen wir nicht davon und denken nicht darüber nach, weil diese Aussagen zu umstritten sind?"

„Im Gegenteil! Sie sind zu unumstritten!

Erstens. Überlegen Sie selbst - wer wird bestreiten, dass die Situation, bei der der Gedanke an das zukünftige Kind der Vereinigung von Spermium und Eizelle vorangeht, moralischer und psychologisch gesehen viel gehaltvoller ist als die der Unzucht?

Zweitens. Absolut unbestritten ist auch, dass eine schwangere Frau eine vollwertige Kost erhalten und Stresssituationen vermeiden soll. Ideal passt dazu ein eigener Familienlandsitz, über den Anastasia spricht.

Drittens. Die Niederkunft in gewohnter Umgebung, an einem vertrauten Ort ist für die Gebärende angenehmer und vor allem – für das Neugeborene. Auch das ist eine unumstrittene Tatsache sowohl für die Psychologen als auch für die Physiologen. Stimmen Sie in allen drei Punkten zu?"

„Ja, natürlich."

„Sehen Sie, sie sind unumstritten und nicht nur für die Wissenschaftler. Folglich können wir die positive Wirkung der Vereinigung dieser drei positiven Komponenten zu einem einheitlichen Ganzen nicht verleugnen.

Als Psychologe kann ich annehmen, dass bei einer solchen Vereinigung eine psychische Reaktion im Raum erfolgt. Auf diese reagiert das gesamte Universum. Es nimmt das Neugeborene auf und stellt mit ihm eine Informationsverbindung her."

„Möglich. Aber welche Bedeutung kommt dabei der genauen Festlegung des Geburtsdatums eines Menschen zu?"

„Eine große! Eine globale Bedeutung! Sie legt die Ebene unserer eigenen Weltanschauung fest. Wenn wir den Augenblick, in dem das Kind das Licht der Welt erblickt hat, an die erste Stelle setzen, ist folgerichtig in unserer Weltanschauung die Materie das Primäre.

Setzen wir an die erste Stelle den Moment der Verschmelzung der Absichten von Mann und Frau, hat in unserer Auffassung von der Welt das Bewusstsein den Vorrang. Daraus schlussfolgernd werden sich verschiedene Kulturen bilden, die die Lebensweise definieren. Im ersten Fall wird der Materie der Vorzug eingeräumt, im zweiten dem Geist. Der offene und verdeckte Streit darüber ist schon lange im Gang. Aber jetzt wird mir die ganze Sinnlosigkeit eines solchen Streits offenkundig. Anastasia spricht von der Vereinigung nicht nur dieser zwei Begriffe, sondern auch von einem dritten Punkt. Auf der Basis ihrer Behauptungen kann man eine Theorie von der Geburt eines vollwertigen Menschen aufbauen sowie auch die Möglichkeit, diese zu erfüllen. Das ist für jeden einfach und zugänglich. Aber warum realisieren wir nicht unsere Möglichkeiten? Warum ist in unserem Bewusstsein ein solches Chaos und das Leben verläuft hektisch, das ist doch die Frage!"

„Ich denke doch, dass man als Geburtsdatum dennoch den Tag und die Stunde, in der der Säugling das Licht der Welt erblickt, nehmen kann. Aber man müsste es genauer bezeichnen: Stunde, da das Licht der Welt erblickt wurde."

„Möglicherweise. Das ist durchaus möglich! Aber fragen Sie trotzdem Anastasia über den Augenblick der Geburt."

„Das werde ich. Ich möchte selber gern wissen, wann ich genau geboren wurde, wann mein Sohn geboren wurde."

„Ihr Sohn ... Sie waren wegen eines Rates zu mir gekommen und ich rede über meine eigenen ... Entschuldigen Sie bitte, ich bin abgeschweift. Es hat sich so vieles angestaut. Wissen Sie, ich habe drei mal Sprechstunde in der Woche. Da kommen die Leute mit ihren Problemen.

Ihre Fragen sind immer dieselben: Wie erzieht man sein Kind? Wie stellt man den Kontakt zum Sohn oder zur Tochter her? Und das Kind ist schon fünf, zehn oder manchmal auch fünfzehn Jahre alt.

Sagt man demjenigen: 'Für die Erziehung ist es schon zu spät, mein Lieber', zerstört man in ihm die letzte Hoffnung. So kommt es, dass man eigentlich Trost spendet."

„Mein Sohn wird auch bald fünf. Heißt das, ich bin auch zu spät dran?"

„Bei Ihnen, Wladimir Nikolajewitsch, liegen die Dinge anders. Anastasia ist bei Ihrem Sohn. Sie hat sich nicht umsonst geweigert, das Kind dem Alltag unserer Welt auszusetzen. Sie erzieht im Einvernehmen mit einer anderen Kultur."

„Das heißt, mein Sohn und ich, wir sind Menschen verschiedener Kulturen und werden infolgedessen einander nie verstehen?"

„Eltern und Kinder sind immer Vertreter verschiedener Kulturen, wenn Sie so wollen, verschiedener Weltanschauungen. Jede Generation hat ihre Prioritäten. Natürlich ist der Unterschied nicht so frappierend wie in Ihrem Fall. Mein Rat an Sie: Bevor Sie mit Ihrem Sohn Kontakt aufnehmen, sprechen Sie mit Anastasia, wie Sie das am besten machen sollen. Hören Sie genau zu, was sie sagen wird. Sie haben doch viel über Kindererziehung gelesen und darüber nachgedacht. Es wird Ihnen jetzt leichter fallen, sie zu verstehen."

„Man kann sie nicht immer verstehen, selbst nach so langer Zeit. Einige Aussagen rufen Zweifel hervor. Sie sind mystisch und nicht bewiesen. Vieles von dem, was Anastasia sagt, versuche ich gar nicht erst zu veröffentlichen, da es mitunter Phantastereien ähnelt und ..."

Alexander Sergejewitsch schlug unvermittelt mit der Hand auf den Tisch und unterbrach mich schroff, ja sogar grob:

„Sie haben kein Recht dazu. Wenn Ihr Verstand etwas nicht erkennt, dann geben Sie wenigstens anderen die Chance dazu."

Mir gefiel der schroffe Ton des Psychologen nicht und das, was er sagte. Es war nicht das erste Mal, dass ich solche Aussagen zu meiner Person hörte und las. Sie laufen darauf hinaus, dass ich irgendwie minderbemittelt bin und meine Rolle sich darauf zu beschränken hat, alles, was die Eremitin der Taiga sagt, so genau wie möglich wiederzugeben. Aber die Neunmalklugen, die solche Bemerkungen machten, hatten nicht alles dabei berücksichtigt. Ich wollte den plötzlich so aggressiven Psychologen in seine Schranken weisen und sagte:

„Sie zählen sich natürlich zu den anderen, die alles Gesagte verstehen. Ich bin kein Psychologe mit akademischem Grad, aber selbst mir ist die einfache Wahrheit verständlich: Wenn ich alle unerwiesenen mystischen Aussagen veröffentliche, dann wird zum gesamten Buch eine Haltung wie zu einem Märchen die Folge sein. Und alles Rationale, das man heute im Leben anwenden kann, wird begraben werden. Wenn ich einige mystische Aussagen nicht veröffentliche, rette ich damit vielleicht das Rationale."

„Können Sie etwas konkreter sagen, über welche Mystik Sie sprechen?"

„Ja, über folgende zum Beispiel: Sie sagte, dass sie aus dem Universum die besten Lautverbindungen gesammelt und sie im Text des Buches versteckt hat, und diese werden die Leser günstig beeinflussen."

„Ja, ich erinnere mich daran. Sehr gut sogar. Das stand bereits im ersten Buch. Dort wurde auch gesagt, dass sich die Wirkung verstärkt, wenn der Leser lebendige Laute der Natur beim Lesen hört."

„Sie erinnern sich also? Auch daran, dass diese Worte nicht nur im Text des Buches selbst, sondern auch auf der inneren Umschlagseite zu finden sind? Erinnern Sie sich? Die Verleger hatten mir das so ans Herz gelegt, um die Neugierde der Leser zu wecken. Und ich habe es gemacht ..."

„Das war richtig so."

„Richtig?! Wissen Sie auch, dass viele durch die Angaben auf dem Umschlag vom Buch abgeschreckt wurden? Viele hielten das für einen Werbetrick. Auch die Presse schrieb darüber. Ich entfernte sie daher in einigen Ausgaben vom Umschlag. Viele Menschen halten es für mystisch, für erfunden."

„Idioten! Kann etwa ... Kann der Verstand der Gesellschaft etwa bis zu einer solchen Stufe schrumpfen? Oder schaltet die geistige Trägheit das logische Denken der Massen aus?"

„Was hat das mit geistiger Trägheit zu tun, wenn es doch nicht bewiesen werden kann?"

„Beweisen? Was gibt es da zu beweisen? Diese Aussage ist nichts anderes als ein absolut genialer psychologischer Test hinsichtlich seiner Einfachheit und Effektivität, der im Handumdrehen und auf einfache Art völlige Dummköpfe mit eingeschränkten geistigen Möglichkeiten ermittelt. Wenn sie dann noch in der Presse erscheinen, zeigen sie damit: Seht alle her, wie blöd wir sind. Ein genialer Test!"

„Wieso Test? Diese Aussage ist nicht beweisbar."

„Nicht beweisbar, denken Sie? Hier gibt es nichts zu beweisen. Das Gesagte von Anastasia ist ein Axiom. Urteilen Sie selbst. Texte jedes x-beliebigen Buches – passen Sie auf –, jedes Buches, jedes Briefs, jeder mündlichen Rede bestehen gerade aus solch einer Verbindung von Lauten. Klar? Sehen Sie das auch so?"

„Nun, im Prinzip ja, ich denke auch so. Tatsächlich bestehen die Texte aller Bücher aus Verbindungen ..."

„Sehen Sie, wie einfach das ist? Und über diese Einfachheit stolpern diejenigen, die zu bequem sind, logisch zu denken."

„Möglich ... Aber sie hat doch gesagt, dass sie in den Weiten des Alls die besten Verbindungen gefunden und gesammelt hat und dass diese einen wohltuenden Einfluss auf die Leser haben werden."

„Ja, und daran ist absolut nichts Mystisches. Überlegen Sie selbst. Wenn Sie irgendein Buch, einen Artikel in einer Zeitung oder Zeitschrift lesen – hat das auf Sie etwa keinen Einfluss? Der Text kann Sie gleichgültig lassen, Ihre Entrüstung, Zustimmung, Zorn oder Freude hervorrufen. Ist es nicht so? Verstehen Sie? Sehen Sie das auch so?"

„Ja."

„Gut, und was den guten Einfluss der Texte Anastasias betrifft, so zeigt er sich dadurch, wie die Leser darauf reagieren. Es geht nicht um Rezensionen, die ja auch bestellt sein können. Die Tatsache des guten Einflusses bestätigt sich durch die Entstehung des schöpferischen Geistes. Von diesem zeugen eine Vielzahl von Gedichten und Liedern, die von Ihren Lesern geschrieben wurden. Ich habe ja auch fünf Kassetten mit Liedern gekauft, die Anastasia gewidmet sind. Sie wurden von einfachen Menschen geschrieben, oder vielleicht im Gegenteil – von besonderen. Ich habe diese Audiokassetten gekauft und angehört. Das Leben selbst hat Anastasias Aussagen bestätigt, denn die Gedichte entstanden unter dem Einfluss des Gelesenen. Und Sie sagen: 'Mystik'. Sie haben kein Recht, Anastasias Zensor sein zu wollen."

„Ja, gut. Ich gehe jetzt. Vielen Dank für Ihre Ratschläge."

Ich hatte schon die Türklinke in der Hand und wollte das Sprechzimmer des Psychologen verlassen.

„Warten Sie bitte, Wladimir Nikolajewitsch. Ich sehe, dass Sie mir böse sind. Entschuldigen Sie, wenn mein Ton etwas schroff war. Ich möchte nicht, dass wir so auseinander gehen."

Alexander Sergejewitsch stand in der Mitte des Sprechzimmers, etwas korpulent, ein älterer Herr. Er knöpfte sein Jackett akkurat zu und fuhr fort:

„Verstehen Sie, Sie haben einfach die Pflicht, alles zu schreiben, was Anastasia sagt. Wenn Ihnen davon auch etwas unverständlich scheint oder mir, oder irgendjemandem. Egal. Wichtig ist, dass sie es verstehen!"

„Wer – 'sie'?

„Die jungen Frauen, die noch gesunde Kinder bekommen können. Wenn sie es verstehen, ändert sich in jedem Fall alles ... Wir haben jetzt jedoch wenig über Ihren Sohn gesprochen und Sie waren doch gerade deshalb in meine Sprechstunde gekommen."

„Ja, deswegen war ich gekommen."

„Ich kann Ihnen nichts Konkretes raten. Die Situation ist zu außergewöhnlich. Vielleicht sollten Sie ihm ein paar Bücher mit Bildern mit in die Taiga nehmen. Über die Geschichte, zum Beispiel. Und sich gut anziehen. Vielleicht rede ich jetzt Unsinn, aber ich möchte einfach, dass Sie ihm unsere Wirklichkeit nicht zu grausam darstellen."

„Und wie? Bunt und schöngefärbt?"

„Darum geht es nicht. Sie erscheinen doch selbst vor Ihrem Sohn als Vertreter unserer Wirklichkeit und kompromittieren sich damit vor dem Kind."

„Und warum soll ich allein für alle Verirrungen unserer Gesellschaft verantwortlich sein?"

„Wenn Sie Ihrem Sohn zeigen, dass Sie nicht in der Lage sind, irgendetwas in der Gesellschaft zum Besseren zu wenden, zeigen Sie Ihre Ohnmacht. Sie kompromittieren sich vor Ihrem Sohn. Ich denke, er wird so erzogen sein, dass er nicht verstehen kann, dass es für den Menschen etwas Unmögliches gibt."

„Da haben Sie sicher recht, Alexander Sergejewitsch. Danke für den sachkundigen Rat. Ich sollte wirklich unser Leben vor dem Kind etwas schönfärben, genau, ansonsten denkt er noch ..."

Wir drückten einander die Hand und verblieben, wie mir schien, ohne Feindseligkeiten.

2. Kapitel

Das Gespräch mit meinem Sohn

Nachdem ich allein den gesamten Weg vom Fluss bis zur Lichtung Anastasias zurückgelegt hatte, ging ich zu den bekannten Plätzen mit dem Gefühl, nach Hause gekommen zu sein. Dieses Mal holte mich niemand ab und ich genoss es sogar, allein und ohne Begleitung durch die Taiga zu laufen.

Ich rief Anastasia nicht. Vielleicht hatte sie ja auch zu tun, wenn sie fertig war und merkte, dass ich kam, kam sie von selbst.

Als ich unseren Lieblingsplatz am Ufer des Sees erblickte, wo Anastasia und ich so oft gesessen hatten, wollte ich mich zunächst umziehen, bevor ich mich hinsetzte und mich von dem Weg erholte.

Ich holte aus dem Rucksack einen dunkelgrauen knitterfreien Anzug, einen dünnen weißen Pullover und neue Schuhe. Als ich meine Sachen für die Reise in die Taiga packte, wollte ich auch ein weißes Hemd mit Krawatte mitnehmen, wovon ich dann Abstand nahm, da das Hemd knittern würde und in der Taiga kann man es nirgends bügeln. Aber den Anzug hatte man mir im Geschäft so verpackt, dass er nicht knittern konnte.

Ich wollte vor meinem Sohn elegant und feierlich erscheinen, daher investierte ich viel Zeit und Kraft, um mein Äußeres zu planen.

Auch nahm ich einen mechanischen Rasierapparat mit und einen Spiegel. Ich lehnte den Spiegel an einen Baum, rasierte und kämmte mich. Dann setzte ich mich auf einen kleinen Hügel und suchte nach einem Block und einem Stift, um das, was ich mir auf dem Weg überlegt hatte, noch zum Plan des Treffens mit meinem Sohn hinzuzufügen.

Mein Sohn wird bald fünf Jahre. Natürlich kann er schon sprechen. Als ich ihn das letzte Mal gesehen habe, war er noch ganz klein, er sprach noch nicht, aber jetzt wird er schon vieles begreifen. Wahrscheinlich plappert er von früh bis spät mit Anastasia und mit den Großvätern. Ich hatte mir fest vorgenommen, dass ich, sobald ich Anastasia sah, mit ihr darüber sprechen würde, wie ich das Treffen mit meinem Sohn geplant hatte und was ich ihm sagen wollte.

Ich hatte fünf Jahre lang sorgfältig die verschiedensten Systeme der Kindererziehung studiert und mir daraus das für meine Begriffe Beste und Verständlichste entnommen. Ich hatte die für mich notwendigen Schlüsse daraus gezogen, indem ich mich mit Pädagogen und Kinderpsychologen unterhalten hatte. Jetzt wollte ich, bevor ich mich mit meinem Sohn traf, den von mir erarbeiteten Plan und die Schlussfolgerungen, die ich getroffen hatte, mit Anastasia besprechen und gemeinsam mit ihr alles nochmals detailliert durchdenken. Anastasia könnte mir raten, welche ersten Worte ich an meinen Sohn richten und welche Haltung ich dabei einnehmen sollte. Die Haltung ist auch wichtig, hatte ich mir gesagt. Der Vater soll seinem Kind bedeutend erscheinen. Aber zunächst einmal sollte Anastasia mich ihm vorstellen.

In meinem Block stand als erster Punkt: „Anastasia stellt mich meinem Sohn vor."

Sie sollte es mit einfachen Worten tun, etwa in der Art: „Hier, mein Sohn, vor dir steht dein leiblicher Vater."

Sie sollte diese Worte sehr feierlich aussprechen, damit das Kind an ihrem Tonfall gleich die Bedeutung seines Vaters spürte und ihm zuhörte.

Plötzlich merkte ich, dass alles um mich herum verstummte, wie alles sich anspannte. Ich hatte keine Angst vor der plötzlich eingetretenen Stille. So war es immer vor dem Treffen mit Anastasia in der Taiga. Die Taiga erstarrte mit all ihren Bewohnern buchstäblich, zuhörend, zur Vorsicht mahnend und abschätzend: Bringt der Ankömmling ihrer Herrin etwa Unannehmlichkeiten? Wenn sich dann herausstellt, dass keine aggressiven Absichten vorliegen, wird alles wieder ruhig.

An der eingetretenen Stille erkannte ich, dass Anastasia hinter mir leise herankam. Sie war auch daran unschwer zu erkennen, dass mir etwas von hinten quasi den Rücken wärmte. Und mit einem wärmenden Blick konnte nur Anastasia schauen. Ich drehte mich nicht sofort nach ihr um. Ich blieb einige Zeit so sitzen und spürte die angenehme wohltuende Wärme. Dann drehte ich mich um und erblickte ...

Vor mir stand barfüßig und fest mein kleiner Sohn im Gras. Er war gewachsen. Seine dunkelblonden Haare fielen in kleinen Löckchen bis auf die Schulter. Er trug ein kurzes Hemd aus Nesselstoff ohne Kragen. Er ähnelte Anastasia, vielleicht auch etwas mir, aber das sieht man nicht sofort. So wie ich mich umgedreht hatte, mich mit den Händen abstützend, so sah ich ihn an, auf allen Vieren und alles in der Welt vergessend. Und auch er schaute mich schweigend an mit Anastasias Blick. Ich hätte vielleicht vor Erstaunen lange nichts sagen können, aber er brach als Erster das Schweigen: „Ich grüße deine guten Gedanken, Papa!"

„Ja, ich grüße dich natürlich auch", antwortete ich.

„Entschuldige bitte, Papa."

„Was soll ich entschuldigen?"

„Dass ich deine wichtigen Gedanken unterbrochen habe. Erst stand ich etwas weiter von dir weg, um nicht zu stören, aber ich wollte zu dir gehen und neben dir sein. Gestattest du, Papa, dass ich still neben dir sitze, bis du deine Gedankengänge zu Ende gebracht hast."

„Ja. Gut. Natürlich, setz dich hin."

Er kam schnell heran, setzte sich einen halben Meter von mir entfernt hin und verhielt sich still. Ich war so verdutzt, dass ich immer noch auf allen Vieren kniete, und als er sich setzte, dachte ich plötzlich: 'Ich muss eine Haltung einnehmen, die von tiefem Nachdenken zeugt, damit ich in der Zeit, in der ich meine wichtigen Gedanken, wie er meint, zu Ende bringe, überlege, wie ich mich weiter verhalten soll.'

Ich nahm eine würdige Haltung ein und einige Zeit saßen wir nebeneinander und schwiegen. Dann wandte ich mich zu meinem kleinen Sohn, der sich neben mir ganz still verhielt, und fragte ihn:

„Nun, wie laufen deine Geschäfte?"

Er zuckte freudig zusammen, als er meine Stimme hörte, drehte sich zu mir und sah mir direkt in die Augen. Seinem Blick konnte ich entnehmen: Er bemühte sich, wusste aber nicht, wie er auf meine einfache Frage antworten sollte. Dann sagte er:

„Papa, ich kann auf deine Frage nicht antworten. Ich weiß nicht, wie die Geschäfte laufen. Hier läuft das Leben, Papa. Und es ist schön, das Leben."

'Irgendwie muss ich das Gespräch fortsetzen', dachte ich, 'ich darf die Initiative jetzt nicht fallen lassen'. Und so stellte ich noch eine Standardfrage:

„Und wie geht es dir? Hörst du auf deine Mama?"

Dieses Mal antwortete er sofort:

„Ich höre immer mit Freude zu, wenn Mama spricht. Und wenn meine Großväter etwas sagen, ist es für mich interessant zuzuhören. Ich erzähle ihnen auch und sie hören mir zu. Mama Anastasia meint, ich rede viel. Man solle mehr denken, sagt Mama Anastasia. Aber es denkt sich schnell bei mir, und sprechen möchte ich verschieden."

„Wie meinst du das, verschieden?"

„Wie meine Großväter ein Wort nach dem anderen zusammensetzen, wie Mama und wie du, Papa."

„Und woher weißt du, wie ich die Worte zusammensetze?"

„Mama hat es mir gezeigt. Es ist für mich sehr interessant, wenn Mama beginnt, mit deinen Worten zu sprechen."

„Ja? Na so etwas ... Nun, und wer willst du einmal werden?"

Wieder verstand er diese ganz gewöhnliche Frage nicht, die die Erwachsenen den Kindern so oft stellen, und er antwortete nach einer kurzen Pause:

„Nun, ich bin doch schon, Papa."

„Ja, klar, du bist schon. Ich meinte, was du werden willst. Wenn du groß bist, was wirst du dann tun?"

„Ich werde du sein, Papa, wenn ich groß bin. Ich werde das zu Ende bringen, was du jetzt tust."

„Woher weißt du, was ich tue?"

„Mama Anastasia hat es mir erzählt."

„Was erzählt sie dir über mich?"

„Vieles. Mama Anastasia erzählt, was du für ein ... wie heißt das Wort doch gleich ... ach, ja – was für ein Held du bist, mein Papa."

„Ein Held?"

„Ja, du hast es schwer. Mama möchte, dass du es leichter hättest, dass du unter den menschlichen Bedingungen ausruhen könntest, aber du gehst dahin, wo das Leben vielen Menschen schwer fällt. Du gehst deshalb, damit es auch dort schön wird. Es tat mir sehr leid, als ich erfuhr, dass es

Menschen gibt, die nicht ihre eigene Lichtung haben, und dass man sie ständig in Schrecken versetzt und zwingt, so zu leben, wie sie es selber nicht wollen. Sie können ihre Nahrung nicht selbst nehmen. Sie müssen ... ja, arbeiten, heißt das wohl. Sie müssen alles so tun, wie sie es selber gar nicht möchten, sondern so, wie es ihnen irgendjemand sagt. Und dafür gibt man ihnen Zettelchen – Geld, und dann tauschen sie dieses Geld gegen Essen. Sie haben einfach vergessen, wie man anders leben kann und sich des Lebens freuen kann. Und du, Papa, gehst dorthin, wo es die Menschen schwer haben, um dort das Gute zu machen."

„Ja? Ich gehe ... es soll überall schön sein. Und wie möchtest du das Schöne vollenden, wie bereitest du dich jetzt darauf vor? Du musst doch lernen."

„Ich lerne, Papa. Ich lerne sehr gern und ich bemühe mich."

„Was lernst du denn, welches Fach?"

Wieder verstand er nicht gleich die Frage, aber dann antwortete er:

„Ich lerne das ganze Fach. Sobald ich ihn bis zu der Geschwindigkeit wie bei Mama Anastasia beschleunige, verstehe ich das ganze Fach oder alle Fächer. Ja, richtiger müsste es heißen alle Fächer."

„Wen bringst du auf die Geschwindigkeit, wie bei Mama?"

„Meinen Gedanken. Aber noch beschleunigt er sich nicht so schnell. Die Geschwindigkeit von Mamas Gedanken ist schneller. Sie ist schneller als bei den Großvätern und als die von einem Sonnenstrahl. Sie ist so schnell, dass sie nur noch bei Ihm schneller ist."

„Bei wem, bei ihm?"

„Bei Gott, unserem Vater."

„Ja, natürlich. Nun, dann streng dich an. Ja, man muss sich anstrengen, mein Sohn."

„Gut, Papa, ich werde mich fleißiger bemühen."

Um das Gespräch über das Lernen fortzusetzen und etwas Kluges und Bedeutendes zu sagen, holte ich aufs Geratewohl aus dem Rucksack eines meiner mitgebrachten Bücher heraus. Es war ein Lehrbuch der fünften Klasse „Geschichte des Altertums" und ich sagte meinem Sohn:

„Siehst du, Wolodja, das ist eines der vielen Bücher, die von den heutigen Menschen geschrieben werden. In diesem Buch wird den Kindern erzählt, wie das Leben auf der Erde entstand, wie sich der Mensch und die Gesellschaft entwickelte. Hier sind viele farbige Bilder und Texte dazu. Dieses Buch erzählt von der Geschichte der Menschheit. Die Wissenschaftler – das sind weise Menschen, sie sind klüger als andere und sie beschreiben in diesem Buch das Leben der Urmenschen auf der Erde. Wenn du lesen gelernt hast, wirst du aus Büchern viel Interessantes erfahren."

„Ich kann lesen, Papa."

„Ja ... Wie? Bringt Mama dir das Lesen bei?"

„Mama Anastasia zeichnete einmal Buchstaben für mich in den Sand und stellte mit ihrer Stimme deren Namen dar."

„Und hast du dir etwa gleich alle Buchstaben gemerkt?"

„Ja. Es sind sehr wenige. Ich war sehr traurig, als ich erfuhr, dass es so wenig sind."

Ich legte zunächst kein Augenmerk auf das, was er über die Menge der Buchstaben sagte. Ich wollte hören, ob mein Sohn tatsächlich einen gedruckten Text lesen konnte. Ich öffnete das Buch auf der ersten Seite und hielt es ihm hin und sagte:

„Versuch zu lesen."

Verdrehte Vorstellungen über die Geschichte

Er nahm das offene Buch aus irgendwelchen Gründen mit der linken Hand und sah einige Zeit schweigend auf den gedruckten Text. Dann begann er zu lesen: „Die Urmenschen lebten in heißen Ländern, wo es keinen Frost und kalte Winter gab. Die Menschen lebten nicht allein, sondern in Gruppen, die die Wissenschaftler als menschliche Horden bezeichnen. Alle in der Horde, vom kleinsten bis zum größten, waren mit Sammeln beschäftigt. Tagelang suchten sie essbare Wurzeln, wildwachsende Früchte und Beeren, Eier von Vögeln.“

Als er diesen Text gelesen hatte, hob er seinen Kopf und sah mir direkt und fragend in die Augen. Ich schwieg, ich verstand die Frage nicht. Wolodja hub etwas unruhig an:

„Ich habe keine Vorstellung in mir, Papa.“

„Welche Vorstellung?“

„Gar keine Vorstellung. Entweder ist sie kaputt oder sie kann sich das Geschriebene in diesem Buch nicht vorstellen. Wenn Mama Anastasia spricht, oder die Großväter, erscheint alles klar. Wenn ich Sein Buch lese, erscheint alles noch klarer. Aber zu dem, was in diesem Buch steht, ist die Vorstellung irgendwie verdreht. Oder ist sie in mir kaputt gegangen?“

„Wozu musst du dir etwas vorstellen? Warum Zeit vergeuden für Vorstellungen?“

„Die Vorstellungen kommen doch von selbst, wenn es wahr ist ... Doch jetzt entsteht keine, also ... Gleich, ich versuche einmal es zu überprüfen.

Vielleicht hatten sie, die Menschen, über die im Buch beschrieben ist, wie sie den ganzen Tag Nahrung suchen, keine Augen? Warum suchten sie ganze Tage lang Nahrung, wenn sie sich doch immer neben ihnen befand?"

Dann geschah mit dem Kind etwas Unbegreifliches. Es kniff plötzlich die Augen zusammen und begann, mit einer Hand das Gras um sich herum zu betasten. Irgendetwas hatte er gefunden, er pflückte und aß es. Dann stellte er sich auf seine Beinchen und sagte mit geschlossenen Augen: „Vielleicht hatten sie auch keine Nase." Er hielt sich mit den Fingern die Nase zu und ging etwas zur Seite, weg von mir. Als er etwa fünfzehn Meter von mir weg war und sich immer noch die Nase zuhielt, legte er sich ins Gras und gab einen Laut von sich, so wie „Ah-Ah".

Und sogleich kam alles rund herum in Bewegung. Einige Eichhörnchen sprangen von den Bäumen. Sie sprangen ins Gras mit gespreizten Pfötchen und buschigem Schwanz, Fallschirmen gleich und liefen zu dem im Gras liegenden Kind. Sie legten etwas neben sein Köpfchen, sprangen durch das Gras zu den Bäumen, kletterten wieder hinauf und sprangen erneut zur Erde.

Drei Wölfe, die sich in einiger Entfernung aufhielten, liefen auch zu dem im Gras liegenden Kind und trampelten unruhig neben ihm herum.

Da knirschten die Zweige und aus den Büschen kam eilig humpelnd ein junger Bär und dann noch ein zweiter, ein etwas kleinerer, aber dafür flinker.

Der erste Bär roch am Kopf des Kindes und leckte seine Hand, die immer noch die Nase zuhielt. Aus den Büschen kamen immer mehr verschiedene, große und kleine Tiere der Taiga. Alle traten sie unruhig von einer Stelle auf die andere um den im Gras liegenden kleinen Menschen und schenkten dabei einander absolut keine Aufmerksamkeit. Offensichtlich verstanden sie nicht, was mit ihm geschah.

Ich konnte die seltsame Handlungsweise meines Sohnes zunächst auch nicht verstehen. Dann kam ich dahinter. Er stellte einen hilflosen Menschen dar, der blind war und keinen Geruchssinn hatte. Der Laut „Ah-Ah", den er von Zeit zu Zeit ausstieß, gab den Umgebenden zu verstehen, dass er essen wollte.

Die Eichhörnchen kamen so wie immer herbei und rannten wieder davon und holten Zedernzapfen, trockene Pilze und andere Dinge, die sie neben das im Gras liegende Kind legten.

Ein Eichhörnchen stand auf den Hinterpfötchen und in den Vorderpfoten hielt es einen Zedernzapfen, aus dem es schnell mit den Zähnchen Nüsse holte. Ein weiteres Eichhörnchen knackte die Nüsse auf und legte die geschälten Kerne auf einen Haufen.

Aber der Mensch nahm die Nahrung nicht an. Er lag weiterhin mit geschlossenen Augen und hielt sich die Nase zu und gab mit wachsendem Verlangen den Laut „Ah-Ah" von sich.

Aus den Büschen kam hastig ein Zobel heraus. Ein schönes flauschiges Tier mit schillerndem Fell. Er umkreiste zwei Mal das im Gras liegende Kind. Er lief, ohne den herbeieilenden Tieren Aufmerksamkeit zu schenken. Und die Tiere, deren Aufmerksamkeit ausschließlich dem ungewöhnlichen Verhalten des Kindes galt, bemerkten den Zobel gar nicht. Als er jedoch jäh bei dem Häufchen Zedernnüsse, die die Eichhörnchen geschält hatten, stehen blieb und diese zu essen begann, reagierten die Tiere darauf. Als Erstes sträubten die Wölfe ihr Fell und fletschten die Zähne. Der Bär, der von einer Pfote auf die andere trat, blieb stehen, starrte den Fresser an und haute ihm dann mit der Pfote in die Flanke. Der Zobel flog zur Seite, drehte sich um, sprang aber sofort auf und lief behende zu dem liegenden Kind und stellte sich mit den Vorderpfötchen auf dessen Brust. Kaum versuchte das kleine Kind wieder sein forderndes „Ah-Ah" auszustoßen, näherte der Zobel sein Schnäuzchen dem geöffneten Mund des Menschen und legte die vorgekaute Nahrung hinein.

Schließlich setzte sich Wolodja auf das Gras, öffnete die Augen und nahm die Finger von der Nase. Er ließ seinen Blick über die immer noch erregten Tiere schweifen, stand auf und beruhigte sie.

Die Tiere gingen in einer nur ihnen bekannten Hierarchie nacheinander auf den Jungen zu. Jedes erhielt seine Belohnung. Die Wölfe bekamen einen Klaps auf den Schopf, einem Bär zauste Wolodja mit beiden Händen die Schnauze, dem zweiten rieb er aus irgendwelchen Gründen die Nase mit der Hand. Den Zobel, der um seine Füße schlich, drückte er leicht mit dem Fuß zu Boden, und als er sich auf den Rücken umdrehte, kraulte er ihm die Brust.

Jedes Tierchen entfernte sich sofort taktvoll, nachdem es seine Belohnung erhalten hatte.

Wolodja hob eine Handvoll geschälte Zedernnüsse auf und gab den Eichhörnchen ein Zeichen, das allem Anschein nach bedeutete, dass sie nun aufhören sollten, ihm Essen zu bringen. Obwohl das Kind die Tiere beruhigte, brachten sie ihm bis zu diesem Moment immer noch Nahrung, aber jetzt stellten sie dies sofort ein.

Mein kleiner Sohn kam zu mir, reichte mir die Handvoll Nüsse und sagte:

„Papa, in der Vorstellung, die in mir entsteht, mussten die ersten Menschen, die auf der Erde lebten, nicht ganze Tage mit dem Sammeln von Nahrung verbringen. Sie dachten gar nicht ans Essen. Entschuldige bitte, Papa, meine Vorstellung ist nicht so, wie die weisen Wissenschaftler in dem Buch geschrieben haben, das du mir gebracht hast."

„Ja. Ich habe verstanden, sie entspricht dem ganz und gar nicht."

Ich setzte mich wieder auf den Hügel, und Wolodja, der sich sofort daneben niederließ, fragte:

„Aber warum sind sie verschieden – meine Vorstellung und diese, die aus dem im Buch Geschriebenen entsteht?"

Wahrscheinlich arbeiteten auch meine Gedanken wie nie zuvor, irgendwie schneller. Tatsächlich, warum stand in dem Buch, in einem Lehrbuch für Kinder, solcher Unsinn? Selbst einem Erwachsenen, der mit der wilden Natur nicht ganz so vertraut ist, ist klar, dass im warmen Klima, und umso mehr im tropischen, kein Mangel an Nahrungsmitteln herrschen kann. Es gab so viel, dass selbst große Tiere – Mammuts oder Elefanten – leicht ihre Nahrung finden konnten. Auch die kleinen Tiere mussten keinen Hunger leiden. Und der Mensch unter ihnen, das intellektuell am weitesten entwickelte Wesen, fand seine Nahrung nur unter Schwierigkeiten. Das ist wirklich einfach unvorstellbar. Das heißt, dass die meisten Menschen, die sich mit Geschichte befassen, schlicht und einfach nicht über den Sinn des in Geschichtsbüchern Geschriebenen nachdenken. Sie vergleichen nicht das Gelesene mit der elementarsten Logik, sondern nehmen die geschichtliche Vergangenheit so entgegen, wie man sie ihnen vorsetzt.

Sagen Sie zum Beispiel einem Kleingärtner, der ein Stück Land von nur 600 Quadratmetern besitzt, dass sein Nachbar den ganzen Tag zwischen essbaren Dingen herumläuft, die darin wachsen, und nichts Essbares finden kann. Der Kleingärtner wird denken, sein Nachbar sei nicht ganz bei Trost.

Und das in der Taiga aufgewachsene Kind, das verschiedene Pflanzen und Früchte probiert hat, konnte sich nicht vorstellen, warum man diese suchen muss, wenn sie sich doch alle ringsherum befinden. Außerdem sind alle um ihn lebenden Tiere bereit, ihm zu jeder Zeit zu dienen und ihn nicht auf Bäume klettern zu lassen, um Nüsse zu holen, und diese sogar noch von ihrer Schale befreien.

Vorher hatte ich schon ein Phänomen beobachtet. Alle Tierweibchen, die auf dem Gebiet von Anastasias Familie lebten, nehmen das von ihr geborene Kind wie ihr eigenes auf. Dieses Phänomen wird nicht nur von mir beschrieben. Es sind viele Fälle bekannt, da Tiere Menschenkinder großgezogen haben. So haben wahrscheinlich viele beobachtet, wie ein Hund ein Katzenbaby oder die Katze das Junge des Hundes füttert. Zum Menschen jedoch haben die Tiere ein besonderes Verhältnis.

Die Tiere der Taiga markieren immer ihr Territorium. Auf dem von ihnen markierten Territorium lebt Anastasias Familie und daher besteht zu ihr auch eine besondere Beziehung. Warum zieht es alle Tiere so zum

Menschen und warum haben sie den unbändigen Wunsch, ihm dienen zu wollen? Warum braucht jedes der Tiere die Liebkosungen des Menschen? So leben in Häusern, zum Beispiel in einer modernen Wohnung, verschiedene Tiere zusammen: eine Katze, ein Hund, ein Wellensittich – und jedes ist darauf bedacht, vom Menschen wenigstens ein bisschen Aufmerksamkeit zu erhalten und als höchste Auszeichnung gestreichelt zu werden. Sie sind sogar eifersüchtig aufeinander, wenn der Mensch einem der Haustiere mehr Aufmerksamkeit als den anderen schenkt. Uns scheint das alltäglich und nichts Besonderes zu sein. Aber hier, in der Taiga, sieht das etwas ungewöhnlich aus. In der Tat ist es jedoch dieselbe einmalige Erscheinung, dass alle Tiere darauf bedacht sind, das vom Menschen ausgehende wohltuende unsichtbare Licht, das Gefühl oder noch irgendeine andere Ausstrahlung zu erhalten. Es ist nicht wichtig, wie man diese unumstrittene Tatsache nennen möchte. Wichtig ist, dass sie in der Natur existiert, man muss nur genau wissen, wozu. Gab es das von Anfang an oder hat der Mensch Jahrhunderte lang die Tiere gezähmt? Es ist möglich, dass er absolut alle gezähmt hat, denn auch heute gibt es auf allen Kontinenten viele verschiedene Tiere und Vögel, die dem Menschen dienen. Sie kennen ihren Herrn. In Indien sind das die Elefanten, die Affen, in Mittelasien – die Kamele, die Esel. Fast überall sind es die Hunde, Katzen, Kühe, Pferde, Hühner, Gänse, Falken, Delphine. Es ist schwer, sie alle aufzählen zu wollen. Das Wesentliche besteht in etwas anderem – sie dienen, und dieses Phänomen ist fast jedem bekannt. Aber seit wann ist das so – seit dreitausend Jahren, seit fünftausend oder zehntausend? Oder war es von Anfang an so von unserem Schöpfer erdacht, als er die Natur schuf? Wahrscheinlich ja, denn schon in der Bibel ist von der „Festlegung der Bestimmung eines jeden Geschöpfs" geschrieben. Und wenn das von Anfang an so erdacht und ausgeführt wurde, dann dürfte es für den Menschen tatsächlich keine Probleme mit der Beschaffung von Nahrungsmitteln geben.

Aber warum wird dann in Geschichtsbüchern für Kinder und Erwachsene das ganze Gegenteil beschrieben? Nicht nur bei uns, in unserem Land, in der ganzen Welt wird den Menschen eine solche Absurdität eingeimpft. Ein Fehler? Eher nicht! Es steht irgendetwas Bedeutenderes dahinter als nur ein einfacher Fehler. Ein Vorsatz! Den braucht irgendjemand. Wer und warum? Und wenn man etwas anderes schreibt? Wenn man die Wahrheit schreibt? Und wenn in allen Lehrbüchern auf der ganzen Welt zum Beispiel ein Satz wie dieser stünde: „Die ersten Menschen, die auf unserer Erde lebten, hatten keine Probleme mit der Nahrung. Sie waren von einer großen Vielfalt an erstklassigen und für die Gesundheit wertvollen essbaren Dingen umgeben." Aber dann … Dann würde sich vielen Menschen die Frage stellen: „Wo ist diese Vielfalt und dieser Überfluss geblieben? Wieso muss der Mensch heute wie ein Sklave für irgendjemanden wegen eines Stückchens Brot arbeiten?" Und vor allem könnte folgende Frage entstehen: „Inwieweit ist der heutige Entwicklungsweg der menschlichen Gesellschaft überhaupt der richtige?"

Was sollte ich jetzt meinem Sohn antworten, warum in einem „klugen" Buch, einem Lehrbuch, so ein Unsinn steht? Die Menschen in den Tropen haben ganze Tage damit zugebracht, ihr Essen zu suchen? Er, der in der Taiga inmitten ihm ergebener Tiere lebt, kann sich das, was „kluge Leute" da aufgeschrieben haben, nicht vorstellen.

Ich erinnerte mich an die Worte Anastasias: „Die Wirklichkeit soll man nur durch sich selbst aufnehmen." Ich versuchte mich aus der Lage herauszuwinden und antwortete meinem Sohn:

„Das ist kein einfaches Buch. Du solltest mit deiner Vorstellung alles prüfen, was hier steht. Wozu soll man etwas schreiben, worüber du auch so deine klare Vorstellung hast? Daher schreibt man das Gegenteil. Damit du mit deiner Vorstellung prüfen kannst, was wahr ist und was nicht. Wir müssen aufmerksamer sein. Verstehst du, was ich meine, Wolodja?"

„Papa, ich versuche zu verstehen, warum man die Unwahrheit schreibt. Aber bis jetzt verstehe ich es noch nicht. Einige Tiere verwischen mit ihrem Schwanz ihre Spuren. Andere bauen falsche Höhlen und es gibt welche, die Fallen machen. Aber wozu brauchen die Leute derartige Finten?"

„Ich sage dir doch, um sich zu entwickeln."

„Kann man sich etwa durch die Wahrheit nicht entwickeln?"

„Doch auch durch Wahrheit … aber nicht so."

„Entwickelt man sich dort, wo du lebst, Papa, durch Wahrheit oder Unwahrheit?"

„Auf verschiedene Art, man versucht, durch Wahrheit und Unwahrheit eine effektive Entwicklung zu erreichen. Und du, Wolodja, liest du oft in Büchern?"

„Jeden Tag."

„Welche Bücher liest du? Von wem bekommst du sie?"

„Mama Anastasia hat mir alle Bücher zum Lesen gegeben, die du geschrieben hast, Papa. Ich habe sie sehr schnell durchgelesen. Und jeden Tag lese ich andere Bücher. Solche, in denen die Buchstaben lustig und verschieden sind."

Zuerst schenkte ich dem, was er von den seltsamen Büchern mit lustigen und verschiedenen Buchstaben erzählte, keine Aufmerksamkeit.

Du hast Mama geliebt, aber die Liebe nicht erkannt

In meinem Bewusstsein kam eine furchtbare Ahnung auf: „Wenn mein Sohn all meine Bücher gelesen hatte, dann war er vortrefflich über meine Beziehungen zu Anastasia in den ersten Tagen unserer Bekanntschaft informiert. Er weiß, wie ich sie beschimpft habe und sogar mit einem Stock schlagen wollte. Welches Kind, das seine Mutter liebt, kann ein solch schäbiges Verhalten ihr gegenüber verzeihen? Zweifellos wird er immer, wenn er sich an das Gelesene erinnert, feindselige Gefühle mir gegenüber hegen. Wozu hat sie ihm meine Bücher gegeben? Es wäre besser, wenn er gar nicht lesen könnte. Aber vielleicht war sie ja auch auf den Gedanken gekommen, aus den Büchern die Seiten herauszureißen, auf denen von meinem unschönen Benehmen die Rede ist. Ich hielt an dieser Hoffnung fest und fragte Wolodja vorsichtig:

„Du hast also alle meine Bücher gelesen, Wolodja?"

„Ja, Papa, alle."

„Und hast du alles verstanden, was darin stand?"

„Ich habe nicht alles verstanden, aber Mama Anastasia hat mir erklärt, wie das Unverständliche zu verstehen ist, und da habe ich es verstanden."

„Was hat sie dir erklärt? Kannst du mir ein Beispiel nennen von dem, was du nicht verstanden hast?"

„Ja. Ich habe nicht gleich verstanden, warum du auf Mama Anastasia wütend warst und sie schlagen wolltest. Sie ist so gut, lieb und schön. Sie liebt dich. Aber du hast sie gar nicht geliebt, wenn du sie beschimpft hast. Aber dann hat Mama mir alles erzählt."

„Was? Was hat sie erzählt?"

„Mama Anastasia hat erklärt, wie du sie so sehr geliebt hast, aber deine Liebe nicht erkannt hast. Aber trotzdem hast du mit deiner unerkannten Liebe, als du dahin zurückgegangen bist, wo das Leben für die Menschen schwer ist, das getan, worum Mama dich gebeten hatte. Sie sagt, dass du, Papa, alles auf deine Art und Weise getan hast, so wie du selbst meintest, dass es besser sei. Und als du dich an Mama erinnert hast, hast du ein Buch geschrieben, das den Menschen gefallen hat. Die Menschen begannen, Gedichte und Lieder zu schreiben. Die Menschen fingen an, darüber nachzudenken, wie man etwas Gutes tun kann. Und nun gibt es immer mehr Menschen, die über das Gute nachdenken. Das heißt, auf der ganzen Erde wird das Gute bestehen. Und dich hat man wegen des

Buches noch beschimpft und beneidet. Aber du, Papa, hast noch eins geschrieben und dann noch eins und noch eins. Einige Leute begannen, noch lauter auf dich zu schimpfen. Aber andere haben geklatscht, als du zu ihnen gegangen bist. Sie haben das Geschriebene in den Büchern verstanden. Sie haben gefühlt, dass deine noch unerkannte Energie der Liebe dir hilft, solche Bücher zu schreiben. Und ich bin geboren, weil du mich so sehr sehen wolltest, und die Liebe wollte es. Papa, du hast Bücher geschrieben, weil du wolltest, dass die Welt zu meiner Geburt gut sei. Nur hast du es nicht ganz geschafft, dass sie schon so weit war, als ich geboren wurde. Weil die Welt ja auch so sehr groß ist. Mama Anastasia sagte, dass ich dir und der Welt würdig sein muss. Ich müsse wachsen und alles verstehen. Und außerdem hat Mama gesagt, dass sie dir nie böse war. Sie hat gleich die Energie der Liebe erkannt. Dann hat Mama Anastasia dir ein Buch vorgelesen, das mit nicht traurigen Buchstaben geschrieben war. Sie hat dir nicht das ganze Buch vorgelesen. Aber das, was sie vorgelesen hat, konntest du mit für die Menschen verständlichen Buchstaben schreiben. Und dir ist fast alles richtig gelungen."

„Welches Buch, wie du sagst, hat Mama mir vorgelesen? Wie heißt es?"

„Es heißt 'Schöpfung'."

„Schöpfung?"

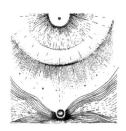

Das Buch der Urquellen

„Ja, ’Schöpfung‘. Und ich lese jeden Tag gern darin. Aber nicht mit deinen Buchstaben, Papa. Mama hat mir beigebracht, dieses Buch mit anderen Buchstaben zu lesen. Mir gefallen die verschiedenen und lustigen Buchstaben. Dieses Buch kann man das ganze Leben lesen. Es steht alles darin. Und bald wird auf der Erde ein neues Buch erscheinen. Und du, mein Papa, wirst ein neues Buch beschreiben.“

„Wolodja, du hast dich nicht richtig ausgedrückt, es muss heißen ’du wirst schreiben‘.“

„Aber dein neuntes Buch wirst du nicht schreiben, Papa. Es wird von vielen Menschen, Erwachsenen und Kindern, geschaffen werden. Es wird ein lebendiges Buch sein. Es wird aus vielen herrlichen Kapiteln – paradiesischen Familienlandsitzen – bestehen. Die Menschen werden dieses Buch auf der Erde mit den lustigen Buchstaben ihres Vaters schreiben. Es wird ein ewiges Buch sein. Mama hat mich gelehrt, diese lebenden und ewigen Buchstaben zu lesen und Worte daraus zusammenzusetzen.“

„Warte“, unterbrach ich meinen Sohn, „ich muss nachdenken.“

Sofort schwieg er demütig.

„Unglaublich“, dachte ich, „das heißt, irgendwo hier in der Taiga hat Anastasia ein uraltes Buch, das mit Buchstaben geschrieben ist, die die Menschen nicht kennen. Sie kennt diese Buchstaben und hat meinem Sohn beigebracht, daraus Worte zusammenzusetzen und zu lesen. Sie hat mir daraus Kapitel für das Buch ’Schöpfung‘ vorgelesen. Kapitel darüber, wie

Gott die Erde und den Menschen geschaffen hat und ich habe sie aufgeschrieben. So war es den Worten meines Sohnes nach. Aber ich habe nie gesehen, dass Anastasia irgendein Buch in die Hände genommen hätte. Doch mein Sohn sagte, dass sie für mich die Buchstaben dieses Buches übersetzt habe. Ich muss versuchen, alles durch meinen Sohn herauszufinden."

Und so fragte ich ihn:

„Wolodja, weißt du, dass es in der Welt viele Sprachen gibt? Zum Beispiel Englisch, Deutsch, Russisch, Französisch und viele andere?"

„Ja, ich weiß."

„In welcher Sprache ist dieses Buch geschrieben – das, welches die Mama lesen kann und auch du?"

„Es ist in seiner eigenen Sprache geschrieben, aber seine Buchstaben können in jeder beliebigen Sprache reden. Auch in die Sprache, die du sprichst, Papa, können sie übersetzt werden. Man kann aber nicht alle Worte übersetzen, da es in deiner Sprache ganz wenige Buchstaben gibt, Papa."

„Kannst du mir dieses Buch mit den lustigen und verschiedenen Buchstaben, wie du sagst, bringen?"

„Das ganze Buch kann ich dir nicht bringen, Papa. Ich kann einige kleine Buchstaben bringen. Aber wozu soll ich sie bringen, sie sollen doch lieber an ihrem Ort bleiben. Wenn du willst, Papa, kann ich auch von hier aus die Buchstaben lesen. Nur so schnell wie Mama kann ich nicht lesen."

„Lies so, wie du kannst."

Wolodja stand auf, wies mit seinem kleinen Finger in den Raum und begann Sätze aus den Kapiteln des Buches „Schöpfung" zu lesen:

„Das All erweist sich als ein Gedanke. Aus dem Gedanken wurde der Traum geboren. Er ist teilweise als Materie sichtbar. Mein Sohn, du bist unendlich, ewig bist du, in dir sind deine schöpferischen Träume."

Er las in Silben. Ich verfolgte seinen Gesichtsausdruck. Er veränderte sich etwas bei jeder Silbe: Mal war er erstaunt, mal aufmerksam, mal heiter. Wenn ich jedoch dahin sah, wo er mit seinem Finger hinzeigte, sah ich keine Buchstaben und schon gar keine Silben im Raum, daher unterbrach ich das seltsame Lesen meines Sohnes:

„Warte, Wolodja. Du siehst also im Raum irgendwelche Buchstaben? Aber warum sehe ich sie nicht?"

Erstaunt sah er mich an. Einige Zeit dachte er nach, dann sagte er unsicher:

„Papa, siehst du etwa nicht dort die Birke, die Kiefer, die Zeder, die Eberesche?"

„Die sehe ich, aber wo sind die Buchstaben?"

„Aber das sind doch die Buchstaben, mit denen unser Schöpfer schreibt!"

Er las weiter in Silben, indem er mit dem Finger auf verschiedene Pflanzen zeigte. Und ich verstand das Unglaubliche. Die ganze Taiga um den See, an dessen Ufer ich mit meinem Sohn saß und an dem ich mehrmals auch mit Anastasia gesessen hatte, war voller Pflanzen. Der Name jeder Pflanze begann mit einem bestimmten Buchstaben und einige hatten mehrere Namen. Name an Name, Buchstabe an Buchstabe ergibt eine Silbe, dann ein Wort, einen Satz. Später habe ich erfahren, dass der gesamte Raum der Taiga um die Lichtung von Anastasia nicht mit einfach chaotisch wachsenden Bäumen, Sträuchern und Gräsern umgeben war. Der riesige Raum um die Lichtung Anastasias war tatsächlich mit lebenden Buchstaben-Pflanzen beschrieben. Das unglaubliche Buch, so schien es, kann bis ins Unendliche gelesen werden. Es war so, dass aus ein und denselben Pflanzennamen, wenn sie von Nord nach Süd gelesen wurden, die einen Worte und Sätze entstanden. Von West nach Ost – wieder andere. Streng den Kreis entlang – die dritten. Und aus den Namen der Pflanzen ergaben sich Worte, Sätze, Bilder auch noch nach dem Lauf der Sonne. Es sah so aus, als ob die Sonnenstrahlen sozusagen ein Zeigestab für die Buchstaben waren. Ich verstand, warum Wolodja diese Buchstaben als lustig bezeichnete. In gewöhnlichen Büchern gleichen alle gedruckten Buchstaben streng einer dem anderen. Aber in diesem Fall waren die Buchstaben-Pflanzen und selbst ein und dieselben Pflanzen immer verschieden. Von der Sonne aus verschiedenem Winkel beleuchtet, mit Laub raschelnd, grüßten sie den Menschen. Man konnte sie tatsächlich unendlich lang ansehen.

Aber wer hatte dieses erstaunliche Buch geschrieben, wann und wie viele Jahrhunderte lang? Die Generation von Anastasias Vorfahren? Oder?... Später erhielt ich von Anastasia die kurze und lakonische Antwort: „Generationen meiner Ahnen haben Jahrtausende lang die Buchstaben dieses Buches in der ursprünglichen Reihenfolge aufbewahrt."

Ich sah auf meinen Sohn und suchte fieberhaft nach einem Gesprächsthema, bei dem man völlige Übereinstimmung erreichen konnte.

Eins plus eins gleich drei

Arithmetik! Mathematik! Natürlich kann eine solch genaue Wissenschaft keine Missverständnisse hervorrufen. Wenn Anastasia dem Sohn das Rechnen beigebracht hatte, dann wird das Gespräch zu einem solchen Thema keine Widersprüche oder Überlegenheiten in sich bergen. Zwei mal zwei ist immer vier, in jeder Sprache und zu allen Zeiten. Ich freute mich über diesen Einfall und stellte ihm hoffnungsvoll die Frage:

„Wolodja, hat dich Mama auch rechnen, addieren, multiplizieren gelehrt?"

„Ja, Papa."

„Das ist gut. Dort, wo ich lebe, gibt es eine Wissenschaft – Mathematik. Sie hat eine sehr große Bedeutung. Vieles beruht auf Berechnungen und Abrechnungen. Damit das Zusammenzählen, Abziehen und Vervielfachen einfacher wird, haben die Menschen eine Menge Geräte erfunden, ohne die man jetzt schwerlich auskommt. Ich habe dir eines davon mitgebracht, man nennt es Taschenrechner."

Ich holte einen kleinen japanischen Solartaschenrechner heraus, schaltete ihn ein und zeigte ihn meinem Sohn.

„Siehst du, Wolodja, dieses kleine Gerät kann sehr viel. Du weißt zum Beispiel, welche Zahl man erhält, wenn man zwei mal zwei nimmt?"

„Papa, du möchtest, dass ich 'vier' sage?"

„Richtig, vier. Aber es geht nicht darum, dass ich das will. Das ist so. Zwei mal zwei wird immer vier sein. Und dieses kleine Gerät kann auch rechnen. Sieh auf das Display. Jetzt drücke ich den Knopf 'zwei', auf dem Bildschirm erscheint die Ziffer 'zwei'. Jetzt drücke ich auf das Zeichen für die Multiplikation und noch einmal auf die 'zwei'. Dann drücken wir auf den Knopf mit dem Gleichheitszeichen, um zu erfahren, wie viel herauskommt. Und bitte – auf dem Bildschirm leuchtet die Ziffer 'vier' auf. Aber das ist ein sehr einfacher arithmetischer Vorgang. Dieses kleine Gerät kann so rechnen, wie es dem Menschen nicht möglich ist. Hier, zum Beispiel: 136 multipliziert mit 1136. Jetzt drücken wir auf den Knopf mit dem Zeichen 'gleich' und erfahren, wie viel das ist."

„154496", sagte Wolodja, dem Rechner zuvorkommend.

Dann multiplizierte und dividierte ich vier-, fünf- und sechsstellige Zahlen und jedes Mal überholte mein Sohn den Rechner. Er nannte sofort und ohne Anstrengung das Ergebnis. Der Wettbewerb mit dem Rechner glich einem Spiel, doch es riss meinen Sohn in keiner Weise hin. Er nannte einfach die Zahlen und dachte dabei an seine eigenen Dinge.

„Wie machst du das, Wolodja?", fragte ich verwundert. „Wer hat dir beigebracht, so schnell im Kopf zu rechnen?"

„Ich rechne nicht, Papa."

„Wie – du rechnest nicht? Du nennst doch Zahlen, antwortest auf Fragen."

„Ich nenne einfach die Zahlen, da sie in der toten Dimension immer unveränderlich sind."

„Du wolltest sicher sagen – in der exakten Dimension?"

„Vielleicht auch in der exakten, aber das ist ein und dasselbe. Die Ziffern kommen immer unveränderlich heraus, wenn man sich Raum und Zeit als stillstehend vorstellt. Aber sie sind immer in Bewegung, ihre Bewegung ändert die Zahlen und dann ist es interessanter zu rechnen."

Daraufhin nannte Wolodja irgendwelche komplizierten Formeln oder arithmetische Handlungen, die unmöglich zu verstehen waren. Ich erinnere mich nur noch, dass die Formel sehr lang war und gar nicht enden wollte. Lebhaft nannte er die Ergebnisse der arithmetischen Rechenarten, aber es waren immer nur Zwischenergebnisse. Jedes Mal, wenn Wolodja eine Zahl nannte, fügte er lebhaft hinzu: „Im Zusammenwirken mit der Zeit ergibt diese Zahl ..."

„Warte, Wolodja", unterbrach ich ihn, „deine Dimension ist unverständlich. Eins plus eins ist immer zwei. Sieh her, ich nehme ein Stöckchen."

Ich nahm einen kleinen Zweig aus dem Gras und legte ihn neben meinen Sohn. Dann fand ich ein zweites Zweiglein, legte es neben das erste und fragte:

„Wie viele Zweige sind das?"

„Zwei", antwortete Wolodja.

„Ja, genau, zwei, und anders kann es nicht sein, in keiner Dimension."

„Aber in der lebenden Dimension gibt es eine ganz andere Rechnung, Papa. Ich habe sie gesehen."

„Wie, gesehen? Kannst du mir mit den Fingern die Rechnung der anderen Dimension zeigen?"

„Ja, Papa."

Er hob vor mir sein kleines Händchen hoch, die Finger zur Faust geballt und begann sie mir zu zeigen. Zuerst zeigte er einen Finger und sagte: „Mama". Dann nahm er den zweiten Finger hinzu: „Plus Papa – so entstand ich", und er nahm den dritten Finger hinzu. „Also drei Fingerchen, damit nur zwei übrig bleiben, muss einer weggenommen werden. Aber ich möchte keinen dieser Finger wegnehmen. Ich möchte, dass es mehr wären, in der lebenden Dimension ist das möglich."

Und ich wollte auch nicht, dass einer dieser drei Finger weggenommen werden würde. Soll lieber diese andere, lebende Dimension, wie er es nannte, existieren. Und möge sie die Rechnung vergrößern. So was! Eins plus eins ergab drei. Irgendwie ungewöhnlich. Und trotzdem blieb für mich das Taigabuch mit den lebenden Buchstaben am unverständlichsten.

Ich werde das Mädchen „Universum" glücklich machen

Ich schaute auf meinen kleinen Sohn, der ein ungewöhnliches und wahrscheinlich das lebendigste Buch der Welt lesen konnte, das er für mich öffnete. Ich verstand, dass man sehr viel Zeit benötigte, um es ganz zu lesen. Außerdem musste man dazu die Namen aller Pflanzen kennen. Aber irgendwie war allein die Tatsache, dass es existierte, schon angenehm für die Seele, dieses Buch mit den lustigen und verschiedenen Buchstaben, wie mein Sohn es nannte. Und er wird es lesen. Und was dann? Wenn er größer wird? Er sagte: „Ich werde wie du sein, Papa." Das heißt, er wird in unsere Welt gehen. In eine Welt, in der es Kriege, Drogen, Verbrechen und vergiftetes Wasser gibt. Wozu muss er dahin gehen? Aber er hat es vor. Er hat vor, in unsere Welt zu gehen, wenn er groß ist, um etwas Gutes zu tun. Und was? Ich fragte ihn:

„Wolodja, welche Sache oder welche Aufgabe hältst du für die wichtigste, wenn du groß bist?"

„Mama Anastasia sagte es mir. Das allerwichtigste, wenn ich groß bin ... Ich muss ein Universum-Mädchen glücklich machen."

„Wen? Was für ein Universum oder Mädchen?"

„Jedes Mädchen, das auf der Erde lebt, ist ein Ebenbild des Universums. Zuerst verstand ich das nicht. Dann las und las ich im Buch und verstand. Jedes Mädchen ist dem Universum ähnlich. Jedes Mädchen hat alle Energien des Universums. Die Universum-Mädchen müssen glücklich sein. Und ich muss in jedem Fall eines von ihnen glücklich machen."

„Und wie willst du dein Vorhaben umsetzen, wenn du groß bist?"

„Ich gehe dahin, wo viele Menschen leben, und finde sie."

„Wen?"

„Das Mädchen."

„Sie wird natürlich außergewöhnlich schön sein?"

„Wahrscheinlich. Vielleicht ist sie ja auch etwas traurig und nicht alle werden sie schön finden. Vielleicht wird sie krank sein. Dort, wo du lebst, Papa, sind viele Menschen von den lebensunwürdigen Bedingungen krank."

„Warum willst du dir nicht das schönste und gesündeste Mädchen suchen?"

„Weil ich doch mein Universum-Mädchen zur schönsten, gesündesten und glücklichsten machen soll."

„Aber wie? Obwohl, bis du groß bist, lernst du wahrscheinlich einen anderen Menschen glücklich zu machen, dein Mädchen. Aber du weißt noch nicht alles über jene Welt, in der ich lebe, Wolodja. Womöglich ... es könnte auch so kommen, dass das Mädchen, das du auserwählst, von dir gar nichts wissen möchte. Weißt du, wem die Mädchen von heute Beachtung schenken? Das weißt du nicht. Ich sag es dir. Die schönen und die weniger schönen, kranke und gesunde – sie schenken ihre Aufmerksamkeit in erster Linie denen, die viel Geld haben, die ein Auto haben, die sich gut kleiden und die eine Stellung in der Gesellschaft haben. Natürlich nicht alle, aber die meisten sind so. Woher nimmst du aber viel Geld?"

„Viel – wie viel ist das, Papa?"

„Nun, zum Beispiel, sagen wir, wenigstens eine Million. Und besser noch in Dollar. Kennst du die Währungseinheiten?"

„Mama Anastasia hat mir über verschiedenes Papier und Münzen erzählt, die die Menschen lieben. Sie sagte, dass die Menschen dafür Kleidung, Essen und verschiedene Dinge hergeben."

„Ja. Und weißt du, wo sie sie hernehmen? Um diese Münzen zu bekommen, muss man irgendwo arbeiten. Nein, einfach zu arbeiten, reicht nicht aus, um viel ... Man muss ein Geschäft betreiben oder irgendetwas erfinden. Du, zum Beispiel, Wolodja, kannst du irgendetwas Nützliches für die Menschen erfinden, etwas, was sie dringend brauchen?"

„Welche Erfindung brauchen die Menschen am allermeisten, Papa?"

„Welche? Ja, viele. Die Energiekrise, zum Beispiel, beginnt in vielen Regionen. Die Elektroenergie reicht nicht aus. Atomkraftwerke will man nicht bauen: Sie sind gefährlich, weil sie explodieren. Aber ohne sie kommt man nicht aus."

„Atomare Energie? Deren Strahlung Menschen und Pflanzen tötet?"

„Weißt du von der Strahlung?"

„Ja, sie ist doch überall. Das ist Energie. Sie ist gut. Sie ist notwendig. Nur darf sie nicht in großen Mengen an einem Ort gesammelt werden. Mein Großvater hat mich gelehrt, die Strahlung zu lenken. Nur darf man davon nicht erzählen, da einige Menschen die gute Strahlung in Waffen verwandeln, um andere zu töten."

„Ja, sag lieber nichts. Es sieht so aus, als ob du tatsächlich etwas erfinden kannst und für dein Mädchen viel Geld erarbeiten kannst."

„Wahrscheinlich schaffe ich das. Aber Geld macht den Menschen nicht glücklich."

„Was macht deiner Meinung nach einen Menschen glücklich?"

„Der Raum, den er selbst schafft."

Ich stellte mir vor, wie mein kleiner Sohn ein junger Mann wird. Naiv, selbst wenn er viele ungewöhnliche Dinge, verschiedene Erscheinungen kennt. Selbst wenn er sogar mit der Strahlung umgehen kann, ist er dennoch naiv in Bezug auf die Spitzfindigkeiten unseres Lebens. Er geht sein Mädchen suchen, um es glücklich zu machen. Er wird versuchen, sich äußerlich nicht von den anderen Menschen abzuheben. So machte es Anastasia immer, wenn sie aus der Taiga hinaus zu den Menschen ging. Er wird versuchen, sich nicht von ihnen zu unterscheiden, und dennoch wird er nicht ganz wie sie sein. Er bereitet sich vor, er erwirbt ein kolossales Wissen, gibt sich Mühe, physisch gesund zu sein und alles wegen irgendeines Mädchens. Ich war der Meinung, dass Anastasia ihren Sohn für große Taten vorbereitet und ihm daher ihr Wissen und ihre Fähigkeiten übermittelt. Und nun erweist sich, dass die Hauptsache im Leben eines Mannes ist, lediglich eine Frau glücklich zu machen. Mein Sohn ist überzeugt, dass jede Frau ein Ebenbild des gesamten Weltalls ist. Sollte das denn so sein? Eine ungewöhnliche Philosophie. Aber wie auch immer, mein Sohn ist davon überzeugt und hält es für eine der Hauptaufgaben in seinem Leben, nur ein Mädchen glücklich zu machen, das er außerdem nicht einmal kennt. Vielleicht ist sie noch nicht einmal geboren. Vielleicht krabbelt sie auch schon oder macht die ersten Schritte. Aber vielleicht möchte auch kein Mädchen oder eher, vielleicht kann keines ihn lieben?

Am Anfang, wenn er ihren Wunsch erfüllt und ihr Geld nach Hause bringt, tut sie vielleicht noch so, als ob sie ihn liebt. Oh, unsere Welt ist voller solcher Frauen! Selbst vor Alten machen sie des Geldes wegen nicht halt. Sie haben gelernt, die Liebe nur darzustellen.

Mein Sohn wächst heran, trifft so eine, wird ihren Wunsch erfüllen. Sie wird ihm sagen, dass sie ihn liebt, aber was geschieht, wenn er über den Raum der Liebe erzählt, über das Anlegen eines Gartens ... Ob sie lacht? Ob sie ihn für unnormal hält oder versteht? Vielleicht versteht sie ihn. Es kann aber auch sein ... Nein, besser ist es, ihn auf das schlechtere vorzubereiten:

„Verstehst du, Wolodja, wenn du dieses Mädchen findest und es dir gelingt, es gesund und sehr schön, zur allerschönsten, wie du sagst, zu machen, kann das passieren, was du gar nicht weißt. Die schönsten Mädchen streben in unserer Welt danach, Mannequin oder Schauspielerin zu werden oder ins Showgeschäft zu gehen. Es gefällt ihnen, wenn alle Männer um sie herum ihnen Komplimente machen. Nun stell dir vor, sie will gern wie eine Königin vor dem Publikum glänzen und du schlägst ihr vor, einen Raum der Liebe zu schaffen. Sie wird dir vielleicht noch zuhören, und dabei wird es bleiben. Sie geht von dir weg, dahin, wo viele Lichter, Komplimente und Applaus sind und lässt dir noch zu guter Letzt ein Kind zurück, was wirst du dann tun?"

Wolodja antworte, ohne zu überlegen:

„Dann baue ich den Raum der Liebe allein. Erst allein, dann mit dem Kind, das sie zurücklässt. Wir werden in diesem Raum die Liebe bewahren."

„Für wen bewahren?"

„Für uns, Papa, und für das Mädchen, das, wie du sagst, zu den künstlichen Lichtern gegangen ist."

„Ja, wozu willst du denn gerade für sie den Raum der Liebe vorbereiten oder bewahren? Siehst du, wie naiv du in diesen Fragen bist. Du musst dir dann eine andere suchen und das nächste Mal vorsichtiger sein."

„Wenn eine andere, wer macht dann das Mädchen glücklich, das weggegangen ist?"

„Ja, von mir aus soll es doch machen, wer will. Warum zerbrichst du dir denn den Kopf über sie? Sie ist weggegangen und Schluss damit."

„Sie wird zurückkommen. Und sieht einen herrlichen Wald, einen Garten. Ich werde es so einrichten, dass alle Tiere ihr untertan sein und ihr dienen werden. Alle und alles wird sie in diesem Raum wahrhaft lieben. Sie kommt wahrscheinlich erschöpft zurück. Sie wird sich im sauberen Wasser waschen und sich ausruhen. Sie wird noch schöner werden und ihren Raum der Liebe nicht mehr verlassen wollen. Unseren Raum. Sie wird glücklich werden. Und die Sterne über ihr werden heller und glücklicher sein. Aber Papa, wenn du dir das nicht ausgedacht hättest, nicht mit deinen Gedanken eine solche Situation geschaffen hättest, dass sie weggehen sollte, wäre sie nicht gegangen."

„Ich? Ich habe die Situation geschaffen?"

„Ja, Papa. Du hast das doch so gesagt. Dein Gedanke. Der Mensch schafft mit seinen Gedanken verschiedene Situationen, und du hast diese geschaffen."

„Aber du, dein Gedanke, kann der die Situation etwa nicht ändern? Meinen bekämpfen. Du hast doch gesagt, er ist schnell, fast so wie bei Anastasia."

„Er kann ihn bekämpfen."

„Dann bekämpfe ihn."

„Ich möchte nicht, dass mein Gedanke mit deinem kämpft, Papa. Ich werde einen anderen Ausweg suchen."

Wie kann man die Barriere überwinden?

Ich konnte nicht mehr mit meinem Sohn sprechen. All meine Worte prüft er automatisch mit seiner Vorstellung, die mit Leichtigkeit Wahrheit und Lüge herausfindet. Sogar die Schlussfolgerungen der Historiker, die in einem Lehrbuch dargelegt sind, widerlegte er. Es war überhaupt keine Überlegenheit des Vaters über den Sohn erkennbar. Das

Gespräch gab mir keine große Autorität, sondern zerstörte eher die Autorität, die dank Anastasia da war. Und außerdem erschreckte mich seine seltsame Überzeugung von der Kraft des Gedankens und entfernte mich von ihm. Wir waren verschieden. Ein Kontakt mit dem Kind, wie von Vater zu Sohn, kam nicht zustande. Ich spürte in ihm nicht meinen eigenen Sohn. Er schien mir überhaupt ein anderes Wesen zu sein. Wir schwiegen. Und plötzlich erinnerte ich mich an Anastasias Worte: „Kindern gegenüber muss man unbedingt aufrichtig und ehrlich sein." Ich wurde sogar richtig wütend über die Ausweglosigkeit der Lage: „Also aufrichtig? Ehrlich?" Ich hatte es versucht, aber was war dabei herausgekommen? Ja, wenn man bis zum Ende aufrichtig und ehrlich sein würde ... Überhaupt, in der gegebenen Situation könnte man auch etwas anderes sagen. Und ich sagte, platzte in einem Atemzug heraus:

„Wolodja, wenn ich ehrlich sein soll, kommt es zwischen uns zu keinem Gespräch wie zwischen Vater und Sohn. Wir sind zu verschieden. Die Begriffe, Informationen, das Wissen sind bei uns anders. Ich habe nicht das Gefühl, dass du mein Sohn bist. Ich habe sogar Angst, dich zu berühren. In unserer Welt kann man sein Kind auch einfach so drücken oder sogar bestrafen, man kann es wegen eines Vergehens schlagen. Und ich kann mir so etwas in Bezug auf dich gar nicht vorstellen. Zwischen uns ist eine unüberwindliche Barriere."

Ich schwieg. Ich saß, schwieg, wusste nicht, was ich weiter sagen sollte und wie. Ich saß und sah auf meinen nachdenklich gewordenen kleinen Sohn mit seinen seltsamen Ansichten.

Er drehte sich mit seinem Lockenköpfchen zu mir um und wieder war er es, der als Erster das Wort ergriff. Aber dieses Mal fühlte ich einen Anflug von Traurigkeit in seiner Stimme:

„Zwischen dir und mir liegt irgendeine Barriere, sagst du, Papa? Es fällt dir schwer, mich als deinen leiblichen Sohn anzuerkennen? Du bist lange dort, in der anderen Welt, wo alles etwas anders ist als hier. Ich weiß, Papa, dass dort die Eltern manchmal ihre Kinder schlagen ... Dort ist alles etwas anders. Ich hatte mir gedacht, Papa ... gleich ..."

Er stand schnell auf, lief davon, dann kam er zurück mit einem Zweig eines Nadelbaums in der Hand und reichte ihn mir:

„Papa, nimm diesen Zweig und schlage mich damit. So wie die Eltern ihre Kinder in jener anderen Welt, in der du so lange bist, schlagen."

„Ich soll dich schlagen? Dich? Warum? Was denkst du dir?"

„Ich weiß, Papa, dort, in jener Welt, wo du so lange sein musst, schlagen die Eltern nur ihre leiblichen Kinder. Ich bin dein leiblicher Sohn, Papa. Schlag mich, damit du dich als mein leiblicher Papa fühlst. Vielleicht fühlst du es auf solche Weise leichter. Nur schlag nicht auf dieses Händchen und nicht auf dieses Füßchen. Sie fühlen nicht den Schmerz, sie sind noch etwas taub. Aber alle anderen Körperteile fühlen den Schmerz. Nur kann ich wahrscheinlich nicht weinen, so wie die Kinder weinen. Ich habe noch nie geweint."

„Unsinn! Vollkommener Unsinn! Niemals, auch nicht in jener Welt, wie du sagst, werden Kinder einfach so geschlagen. Manchmal bestraft man sie, gibt ihnen einen leichten Klaps. Aber nur in dem Fall, wenn die Kinder nicht auf ihre Eltern hören und nicht das machen, was notwendig ist."

„Ja, natürlich, Papa. Wenn die Eltern der Meinung sind, dass die Kinder nicht richtig gehandelt haben."

„Ganz recht."

„Sodann, Papa, halte irgendeine Handlung von mir für nicht richtig."

„Was heißt halte? Wenn eine Handlung nicht richtig war, dann ist allen klar, dass sie nicht richtig war und nicht, dass man etwas für nicht richtig halten möchte. Allen muss klar sein, dass es nicht richtig war."

„Auch den Kindern, die geschlagen werden?"

„Auch den Kindern. Sie werden deshalb geschlagen, damit sie ihre falsche Handlung verstehen."

„Und vor dem Schlagen können sie sie nicht verstehen?"

„Eben nicht."

„Man erklärt es ihnen und sie können es nicht?"

„Nein, darin besteht ja gerade ihre Schuld."

„Und derjenige, der unverständlich erklärte, ist nicht schuld?"

„Derjenige nicht, er ... Ja, du bringst mich ganz aus der Fassung mit deinem Unverständnis!"

„Das ist doch gut, wenn ich es nicht begreife, dann schlag mich. Und dann wird es keine Barriere zwischen uns geben."

„Wieso kannst du es nicht verstehen: Eine Strafe kann dann folgen, wenn zum Beispiel ..., nun, zum Beispiel ..., wenn die Mama dir in strengem Ton sagt: „Wolodja, das macht man nicht" und du machst es trotz des Verbotes. Hast du nun verstanden?"

„Ja."

„Hast du schon einmal etwas getan, was die Mama verboten hat?"

„Ja. Zweimal habe ich es getan. Und ich werde es wieder tun, wie oft es mir Mama Anastasia auch verbieten mag."

Das Gespräch mit meinem Sohn verlief nicht so, wie ich es geplant hatte. Es gelang in keiner Weise, die moderne zivilisierte Gesellschaft und folglich auch sich selbst in einem guten Licht darzustellen. Das, was mein Sohn anführte, ärgerte mich so sehr, dass ich mit der Faust auf den Baumstamm schlug. Und ich sagte ihm ... oder eher mehr zu mir selbst:

„Nicht alle Eltern in unserer Welt strafen ihre Kinder mit Schlägen. Viele suchen im Gegenteil nach dem richtigen System der Erziehung. Auch ich habe gesucht und nicht gefunden. Als ich zu euch in die Taiga kam, warst du noch ganz klein. Ich wollte dich immerzu drücken, ein bisschen knuddeln. Aber Anastasia sagte: „Die Gedanken eines Kindes darf man nicht unterbrechen, nicht einmal mit Zärtlichkeiten. Der Gedankenprozess des Kindes ist ein sehr wichtiger Prozess." Und so schaute ich dich nur an und du warst die ganze Zeit mit etwas beschäftigt. Und auch jetzt weiß ich nicht, wie ich mit dir sprechen soll."

„Und willst du mich jetzt nicht mehr umarmen, Papa?"

„Doch, aber ich kann nicht, alles in meinem Kopf ist von diesen Systemen der Erziehung verwirrt."

„Dann darf ich das tun, dich umarmen, Papa? Denn unsere Gedanken sind doch jetzt gleich."

„Du? Du willst mich auch drücken?"

„Ja, Papa!"

Er tat einen Schritt in meine Richtung. Ich ging auf die Knie und setzte mich etwas auf die Erde. Mit einer Hand hielt er mich ganz fest am Hals und schmiegte sein Köpfchen an meine Schulter. Ich hörte seinen Herzschlag. Und mein Herz schlug anfangs schnell und unregelmäßig. Es wurde etwas schwierig, zu atmen. Wahrscheinlich passte das mit Unterbrechungen schlagende Herz nach einigen Sekunden oder einer Minute seinen Rhythmus an, so als ob es sich auf den Schlag des anderen Herzens einstimmte. Der Atem wurde sehr leicht. Es kam zu so einem Zustand ... Man wollte sagen oder schreien: „Wie schön ist das alles ringsherum! Wie schön ist das Leben des Menschen! Dank dem, der diese Welt erdacht hat!" Und noch viel mehr Schönes wollte man sagen. Aber die Worte setzten sich nur im Inneren zusammen. Ich strich meinem Sohn übers Haar und fragte aus irgendwelchen Gründen im Flüsterton: „Nun sag schon, mein Sohn, welche von der Mama verbotenen Sachen hast du getan, die du sogar wiederholen möchtest?"

„Als ich einmal Mama Anastasia sah ..." – antwortete Wolodja auch zunächst flüsternd, ohne dass er sein Köpfchen von meiner Schulter nahm,

„als ich sah ..." Er trat zur Seite, von mir weg, setzte sich auf die Erde und streichelte mit seinem Händchen das Gras. „Das Gras ist immer grün, wenn es ihm gut geht."

Er schwieg einige Zeit, dann hob er den Kopf und fuhr fort.

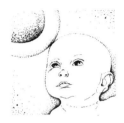

Ich rette meine Mama

„Einmal war Mama lange nicht da. Ich dachte: „Wo ist sie? Sie ist sicher auf der Lichtung nebenan, die neben unserer liegt und unserer ähnlich ist, nur ist es auf ihr nicht so schön wie bei uns. Ich ging zur Nachbarlichtung. Dort sah ich Mama. Sie lag, bewegte sich nicht und war ganz weiß. Und das Gras um die bewegungslose Mama war weiß.

Ich stand und dachte: „Warum ist das so? Mamas Gesicht und das Gras ringsum dürfen nicht ganz weiß sein." Dann berührte ich Mama, sie öffnete die Augen mit Mühe, aber sie rührte sich nicht. Da nahm ich sie an der Hand und wollte sie aus dem weißen Kreis ziehen. Sie half mit ihrer anderen Hand nach und wir schleppten uns hinüber aus dem weißen Kreis.

Als Mama wieder so war wie immer, sagte sie mir, dass ich sie nie berühren sollte, wenn so etwas passiert. Sie käme allein wieder zurecht, aber ich nicht. Nachdem ich im weißen Kreis war und Mama dort herauszog, sind meine Hand und mein Bein taub geworden und brauchten lange Zeit, um wieder zu sich zu kommen. Mama wird schnell wieder so wie vorher, aber meine Hände und Füße brauchen lange, um wieder zu sich zu kommen.

Als ich Mama das zweite Mal in so einem Kreis sah ... Wie sie ganz weiß dort lag, ich habe sie nicht selbst berührt. Ich schrie und rief die starke Bärin, auf der ich schlief, als ich noch klein war. Ich befahl der Bärin, die Mama herauszuziehen. Die Bärin ging in das Weiße, stürzte und nun lebt sie nicht mehr. Nur die Kinder der Bärin sind noch da.

Die Bärin starb sofort, als sie auf das Weiße trat. Auf dem weißen Gras stirbt alles.

Dann ging ich wieder selbst in den weißen Kreis und zog Mama Anastasia heraus. Zusammen schleppten wir uns aus dem toten Gras. Aber meine Hand und mein Bein erstarrten schon nicht mehr so stark wie beim ersten Mal, nur der ganze Körper zitterte ein bisschen. Jetzt zittert er nicht. Siehst du, Papa, mein kleiner Körper zittert nicht, er hört auf mich. Und die Hand werde ich auch bald wieder heben können, wenn ich es will. Ich kann sie schon jetzt etwas heben, und vorher ging es gar nicht."

Fassungslos hörte ich dem zu, was mein Sohn erzählte. Ich erinnerte mich, wie ich Anastasia einst selbst in einer solchen Situation erlebt hatte und versuchte, sie aus dem weißen Kreis herauszuziehen. Ich erinnerte mich, was der alte Philosoph Nikolaj Fedorowitsch über diese Erscheinung sagte.

Aber warum setzt sie sich einer solchen Gefahr aus? Riskiert sogar den Sohn. Ist das etwa so wichtig, irgendeine unsichtbare gerichtete Energie in sich zu verbrennen?

Ungewöhnliche Kreise regelmäßiger geometrischer Form waren mehrmals im Fernsehen gezeigt worden. Es gab sie in verschiedenen Ländern, hauptsächlich auf Feldern mit Halmfrüchten. Die Menschen fanden dort zwischen normal wachsenden Halmen einen Kreis, in dem die Halme zur Erde gedrückt waren. Nicht durcheinander, sondern zu einer Seite geneigt und geometrische Figuren bildend. Die Wissenschaftler gehen diesen ungewöhnlichen Erscheinungen nach, haben aber bisher keine Erklärung dafür. Und im Fall von Anastasia handelt es sich auch um einen Kreis, auch um zusammengedrücktes Gras, und über das im Fernsehen Gezeigte hinaus war das Gras noch dazu weiß geworden, als ob Sonnenlicht fehlte.

Anastasia sagte, dass das negative Energie sei, die von Menschen erzeugt würde. Das kann ja sein, aber warum ist sie streng auf Anastasia gerichtet? Welche Menschen senden die Energie aus? Und alles vergessend, sagte ich laut:

„Warum kämpft sie mit ihr? Wozu soll das gut sein? Wem geht es davon besser?"

„Allen ein klein wenig", hörte ich die Stimme meines Sohnes. „Mama sagt, wenn es weniger böse Energie gibt, wenn sie diese verringern kann, indem sie sie in sich verbrennt und nicht von sich in den Raum zurückwirft, nimmt sie ab. Diejenigen, die sie erzeugen, werden selbst bessere Menschen."

„Zeige mir, wie viele weiße Kreise das sind? Wo befinden sie sich?"

„Neben unserer Lichtung liegt eine ganz kleine Lichtung. Dort erscheinen immer die weißen Kreise. Danach wird das Gras in ihnen wieder grün, aber bis jetzt ist noch nicht alles wieder grün geworden und die weißen Kreise sind sichtbar. Wenn du möchtest, gehen wir dahin. Ich zeige sie dir, Papa."

„Ja, gehen wir."

Ich erhob mich schnell und nahm meinen kleinen Sohn an die Hand. Das Kind trippelte schnell mit seinen kleinen Beinchen, aber ich bemerkte, dass er etwas hinkte und so bemühte ich mich, nicht so schnell zu laufen.

Von Zeit zu Zeit versuchte Wolodja mir in die Augen zu sehen und die ganze Zeit plapperte er irgendetwas, er erzählte etwas im Gehen. Aber ich dachte über diese seltsamen weißen Kreise und über das unerklärliche Verhalten Anastasias, über den Sinn ihrer Handlungen und überhaupt über diese seltsame Erscheinung nach.

Um das Gespräch mit meinem Sohn aufrechtzuerhalten, fragte ich ihn:

„Wolodja, warum nennst du Mama einmal Mama und dann wieder Mama Anastasia?"

„Ich kenne viele Mamas, die früher auf der Erde lebten. Mama Anastasia hat mir von ihnen erzählt. Man kann sie als Großmutter oder Urgroßmutter, aber auch als Mama bezeichnen. Die Großmütter haben die Mama geboren. Man kann sie auch als Mama bezeichnen. Ich fühle und sehe sie, ich kann sie mir vorstellen, wenn ich Erzählungen über sie höre, und manchmal stelle ich sie mir selbst vor. Und um sie nicht zu verwechseln nenne ich Mama manchmal Mama Anastasia. Alle Mamas sind gut, aber Mama Anastasia ist für mich die Beste und die mir am nächsten steht. Sie ist schöner als die Blumen und die Wolken. Sie ist sehr interessant und lustig. Möge sie immer da sein. Ich werde meinen Gedanken bald so stark beschleunigen, dass ich sie immer zurückholen können werde ...“

Ich hörte nicht bis zum Ende zu und begriff, was er sagte. Wir kamen auf der kleinen Lichtung an und ich sah vier weiße Kreise auf dem Gras. Die Kreise hatten einen Durchmesser von fünf, sechs Metern. Sie waren kaum zu sehen, aber einer hob sich durch seine weiße Farbe hervor, wahrscheinlich hatte er sich erst vor kurzem gebildet. Und nun verstand ich auch, warum Anastasia mich nicht abgeholt hatte und warum sie jetzt nicht bei mir war. Das bedeutete, dass sie irgendwo ganz geschwächt war und nicht wollte, dass sie bedauert wurde oder dass man von ihrem Anblick benommen war.

Ich schaute auf die weißen Kreise und meine Gedanken eilten dahin und überschlugen sich. Natürlich werden viele Menschen blass bei unangenehmen Sachen, die auf sie einströmen. Fast immer erbleichen die Menschen, wenn ihnen unerwartet das Böse entgegengebracht wird. Aber hier? Ist es denn tatsächlich möglich, dies bei so einer großen Entfernung zu spüren? Kann sich denn wirklich die menschliche Energie des Bösen in einer einzigen großen Menge konzentrieren? So groß, dass nicht nur der Mensch selbst, sondern auch die Pflanzenwelt um ihn herum weiß wird? Wahrscheinlich ja. Hier sind sie, die Spuren der gehässigsten Versuche. Und wieder erinnerte ich mich an Anastasias Worte, die ich im vierten Buch aufgeführt hatte: „Du Böses in der Welt, lass deine Geschäfte ruhen, stürz dich auf mich, versuche es. Ich stehe allein vor dir, komm und besieg mich. Um zu siegen, kommt alle auf mich. Der Kampf wird kampflos sein.“ Ich dachte, das sind einfach Worte. Aber alles trifft ein. Bücher sind da, so wie sie es vorhergesagt hat, und

Lieder von Liedermachern und Gedichte ... Sie sagt das nicht nur so daher. Doch warum dann: „Der Kampf wird kampflos sein?" Im Endeffekt versucht sie, das Böse in sich zu verbrennen. Allein versucht sie es! Aber wenn es nach mir ginge, so müsste man richtig kämpfen mit ihnen! So, dass sie eins auf die Fresse ... Aber sie ist allein. Nein! Du wirst nicht allein sein, Anastasia! Wenigstens etwas ... Wenigstens etwas werde ich diese Niederträchtigkeiten auf mich nehmen und mit ihnen kämpfen. Ach, wenn ich nur so sprechen könnte wie sie. Ich würde ihnen schon was erzählen! Wahrscheinlich war ich ernstlich in Harnisch geraten und platzte plötzlich laut heraus:

„Los, ihr bösen Dinge, stürzt euch auf mich und ich werde euch wenigstens etwas verbrennen!"

Der kleine Wladimir zog plötzlich seine kleine Hand aus meiner, rannte vornweg und sah mir erstaunt und aufmerksam in die Augen. Dann stampfte er mit seinem Fuß auf, nahm die noch schwache Hand in die gesunde, hob beide Hände nach oben und rief mir im gleichen Tonfall zu:

„Stürzt euch auch auf mich, ihr bösen Dinge. Seht, meine Hand wird schon wieder gesund. Mama Anastasia ist nicht allein. Hier bin ich, und mein Gedanke beschleunigt sich immer stärker. Beeilt euch, ihr bösen Dinge, lasst eure Angelegenheiten liegen, kommt zu mir. Seht her, wie ich wachse."

Und er stellte sich auf die Zehenspitzen und versuchte, die Hände noch höher zu heben.

„So, so, ihr tapferen Krieger, verwegen und mutig. Mit wem wollt ihr kämpfen, ihr Recken?", hörte ich die leise Stimme Anastasias.

Ich drehte mich um und sah Anastasia unter einem Zedernbaum sitzend und den Kopf an den Stamm lehnend. Sie war sichtlich müde, sogar ihren Kopf lehnte sie an den Stamm und mit ihren Händen stützte sie sich auf die Erde und die Schultern hingen herunter. Das Gesicht war blass mit halb geschlossenen Augen.

„Papa und ich, wir haben uns gegen das Böse erhoben, Mama", antwortete Wolodja für mich.

„Aber um mit dem Bösen zu kämpfen, muss man wissen, wo es ist und worin es besteht. Man muss sich den Gegner im Detail vorstellen." Anastasia sprach leise und mit Mühe.

„Mamachen, ruh dich erst einmal hier aus. Papa und ich versuchen derweil, ihn uns vorzustellen. Wenn wir ihn uns nicht richtig vorstellen können, sagst du es uns."

„Dein Papa hatte einen weiten Weg, mein Sohn. Er soll sich erst einmal ausruhen."

„Ich habe mich ausgeruht, Anastasia, und überhaupt bin ich kaum müde. Grüß dich, Anastasia. Wie geht es dir so?"

Durch ihren hilflosen Anblick war ich auf meinem Platz wie angewurzelt und sprach verworren. Ich wusste nicht, wie ich weiter vorgehen, was ich tun und sagen sollte. Wolodja kam auf mich zu, nahm mich bei der Hand und fuhr fort, indem er sich an Anastasia wandte: „Ich gebe Papa etwas zu essen, er war lange unterwegs, und bade mit ihm im klaren Wasser des Sees. Ich werde auch einige Kräuter mit Reinigungskraft pflücken. Ruh dich in der Zeit hier aus, Mama. Verschwende keine Kraft mit Gesprächen. Ich mach es allein. Dann komme ich mit Papa wieder zu dir. Hoffentlich kommst du wieder schnell zu Kräften ...

„Ich werde auch mit euch baden, wartet. Ich gehe mit euch."

Anastasia klammerte sich mit den Händen am Zedernstamm fest und versuchte aufzustehen. Sie erhob sich etwas und rutschte mit den Handflächen wieder am Baumstamm herunter, setzte sich hilflos auf die Erde und flüsterte kaum hörbar:

„Oh, was für eine Dummheit hab ich begangen. Kann nicht aufstehen, um dem Sohn und der Liebe entgegenzugehen."

Wieder stützte sie sich auf den Zedernstamm und bemühte sich, aus dem Gras aufzustehen. Wahrscheinlich würde sie es auch dieses Mal nicht schaffen. Aber plötzlich geschah etwas Unwahrscheinliches. Die riesige Zeder, an deren Stamm Anastasia sich abstützte, richtete plötzlich die unteren Zweige in ihre Richtung.

Die nach unten gerichteten kleinen Nadeln strahlten einen kaum merklichen bläulichen Schein aus. Langsam, fast unsichtbar, hüllte er Anastasia ein. Dann hörte ich oben ein Knistern, fast so, wie das, was man hört, wenn man unter einer Hochspannungsleitung steht. Ich hob den Kopf und sah, dass die Nadeln aller Zedern im Umkreis auch kaum merklich ein bläuliches Licht ausstrahlten. Aber das war noch nicht alles. Sie alle waren auf den Baum gerichtet, unter dem Anastasia aufzustehen versuchte. Er nahm mit den Nadeln der oberen Äste das von den benachbarten Zedern ausgehende Licht auf, und das Leuchten der unteren Nadeln verstärkte sich noch. Das dauerte ungefähr zwei Minuten. Dann zuckte ein blauer Blitz auf. Die Zedernnadeln leuchteten nicht mehr. Mir schien, dass sie sogar etwas welk geworden waren. Anastasia war in dem sie umhüllenden blauen Glanz kaum zu sehen. Als er sich zerstreut hatte oder in sie eingetreten war, ich weiß es nicht, sah ich ...

Unter der Zeder stand die alte, ungewöhnlich schöne Anastasia in voller Kraft. Sie lächelte mir und meinem Sohn zu. Sie hob den Kopf und sagte leise: „Danke."
Dann ... Nun, wie konnte eine erwachsene Frau so etwas anstellen?

Anastasia sprang auf und lief leicht und zielstrebig zu dem größten weißen Kreis. An seinem Rand sprang sie noch einmal hoch, machte einen dreifachen Salto und landete in der Mitte des weißen Kreises. Und wieder sprang sie hoch im Spagat, wie eine Ballerina. Sie lachte mit ihrem hellen, mitreißenden Lachen und drehte sich im Tanz über den weißen Kreisen.

Der Wald ringsherum, der buchstäblich durch die lustige Anregung zu neuem Leben erweckt wurde, gab ihr das Echo zurück. Von Ast zu Ast hüpfend, rannten die Eichhörnchen im Kreis. In den Sträuchern glänzten die Augen weiterer Tiere, Glasperlen gleich. Ganz unten auf der Lichtung, tiefer als die Bäume, stießen zwei Adler hintereinander herab, um dann wieder an Höhe zu gewinnen und hernach wieder herunterzustoßen im Kreis und wieder nach oben zu fliegen.

Anastasia tanzte und lachte wie eine Akrobatin und wie eine Ballerina und das Gras unter ihren Füßen wurde langsam wieder grün. Selbst der weißeste Kreis war kaum noch wahrnehmbar. Ihr Tanz, ihr Lachen und alles ringsherum brachten immer mehr Freude in die Seele und plötzlich … Plötzlich nahm mein kleiner Sohn Anlauf in den noch etwas fahlweißen Kreis, machte zweimal einen Purzelbaum, sprang schnell wieder auf, sprang, drehte sich im Kreis und versuchte, den Tanz Anastasias zu wiederholen. Auch ich konnte mich nicht zurückhalten und begann neben ihm zu tanzen und einfach vor Freude zu springen.

„Los, zum Wasser! Wer kann mich überholen?", rief Anastasia und lief blitzschnell zum See, und mein Sohn und ich liefen gleich hinterher.

Von den Sprüngen war ich etwas außer Atem gekommen und blieb zurück. Aber ich sah, wie Anastasia sich im Sprung noch einmal über dem Wasserspiegel umdrehte und in den See eintauchte. Hinterdrein plumpste mein Sohn mit dem Hinterteil vom Ufer ins Wasser.

Ich zog mich beim Laufen aus, warf die Sachen auf den Weg, tauchte alles vergessend noch in T-Shirt, Hose und Schuhen in den See ein und erschien unter dem schallendem Gelächter Anastasias wieder an der Oberfläche. Unser Sohn lachte im Überschwang seiner Gefühle und klatschte mit der kleinen Hand auf das Wasser.

Ich stieg als Erster wieder heraus, entledigte mich meiner nassen Kleider und wrang sie aus. Anastasia kam aus dem Wasser, zog ihr leichtes Kleidchen direkt auf den feuchten Körper und half mir, meine Hose auf einen Strauch zu hängen, damit sie im Wind schneller trocknen konnte. Dann holte ich aus meinem Rucksack einen Trainingsanzug und zog ihn an. Anastasia stand daneben und ihr Kleid war bereits trocken. Ich wollte sie umarmen, aber irgendwie fehlte es mir an Entschlossenheit.

Sie kam nah an mich heran. Wärme ging von ihr aus. Ich wollte ihr etwas Nettes sagen, fand aber nicht die rechten Worte und so sagte ich nur:

„Danke, Anastasia."

Sie lächelte, legte ihre Hände auf meine Schultern, lehnte ihren Kopf an mich und antwortete:

„Dir auch danke, Wladimir."

„Toll!", ertönte die fröhliche Stimme meines Sohnes. „Jetzt gehe ich!"

„Und wohin?", fragte Anastasia.

„Ich gehe zum älteren Großvater und gestatte ihm, den Körper zu begraben, und werde ihm dabei helfen. Ich bin schon weg."

Wolodja lief schnell davon und hinkte kaum noch.

3. Kapitel

Einladung in die Zukunft

„Was bedeutet das – ich werde dem Großvater erlauben, den Körper zu beerdigen?", fragte ich befremdet.

„Du wirst alles selbst sehen und verstehen", gab Anastasia zur Antwort.

Einige Zeit später traf ich den lebenden Urgroßvater Anastasias, und es gab keine Beerdigung. So blieb er auch in meinem Gedächtnis, lebendig und unfassbar.

Als Erste spürte Anastasia das Herannahen der Großväter. Wir beide gingen zu diesem Zeitpunkt über die Lichtung. Plötzlich blieb Anastasia stehen, mit einer Geste hieß sie mich stehen zu bleiben und drehte sich zu der Seite, wo die höchsten und mächtigsten Zedern wuchsen. Ich folgte ihrem Blick, und da ich niemanden sah, wollte ich Anastasia fragen: „Was ist los?", aber ich konnte es nicht. Sie nahm mich bei der Hand und drückte sie etwas, als ob sie darum bat, nichts zu sagen.

Bald darauf erblickte ich zwischen den stattlichen Zedern den Urgroßvater Anastasias. Der stattliche Alte war mit einem langen hellgrauen, knielangen Hemd bekleidet. Als er langsam, aber selbstsicher und mit einer Gangart, die ganz und gar nicht auf sein Alter hinwies, auf die Lichtung trat, sah ich, dass neben ihm, an seiner Hand unser Sohn, sein Ururenkel Wolodja, hertrippelte. Etwas dahinter lief der Großvater, der Sohn des Alten.

Es schien so, als ob alle, selbst ich, die Festlichkeit dieses Augenblicks des Treffens spürten, nur das neben dem Alten laufende Kind verhielt sich natürlich und unbekümmert. Wolodja erzählte dem Urgroßvater die ganze Zeit etwas, bald lief er dabei ein wenig vorneweg und sah ihm ins Gesicht, bald blieb er plötzlich stehen, ließ die Hand des alten Mannes los, berührte das Gras, interessierte sich für etwas, und der Alte blieb auch stehen. Dann nahm ihn Wolodja wieder bei der Hand und erzählte lebhaft von dem, was er gesehen hatte, und zog ihn in unsere Richtung.

Als sie ganz nahe bei uns waren, sah ich, dass der sonst so strenge und stattliche Alte ein leichtes Lächeln auf den Lippen hatte. Sein helles Gesicht strahlte Glückseligkeit und gleichzeitig eine gewisse Feierlichkeit aus. Einige Schritte von uns entfernt blieb er stehen, sein Blick war irgendwo in die Ferne gerichtet. Alle schwiegen, nur Wolodja sprach schnell:

„Sieh, Großväterchen, vor dir steht mein Papa und meine Mama. Sie sind gut. Deine Augen sehen es nicht, Großväterchen, aber du fühlst das alles. Doch meine Augen können sehen. Sieh mit meinen Augen, mein Großväterchen, auf das Gute, und dir wird es auch wohl tun."

Zu uns gewandt, erklärte Wolodja plötzlich noch freudiger:

„Mama und Papa, als wir gerade zusammen gebadet haben, verstand ich und erlaubte dem Körper Großvater Moisejs[1] zu sterben. Wir haben schon einen Platz gefunden, wo ich den Körper meines Großvaters Moisej beerdigen werde."

Wolodja schmiegte sich mit seinem ganzen Körper und dem Kopf an das Bein des Urgroßvaters. Der stattliche grauhaarige alte Mann strich seinem Ururenkel zärtlich und vorsichtig über das Haar. Liebe, Zärtlichkeit, Verständnis und Freude waren in ihrem Verhältnis zueinander zu spüren. Dabei kamen mir die Gespräche über die Beerdigung vollkommen merkwürdig vor. Wie bei uns üblich, wollte ich meinen Sohn stoppen, ihm sagen, dass der Urgroßvater gut aussieht und er noch lange leben wird. Wir sagen das ja immer so, selbst einem sehr kranken alten Menschen, und ich

---

[1] vom hebräischen Namen Moses

wollte dazu ansetzen und hatte schon Luft geholt, als Anastasia meine Hand drückte und ich kein Wort herausbrachte.

Der Urgroßvater wandte sich an Anastasia und sprach:

„Meine Enkelin Anastasia, wodurch begrenzt dein Gedanke den von dir geschaffenen Raum?"

„Der Gedanke und der Traum fließen ineinander und sie treffen auf keine Begrenzungen", antwortete Anastasia.

Sofort stellte der Urgroßvater ihr eine neue Frage:

„Die von dir geschaffene Welt wird von den Seelen der Menschen aufgenommen. Sag, mit welcher Energie erreichst du es?"

„Mit einer solchen, die einen Baum großzieht, Knospen öffnet und sie in Blumen verwandelt."

„Welche Kräfte können deinen Traum behindern?"

„Wenn ich träume, erschaffe ich keine Hindernisse. Auf dem Lebensweg sehe ich nur das, was überwindbar ist."

„Du bist in allem frei, meine Enkelin Anastasia. Befiehl meiner Seele, als etwas wieder zu erscheinen, was du gerne sehen würdest."

„Keiner Seele kann ich mir erlauben zu befehlen. Die Seele ist frei – ein Werk des Schöpfers. Aber ich werde davon träumen, dass in einem herrlichen Garten, mein liebster Großvater, deine Seele eine würdige Inkarnation findet."

Es entstand eine Pause. Der Urgroßvater stellte keine neuen Fragen, und wieder begann Wolodja an den Großvater gewandt schnell zu sprechen:

„Und ich werde dir auch nicht befehlen, mein Großpapa. Ich werde dich nur um etwas bitten. Erscheine, bitte, so schnell wie möglich mit deiner Seele wieder auf der Erde. Du wirst wieder als jung erscheinen und wirst mein bester Freund sein. Oder du wirst jemand für mich ... Ich befehle nicht ... Ich sag nur einfach ... Möge doch deine Seele in mir, neben meiner sein, mein Großpapa Moisej."

Bei diesen Worten wandte sich der stattliche Alte zu Wolodja, ließ sich langsam vor ihm erst auf ein Knie, dann auf das zweite hernieder, neigte das graue Haupt, führte die kleine kindliche Hand an seine Lippen und küsste sie. Wolodja umarmte ihn und flüsterte ihm irgendetwas schnell ins Ohr.

Dann stand der Urgroßvater auf und dem sehr alten Mann half dabei einzig und allein ein Kind. Selbst jetzt noch erinnere ich mich zum tausendsten Mal an diese Szene und kann nicht begreifen, wie das möglich war. Sie hielten einander nur bei den Händen und der Urgroßvater stand auf, ohne sich auf etwas zu stützen. Nachdem er aufgestanden war, tat er einen Schritt in unsere Richtung, verneigte sich und sagte kein Wort weiter. Er drehte sich um, reichte dem Enkel seine Hand und sie gingen fort, wobei sie sich an den Händen hielten und miteinander sprachen. Etwas weiter entfernt lief der zweite Großvater, der ihr Gespräch nicht unterbrach.

Ich verstand: Anastasias Urgroßvater war für immer gegangen. Er ging, um zu sterben.

Unablässig sah ich dem sich entfernenden Kind mit dem Alten hinterher. Bereits früher war mir durch Anastasia ihr Verhältnis zu den modernen Friedhofsritualen und Begräbnissen bekannt geworden und ich habe darüber auch in den ersten Büchern geschrieben. Sie und alle ihr Nahestehenden, die in der Taiga leben und lebten, sind der Meinung, dass es keine Friedhöfe geben sollte. Sie ähneln Müllhalden, wohin der leblose Körper des Verstorbenen, den niemand mehr braucht, hingeworfen wird. Sie sind der Meinung, dass die Menschen Friedhöfe deshalb fürchten, da dort widernatürliche Ereignisse stattfinden. Sie sind der Meinung, dass gerade die Verwandten des Toten mit ihren Gedanken, ihren Vorstellungen über ihn als über einen unwiderruflich Fortgegangenen, es seiner Seele nicht erlauben, sich wieder in einer neuen Inkarnation auf der Erde zu verwirklichen.

Wenn ich die Beerdigungen, denen ich beiwohnte, analysiere, neige ich auch zu solchen Gedanken. Zu viel Falschheit steckt in ihnen. Die Verwandten vergehen beinahe vor Kummer wegen des Gestorbenen, aber nur ein paar Jahre später ... Gehst du dann auf den Friedhof, sind gepflegte Gräber, die zehn, zwanzig Jahre alt sind, eine Seltenheit. An der Stelle der verlassenen Gräber heben die Friedhofsmitarbeiter schon wieder neue aus.

Der Beerdigte ist von allen vergessen worden. Nichts von seinem Dasein auf der Erde ist geblieben, und nicht einmal das Gedenken an ihn ist für irgendjemanden von Bedeutung. Wozu wurde er geboren, wozu hat er gelebt, wenn das Ende so aussieht? Anastasia sagt, dass die Körper der Entschlafenen im eigenen Familienlandsitz beerdigt werden müssen, ohne spezielle Grabsteine aufzustellen. Aufgehende Gräser und Blumen, Bäume und Sträucher setzen das Leben des Körpers fort. Dabei hat die Seele, die den Körper verlassen hat, mehr Möglichkeiten herrlicher Inkarnationen. Im eigenen Familienlandsitz hat der Gedanke des Verstorbenen zu Lebzeiten den Raum der Liebe geschaffen. In diesem Raum leben seine Nachkommen weiter, sie haben Kontakt mit allem, was darin wächst – auf solche Weise haben sie den Kontakt mit den Gedanken ihrer Eltern und bewahren das von ihnen Geschaffene. Und der Raum schützt die in ihm Lebenden. Somit setzt sich das Leben auf der Erde ewig fort.

Und was sollen die Menschen in den Städten machen? Wie sollen sie ohne Friedhof auskommen? Vielleicht zwingt ihre Lebensweise sie, wenigstens im Alter darüber nachzudenken, dass man nicht so verantwortungslos für die Ewigkeit des Lebens fortleben kann.

Ich teile die Philosophie Anastasias. Aber es ist eine Sache, in Gedanken zuzustimmen, eine ganz andere ist es, mit offenen Augen zu sehen, wie der Abschied von dem scheidenden Urgroßvater vor sich geht. Obwohl er, oder eher seine Seele nicht stirbt. Sie bleibt offensichtlich irgendwo hier oder reinkarniert sehr schnell in ein neues Leben und mit Gewissheit in ein schönes. Keiner von ihnen – weder Anastasia noch mein kleiner Sohn, noch der Großvater oder der Urgroßvater selbst erstellen nicht einmal in Gedanken eine Tragödie, sie verstehen unter Tod etwas anderes als wir. Für sie ist er keine Tragödie, sondern der Übergang in ein neues, herrliches Dasein.

Nicht einmal der Urgroßvater war traurig. Eher das Gegenteil war der Fall. Hier! Hier ist es, des Rätsels Lösung. „Wenn du einschläfst und dich dunkle schwere und unangenehme Gedanken drücken, hast du in der Regel einen Albtraum. Bei hellen Gedanken vor dem Schlaf siehst du im Schlaf Angenehmes", sagte Anastasia. Und weiter: „... Der Tod ist keine Tragödie, er ist nur ein kurzer Schlaf oder auch etwas länger, das ist unwichtig. Der Mensch muss mit dem Gedanken an etwas Schönes in den Schlaf sinken, dann wird seine Seele nicht leiden. Mit eigenen Gedanken kann der Mensch sein Paradies oder etwas anderes für seine Seele aufbauen."

Und der Urgroßvater wusste das. Er hat nicht gelitten. Aber was hat ihm in seinen letzten Stunden so eine unverkennbare Freude bereitet? Etwas war passiert. Er konnte nicht einfach nur so lächeln ohne Grund. Aber was war geschehen? Ich drehte mich zu Anastasia und sah ...

Sie stand etwas von mir entfernt, streckte die Hände zur Sonne aus und flüsterte, wie mir schien, ein Gebet. Die Sonnenstrahlen versteckten sich mal hinter den Wolken, dann schienen sie hell und spiegelten sich in der Träne, die über Anastasias Wange lief, wider. Dabei war ihr Gesichtsausdruck nicht traurig, er strahlte vollkommene Ruhe aus. Mal flüsterte sie etwas, mal hörte sie zu, als ob ihr jemand antwortete. Ich stand und wartete und wagte aus irgendwelchen Gründen nicht, näher an sie heranzutreten oder einfach nur ein Wort zu sagen. Erst als sie sich umdrehte, mich sah und herankam, fragte ich:

„Hast du für die Ruhe der Seele des Urgroßvaters gebetet, Anastasia?"

„Die Seele des Urgroßvaters wird in Frieden ruhen, und erneut steht ihr ein Leben auf der Erde bevor, wenn sie das selbst möchte. Und ich habe für unseren Sohn gebetet, damit der Schöpfer ihm große Kraft gebe. Unser Sohn, Wladimir, hat etwas getan, was nur wenigen heute lebenden Menschen zu Eigen ist. Er hat die ganze Kraft des Urgroßvaters in sich aufgenommen, die der Urgroßvater ihm mit seiner Seele gegeben hat. Es wird für ihn, der noch zu wachsen hat, sehr schwierig sein, die Vielfalt der Energiearten in Harmonie in sich zu halten."

„Aber warum habe ich, wenn all das passiert ist, an unserem Sohn nichts Besonderes bemerkt?"

„Unser Sohn, Wladimir, hatte Worte ausgesprochen, bevor der Großvater vor ihm auf die Knie fiel. Er sprach Worte aus, deren Sinn nur dem verständlich ist, der weiß, wie unser Schöpfer alles geschaffen hat. Möglicherweise hat das Kind alles nicht ganz verstanden, aber es hat offenherzig und mit Überzeugung dem Urgroßvater gesagt, dass es in der Lage ist, die Seele und ihn in sich selbst auf der Erde zu halten. Ich selbst möchte etwas Derartiges nicht von mir sagen. Ich fühle in mir nicht eine derartige Kraft."

„Und ich habe beobachtet, dass der Urgroßvater nach diesen Worten noch glücklicher wurde."

„Ja, in so hohem Alter ist es nur wenigen vergönnt, etwas Derartiges zu hören. Der Urgroßvater hat aus dem Munde eines Kindes eine Einladung in die Zukunft erhalten – zu einer zukünftigen Inkarnation."

„Haben sie einander so sehr geliebt?"

„Unser Sohn, Wladimir, bat den Großvater am Leben zu bleiben, als er schon nicht mehr leben konnte. Und der Großvater blieb am Leben, da er es dem Kind nicht abschlagen konnte."

„Aber wie ist so etwas möglich?"

„Sehr einfach. Und nicht immer einfach. Ärzte holen ja auch die Menschen aus einem bewusstlosen Zustand zurück, wenn sie bereits weggetreten sind. Aber nicht nur ein Arzt, sondern auch ein nahe stehender Mensch kann zurückholen, sie können wachrütteln aus einem bewusstlosen Zustand oder aus Ohnmacht und der Mensch bleibt am Leben. Der Wille und die Liebe des Urgroßvaters ermöglichten es auf Bitten des Enkels, sein Leben zu verlängern. Der Urgroßvater ist ein Nachfolger der Oberpriester, die in den Jahrhunderten Großes vollbrachten. Er hatte sogar einmal mit seinem Willen, mit seinem Blick einer riesigen Explosion Einhalt geboten und war blind geworden."

„Wie, mit dem Blick? Kann man denn etwa mit dem Blick eine Explosion verhindern?"

„Ja, wenn der Mensch durchdacht und mit Überzeugung von der menschlichen Kraft und dem unbeugsamen Willen schaut. Und der Urgroßvater wusste, wo dieses Unglück sein würde und ging dorthin. Er sah es etwas zu spät voraus und daher war es schon zu der ersten Explosion gekommen. Er stand vor dem Tödlichen und mit seinem Blick besänftigte er die sich bereits in den Raum aufschwingenden Erscheinungen finsterer Kräfte. Es kam nur zu einer Explosion und auch die geschah nur mit halber Kraft, noch zwei hätten passieren können, wenn der Urgroßvater nur einmal gezwinkert hätte. Wladimir, er hat keine Explosion zugelassen. Er war nur blind geworden."

„Aber warum beunruhigen dich die Fähigkeiten unseres Sohnes, die er vom Großvater erhalten hat?"

„Ich dachte, ihm reichen deine und meine. Ich habe gelehrt, wie man das Überflüssige verdeckt, was den Menschen als ungewöhnlich erscheinen könnte. Ich wollte, dass unser Sohn in die Welt gehen könnte und sich äußerlich nicht von anderen Menschen unterscheiden würde. Man kann doch vieles tun, ohne sich von den anderen zu unterscheiden. Aber es ist etwas zu Ungewöhnliches geschehen. Wer unser Sohn jetzt ist, worin seine Vorbestimmung liegt, darüber müssen wir, du und ich, nachdenken. Und ich habe den Schöpfer gebeten, dass er ihm Kraft gebe, dass er wenigstens noch ein bisschen ein einfaches Kind bleibt."

„Du machst dir jetzt Sorgen, Anastasia. Ich denke aber, vieles ist hier deine Schuld, deine Erziehung. Du sprichst viel über die Seele, über die Vorbestimmung des Menschen. Du hast das Kind gelehrt, ein ungewöhnliches Buch über die Schöpfung zu lesen. So entstand in ihm seine eigene bildliche Weltanschauung. Wozu muss ein Kind in diesem Alter etwas über die Seele, über Gott wissen? Stell dir vor, er nennt mich Papa und erzählt dabei, dass er einen Vater hat. Ich habe verstanden, dass er Gott als seinen Vater bezeichnet. All das ist selbst für mich schwer zu verstehen und du hast noch das Kind damit belastet. Daran ist deine Erziehung schuld, Anastasia."

„Wladimir, erinnerst du dich, dass ich dem Urgroßvater geantwortet habe, dass ich keiner Seele etwas befehlen kann? Auch unser Sohn hörte meine Antwort. Und dennoch haben Kräfte, die über mir stehen, es ihm ermöglicht, anders vorzugehen. Aber beunruhige dich nicht. Ich werde das Vorgefallene verstehen können, obwohl es möglich ist, dass unser Sohn auch mich jetzt anders sehen wird. Er wird bald stärker sein als wir beide zusammen."

„Nun gut. Jede Generation muss ja auch stärker und klüger sein als die vorhergehende."

„Ja. Da hast du natürlich Recht, Wladimir, aber es ist auch traurig, wenn jemand stärker ist und bewusster lebt als in seiner Generation üblich."

„Was? Ich verstehe nicht, über welche Traurigkeit du sprichst, Anastasia."

Sie antwortete nicht, senkte den Kopf und ihr Gesichtsausdruck machte mich traurig. Sie ist selten traurig oder betrübt. Aber dieses Mal ... Ich verstand ... Ich verstand die große Tragödie der schönen Eremitin der Taiga, Anastasia. Sie war allein. Unglaublich allein. Ihre Weltanschauung, ihr Wissen, ihre Fähigkeiten unterschieden sie in großem Maße von anderen Menschen. Je stärker diese sind, desto tragischer ist das Alleinsein. Sie lebt in einer anderen Dimension des klaren Bewusstseins. Möge diese Dimension auch wunderbar sein, aber sie ist darin allein. Sie hätte sich natürlich zu den Menschen herablassen und wie sie werden können. Aber sie hatte es nicht getan. Warum? Darum, dass sie sich dafür hätte aufgeben müssen, ihre Prinzipien, und vielleicht auch Gott hätte verraten müssen. Daher hat sich Anastasia für das Unglaubliche entschieden. Sie rief andere in diese herrliche Dimension und irgendjemand konnte sie verstehen. Und es scheint so, als ob auch ich beginne, sie zu verstehen und zu fühlen. Sechs Jahre sind vergangen und erst jetzt beginne ich zu verstehen. Und sie wartet geduldig, erklärt alles ruhig, ohne böse zu werden. Alles ertragend und unerschütterlich in ihrer Hoffnung. So allein wie sie war wahrscheinlich auch Jesus Christus. Natürlich, er hatte seine Jünger und immer kamen Menschen zu ihm, um ihn zu hören. Aber wer hätte sein Freund sein können? Ein Freund, der auch das

Unausgesprochene versteht, der ihm in schweren Stunden zur Seite steht? Keine einzige verwandte Seele stand ihm bei. Keine einzige.

Gott! Als was stellen sich die meisten Menschen Ihn vor? Als ein unbegreifliches, strukturloses, gefühlloses Wesen. Alle sagen nur immer „Gib!" und „Hilf mir!". Aber wenn Gott unser Vater ist, wenn Er die ganze Welt, die uns umgibt, geschaffen hat, dann kann natürlich der sehnlichste Wunsch des Vaters nur darin bestehen, dass das Leben seiner Kinder erfüllt ist, dass sie das Wesen des Universums verstehen und gemeinsam mit ihrem Vater das Schöne entstehen lassen.

Aber von welchem Verständnis kann die Rede sein, wenn wir alles, was Gott um uns herum geschaffen hat, zertreten, wenn wir seine Gedanken zertreten und dabei alles Mögliche anbeten, nur nicht ihn. Aber Er braucht auch keine Anbetung. Er wartet auf Zusammenarbeit. Doch wir … Wir können selbst so eine einfache Wahrheit nicht begreifen: Wenn du, Sohn Gottes, in der Lage bist, den Vater zu verstehen, dann nimm nur einen Hektar und errichte ein Paradies darauf und erfreue damit den Vater. Aber nein! Die ganze Menschheit, wie mit Blindheit geschlagen, hat nur eines im Sinn, nun was wohl? Wer verdummt uns ständig? Und wie ist es für Ihn, für unseren Vater, der die ganzen irdischen Missstände mit anschaut? Schauen und warten, bis das Verständnis Seine Söhne und Töchter auf der Erde erreicht. Schauen und mit der Sonne die ganze Erde erleuchten, damit Seine Kinder atmen können. Wie soll man sich im Wesen des Seins zurechtfinden? Wie soll man erkennen, was mit uns tatsächlich geschieht? Eine Massenpsychose? Oder der vorsätzliche Einfluss irgendwelcher Kräfte? Welcher? Wann befreien wir uns davon? Wer sind diese?

4. Kapitel

Die eingeschlafene Zivilisation

Dieses Gespräch fand am zweiten Tag statt.

Anastasia und ich saßen an der Stelle, die ich schon lange liebte, am Ufer des Sees und schwiegen. Der Tag neigte sich dem Ende zu, aber die Kühle des Abends war noch nicht hereingebrochen. Ein kaum spürbarer Wind, der ständig seine Richtung änderte, wehte und brachte, wie extra für unser Wohlbefinden gemacht, verschiedene Düfte der Taiga mit sich.

Anastasia schaute mit einem kaum wahrnehmbaren Lächeln auf die Wasseroberfläche des Sees. Als ob sie auf meine Fragen wartete, die ich beantwortet haben wollte. Aber es gelang mir nicht, diese Fragen kurz und konkret zu formulieren. Es schien so, als ob die im Geist bereitgelegten Worte nicht das Wesentliche zum Ausdruck brachten, das, was man eigentlich wissen wollte. Daher begann ich weit auszuholen:

„Weißt du, Anastasia, ich schreibe nun Bücher, in denen viele Worte stehen, die du einmal gesagt hast. Nicht all deine Worte sind mir sofort klar, aber meistens sind es nicht so sehr die Worte, als vielmehr die Reaktionen darauf, die unverständlich bleiben.

Vor der Begegnung mit dir war ich Unternehmer. Ich arbeitete, ich wollte, wie alle, mehr Geld haben. Ich erlaubte mir, hin und wieder zu trinken und in fröhlichen Runden zu sitzen, aber niemand kritisierte mich und die Mitarbeiter meiner Firma so, wie das jetzt die Presse tut.

Es ist irgendwie seltsam, als ich damals Geld verdiente, hat mich niemand beschuldigt, aber sobald die Bücher herauskamen, begannen irgendwelche Leute, Artikel zu drucken und zu verbreiten, dass ich ein berechnender Unternehmer, ja fast ein Scharlatan, ein obskures Subjekt sei. Nun gut, wenn sie nur über mich herziehen würden, aber sie beleidigen auch die Leser: Sie bezeichnen sie als Anhänger von Sekten, als ob sie dem Okkultismus verfallen wären. Und über dich reden sie wer weiß was noch. Mal weisen sie nach, dass es dich gar nicht gäbe, mal behaupten sie, du wärest die größte Heidin.

Überhaupt ist es seltsam: Hier in Sibirien wohnen verschiedene kleine Volksgruppen mit verschiedener Kultur und unterschiedlichem Glauben. Es gibt auch Schamanen – über die wird nichts Schlechtes gesagt, im Gegenteil, man sagt, man müsse die Kultur dieser Volksgruppen erhalten. Du bist allein, nun, der Großvater und der Urgroßvater sind noch da und unser Sohn jetzt auch, ihr lebt hier. Für euch selbst bittet ihr um nichts, aber die Worte, die ihr aussprecht, entfachen einen Sturm an Emotionen. Manche Menschen freuen sich über deine Worte, sind begeistert, beginnen zu handeln, andere stürzen sich mit geradezu verbissener Böswilligkeit auf dich, warum?"

„Kannst du nicht selbst darauf antworten, Wladimir?"

„Selbst?"

„Ja, selbst."

„Mir kommen seltsame Gedanken in den Kopf. Ich habe den Eindruck, als ob es in der menschlichen Gesellschaft Leute oder irgendwelche geheimnisvollen Kräfte gibt, die darauf aus sind, dass die Menschen leiden sollen. Diese Kräfte brauchen es, dass es Kriege, Drogen, Prostitution, Krankheiten gibt und dass sich diese negativen Erscheinungen noch verstärken. Oder womit sollte man es sonst erklären? Die Thriller, Zeitschriften mit halbnackten Frauen lehnen sie nicht ab, und Bücher über die Natur, über die Seele gefallen ihnen nicht. Das mit dir ist umso unklarer. Du rufst dazu auf, paradiesähnliche Familienlandsitze aufzubauen für glückliche Familien, und sehr viele Menschen unterstützen dich dabei. Sie tun es nicht einfach nur mit Worten. Die Menschen beginnen zu handeln. Ich habe selbst Menschen gesehen, die sich ein Stück Land genommen haben und es bewirtschaften, so wie du gesagt hast, sie bauen ihren Familienlandsitz auf. Das sind alte und junge Menschen, arme und reiche, aber irgendwer ist da absolut dagegen. Und immer wieder versuchen sie in der Presse, das, was du gesagt hast, zu verdrehen, und lügen ganz einfach. Ich kann nicht verstehen, warum die Worte eines Menschen, der in der Taiga lebt und im Prinzip niemanden stört, so wirkungsvoll sind und warum jemand gegen sie ankämpft? Man sagt auch, dass dahinter, also hinter deinen Worten, irgendeine höhere Kraft steht, ein Okkultismus oder so etwas."

„Und wie denkst du selbst darüber? Steht hinter ihnen eine Kraft oder sind es einfach Worte?"

„Ich denke, dass irgendeine okkulte Kraft in ihnen liegt. Das sagen auch einige Esoteriker."

„Wladimir, versuche das zu zerstreuen, was man sagt. Versuch auf dein Herz und deine Seele zu hören."

„Das versuche ich auch, aber die Informationen reichen nicht aus."

„Welche konkret?"

„Nun, zum Beispiel, welche Nationalität du hast, Anastasia, welchem Glauben du und deine Verwandten angehören? Oder habt ihr keine Nationalität?"

„Doch", sagte Anastasia und stand auf, „aber wenn ich jetzt dieses Wort ausspreche, schaukeln sich die dunklen Kräfte wieder hoch und sind in heller Aufregung. Dann wird der Versuch unternommen, nicht nur über mich mit ihrer ganzen Stärke herzufallen, sondern auch dich anzugreifen. Du kannst es aushalten, wenn du es schaffst, ihre Bemühungen zu ignorieren, und deine Gedanken der wunderschönen Wirklichkeit hinzugeben. Aber wenn du dich vor dem Bösen als schutzlos siehst, dann vergiss eine Zeitlang deine Frage."

Anastasia stand vor mir und ließ die Hände sinken. Ich sah sie von unten an und bemerkte unwillkürlich, wie stolz, schön und widerspenstig ihre Haltung war. Ihr zärtlicher fragender Blick wartete auf eine Antwort. Ich hatte keinen Zweifel daran, dass das von ihr ausgesprochene Wort tatsächlich eine ungewöhnliche Reaktion hervorrufen könnte. Ich zweifelte deshalb nicht, da ich mich mehrmals während der Jahre, die ich mit ihr bekannt war, von der heftigen Reaktion vieler Menschen auf ihre Worte überzeugen konnte. Deshalb war es mir auch bewusst, dass es gefährlich sein könnte, aber ich antwortete:

„Ich habe keine Angst, obwohl ich davon überzeugt bin, dass alles so sein wird, wie du sagst. Ich kann vielleicht noch standhaft sein, aber es gibt doch nicht nur mich ... Wir haben auch noch einen Sohn und ich möchte nicht, dass er irgendwelchen Bedrohungen ausgesetzt wird.

In diesem Augenblick kam plötzlich unser Sohn zu Anastasia. Er hatte wahrscheinlich ruhig irgendwo unweit gestanden, unser Gespräch gehört und es nicht stören wollen. Aber als es um ihn ging, war er der Meinung, sich jetzt zeigen zu können.

Wolodja nahm Anastasias Hand in seine Hände, führte sie an seine Wange, hob den Kopf und sagte:

„Anastasia-Mamachen, antworte auf Papas Frage. Ich kann für mich selbst einstehen. Wegen mir muss man die Geschichte nicht vor den Menschen verheimlichen."

„Ja, das stimmt, du bist stark und du wirst mit jedem Tag stärker." Anastasia strich ihm über sein Köpfchen. Sie hob ihren Kopf und schaute mir direkt in die Augen und, indem sie die Buchstaben deutlicher als sonst aussprach, als ob sie sich das erste Mal vorstellte, sagte sie:

„Ich bin eine Wed-rus-sin, Wladimir."

Das von Anastasia ausgesprochene Wort rief in mir tatsächlich eine ungewöhnliche Empfindung hervor, als wenn ein schwacher elektrischer Strom mit einer warmen Welle über den ganzen Körper lief und jeder

Körperzelle etwas mitteilte. Und im mich umgebenden Raum passierte etwas Ungewöhnliches, wie mir schien. Das Wort selbst sagte mir nichts, aber aus irgendwelchen Gründen erhob ich mich, als ich es hörte. Ich stand, als ob ich mich an etwas erinnerte.

Wolodja, schon wieder fröhlich, sagte:

„Mamachen-Anastasia, du bist eine schöne Wedrussin und ich bin ein Wedrusse."

Dann sah er mich mit einem Lächeln freudig an und sagte:

„Du bist mein Papa. Du bist wie ich ein Wedrusse, aber ein schlafender. Ich rede schon wieder viel, nicht wahr, Mama? Ich gehe jetzt. Ich habe für Papa und für dich etwas Schönes ausgedacht. Die Sonne wird noch nicht hinter den Bäumen sein, wenn ich das schaffe, was ich ausgedacht habe" – und damit lief mein Sohn hüpfend davon, als er das beifällige Nicken Anastasias sah.

Mein Blick fiel auf die vor mir stehende Anastasia und ich dachte: „Die Wedrussen sind wahrscheinlich eine der unzähligen Ugro-Volksgruppen, die auch heute noch in den Gebieten des Hohen Nordens und in Sibirien leben."

1994 fand im nationalen Bezirk von Chanty-Mansijsk ein internationales Dokumentarfilmfestival der Filmemacher, die die Ugro-Völkerschaften erforschten, statt. Auf Bitten der Bezirksverwaltung war der größte Teil der Filmfestspielteilnehmer auf meinem Schiff untergebracht. Ich sprach mit ihnen, sah mir die Wettbewerbsfilme an, fuhr mit ihnen zusammen in entlegene Siedlungen Sibiriens, wo noch Schamanen lebten. Nicht vieles ist mir über die Kultur und Bräuche dieser kleinen Völkerschaften in Erinnerung geblieben. Doch aus irgendwelchen Gründen ist das traurige Gefühl über die Erkenntnis, dass diese Völkerschaften aussterben, haften geblieben. Die Menschen schauen auf sie wie auf einen exotischen Gegenstand, der bald völlig vom Anblick der Erde verschwindet.

Über eine wedrussische Nationalität habe ich von den Teilnehmern des Filmfestivals, das man als national bezeichnen kann, nichts gehört, daher fragte ich Anastasia:

„Ist dein Volk ausgestorben, Anastasia? Oder sind von ihm nur noch ganz wenig Menschen übrig? Wo siedelte es früher?"

„Unser Volk ist nicht ausgestorben, Wladimir. Es ist eingeschlafen. Unser Volk lebte glücklich auf dem Gebiet, auf dem heute die Grenzen solcher Staaten wie Russland, Ukraine, Belorussland, England, Deutschland, Frankreich, Indien, China und viele andere kleine und große Staaten verlaufen.

Noch vor kurzem, erst vor fünftausend Jahren, lebte unser Volk glücklich auf dem Gebiet vom Mittelmeer und Schwarzen Meer bis zu den Breiten des Hohen Nordens.

Wir - Asiaten, Europäer, Russen und diejenigen, die sich vor kurzem Amerikaner genannt hatten, sind in Wirklichkeit Menschen-Götter aus einer Zivilisation der Wedrussen.

Es gab auf unserem Planeten einen Lebensabschnitt, den man als wedisch bezeichnet.

Im wedischen Zeitalter ihres Lebens auf der Erde erreichte die Menschheit eine Ebene des gefühlsmäßigen Wissens, das es ihr ermöglichte, durch einen gemeinsamen Gedanken energetische Bilder zu schaffen. Und so vollbrachte die Menschheit den Übergang in einen neuen Abschnitt ihres Lebens – den bildlichen.

Mit Hilfe der energetischen Bilder, die durch den gemeinsamen Gedanken geschaffen wurden, erhielt die Menschheit die Möglichkeit, im Universum zu wirken. Sie hätte auf anderen Planeten Leben schaffen können, ähnlich dem auf der Erde. Hätte können, wenn sie im Laufe dieses bildlichen Zeitraums keinen einzigen Fehler begangen hätte.

Aber im Zeitalter der Bildgestaltung, das neuntausend Erdjahre andauerte, gab es immer einen Fehler bei der Schaffung eines oder gleich mehrerer Bilder.

Der Fehler passierte dann, wenn auf der Erde in der menschlichen Gesellschaft Menschen waren, deren Absichten und deren Kultur der Gefühle und Gedanken von unzureichender Reinheit waren.

Er versperrte die Möglichkeit für das Schöpferische in den Weiten des Universums und führte die Menschheit zum Okkultismus.

Der okkulte Lebensabschnitt der Menschen dauerte lediglich eintausend Jahre. Er begann mit einer intensiven Degradierung des menschlichen Bewusstseins. Im Endeffekt führte die Degradierung des Bewusstseins, die ungenügende Reinheit der Absichten bei hohem Wissensstand und Möglichkeiten die Menschheit immer zu einer planetaren Katastrophe.

Das wiederholte sich immer wieder in den Milliarden Erdjahren.

Jetzt haben wir auf der Erde den okkulten Zeitraum des Lebens der Menschheit. Und wie immer sollte es zu einer Katastrophe planetaren Maßstabs kommen. Sollte, aber ihre Frist ist abgelaufen. Das Ende des okkulten Jahrtausends ist vorbei. Nun muss jeder seine Vorbestimmung, sein Wesen überdenken und überlegen, wo der Fehler begangen wurde. Einander helfend, gedanklich den gesamten Weg der Geschichte in umgekehrter Richtung gehen, den Fehler feststellen und dann wird die Ära des glücklichen Lebens auf der Erde eintreten. Eine Ära, die es in der Geschichte des Planeten noch nicht gegeben hat. Das Universum wartet mit angehaltenem Atem und mit großer Hoffnung darauf.

Noch sind die Kräfte der Finsternis am Leben und bestimmen über die meisten Menschen und versuchen fieberhaft, deren Verstand zu beherrschen. Aber sie haben zunächst nicht bemerkt, wie ungewöhnlich die Wedrussen sich noch vor fünftausend Jahren verhielten.

Als durch ein entstelltes Bewusstsein auf der Erde ein Bild erzeugt wurde, das über alle Menschen herrschen wollte, begann der erste Krieg zwischen den Menschen. Und die Menschen, von dem Bild geführt, begannen, einander zu töten. So stand die Erde viele Male am Rande einer Katastrophe planetaren Ausmaßes. Aber dieses Mal ... In der Auseinandersetzung in nicht materieller Hinsicht ist die Zivilisation der Wedrussen zum ersten Mal nicht in Erscheinung getreten.

Auf kleinen und großen Gebieten schliefen die Wedrussen ein, indem sie einen Teil des Bewusstseins und der Empfindungen abschalteten.

Als ob der Mensch wie vordem auf der Erde lebte: Es wurden Kinder geboren, Wohnraum geschaffen, Erlasse der Angreifer ausgeführt. Es schien, als ob sich die Wedrussen dem Dunklen gebeugt hätten, aber darin lag ein großes Geheimnis: Unbezwingbar, eingeschlafen lebten die Wedrussen auf allen Ebenen des Daseins. Und die glückliche Zivilisation schläft bis zum heutigen Tage und wird weiter schlafen, bis einer, der nicht schläft, den Fehler in der bildlichen Schaffung findet. Den Fehler, der die Zivilisation auf der Erde bis zum heutigen Tag führte.

Wird der Fehler mit absoluter Genauigkeit bestimmt, werden auch die Schlafenden die Worte des Nichtschlafenden hören können und sich gegenseitig aus dem Schlaf aufwecken.

Ich weiß nicht, wer diesen Lauf der Dinge erfand, wahrscheinlich stand er sehr nah bei Gott.

Versuche auch du, Wedrusse, etwas zu erwachen und auf den Lauf der Geschichte zu blicken.

Auf verschiedenen Kontinenten ist unser Volk eingeschlafen.

Vor dreitausend Jahren lebte unser Volk nur auf dem Gebiet des heutigen Russlands.

Bereits damals brach die Zeit der finsteren Kräfte auf der ganzen Erde an. Und nur auf der Insel, die heute Russland heißt, lebten die Wedrussen glücklich weiter.

Sie mussten unbedingt noch ein Jahrtausend aushalten. Sie mussten eine Entscheidung treffen, wie das Wissen für die künftige Generation weitergegeben werden sollte, und sie mussten verstehen, was auf der Erde vor sich ging, und wie der Fehler in der Zukunft vermieden werden sollte. Sie konnten sich auf dieser Insel noch eintausendfünfhundert Jahre halten. Nicht auf der Ebene des Materiellen wehrten sie Attacken ab. Bereits auf der ganzen Erde übernahm die Finsternis die Herrschaft über den menschlichen Verstand. Die Priester, die sich höher als Gott stellten, beschlossen, ihre okkulte Welt zu schaffen. Es ist ihnen gelungen, bereits ein Drittel der Welt in ihren Bann zu ziehen.

Ja, alle Kräfte der Finsternis konnten unserem Volk auf dieser Insel, die heute Russland heißt, nichts anhaben.

Doch vor nur anderthalb tausend Jahren schlief die letzte Insel ein. Die Zivilisation der Erde, das Volk, das Gott kannte, schlief ein, um in der Dämmerung einer neuen Wirklichkeit aufzuwachen.

Die Kräfte der Finsternis dachten, dass es ihnen gelungen war, die Kultur, das Wissen und das Streben der Seele zu vernichten. Daher versuchen sie bis heute vor allen Menschen der Erde die Geschichte des russischen Volkes zu verdecken.

In Wirklichkeit steckt dahinter weit mehr. Indem sie die russische Geschichte verbergen, die als eine Sprosse zur schönen Welt dient, bemühen sie sich in der Tat, eine glücklich lebende Zivilisation der Erde zu verheimlichen. Die Kultur, das Wissen und dieses Gefühl, Gott zu kennen, einer sehr glücklichen Zivilisation, in der deine Ureltern lebten."

„Warte, Anastasia. Kannst du alles genauer in einer einfachen, verständlichen Sprache schildern, über diese ausgestorbene, oder wie du es nennst, eingeschlafene Zivilisation? Und kannst du ihre Existenz beweisen?"

„Ich kann versuchen, einfache Worte zu wählen. Aber es wird hundertmal besser sein, wenn sich jeder selbst die Mühe macht, sie zu sehen."

„Aber kann denn etwa jeder das sehen, was vor zehntausend Jahren war?"

„Das ist möglich. Aber in unterschiedlichem Maße, mit verschiedenen Details. Aber insgesamt kann sie jeder spüren und sogar seine Vorfahren und sich in dieser glücklichen Welt sehen."

„Wie kann das jeder machen? Wie soll ich das zum Beispiel machen?"

„Alles sehr einfach. Versuche für den Anfang, Wladimir, nur mit deiner Logik die Ereignisse, die dir bekannt sind, einzuschätzen, einander gegenüberzustellen. Wenn Fragen entstehen, dann finde selbst eine Antwort darauf."

„Was heißt mit Logik? Wie kann man mit Logik zum Beispiel die Geschichte Russlands erfahren? Ja, im Übrigen, du sagtest, dass die russische Geschichte, die Kultur vernichtet wurde oder vor allen Menschen der Erde verheimlicht wird ... Aber wie kann ich selbst und auch andere mich von deinen Worten überzeugen, wenn ich nur meine Logik benutzen soll?"

„Lass uns zusammen überlegen. Ich helfe dir nur ein wenig, mit der Geschichte in Berührung zu kommen."

„Na los. Was ist für den Anfang zu tun?"

„Beantworte zunächst eine Frage."

„Welche?"

„Eine einfache Frage. Wladimir, du hast für unseren Sohn ein Lehrbuch für Geschichte mitgebracht. Es heißt „Geschichte des Altertums". In ihm gibt es Kapitel mit Erzählungen über die Geschichte des alten Rom, Griechenlands, Chinas. Es wird darüber berichtet, wie es in Ägypten vor fünftausend Jahren aussah. Aber es wird nichts darüber gesagt, was in Russland in dieser Zeit war. Von wegen fünftausend Jahre. Selbst die tausendjährige Geschichte Russlands, seine Kultur, sind streng geheim. Das Lehrbuch ist in russischer Sprache geschrieben, es ist für russische Kinder bestimmt, aber über Russland vor zweitausend Jahren gibt es kein einziges Wort. Warum?"

„Warum? ... Du hast Recht, das ist ziemlich seltsam. In einem russischen Lehrbuch über die Geschichte des Altertums wird tatsächlich nichts über Russland berichtet. Nichts wird über das Leben des russischen Volkes zu Zeiten des alten Rom oder Ägyptens sowie auch zur späteren Geschichte gesagt. Merkwürdig. Sehr merkwürdig, als ob es in der Zeit kein russisches Volk gegeben hätte."

Ich versuchte mich an alles zu erinnern, was ich über die Geschichte wusste, und ich erinnerte mich, dass ich von der Existenz alter römischer, griechischer und chinesischer Philosophen gehört hatte. Ich habe ihre Werke nicht gelesen, nur davon gehört. Auch ist mir bekannt, dass ihre Werke in der Öffentlichkeit als hervorragend, als genial gelten. Aber ich erinnerte mich nicht, auch nur von einem russischen Philosophen oder Poeten dieses Zeitraums gehört zu haben. Tatsächlich, warum war das so?!

Ich verstand, dass Anastasia wollte, dass ich auf diese Frage selber antwortete, und so sagte ich:

„Diese Frage kann weder ich noch ein anderer beantworten, Anastasia. Wahrscheinlich kann sie gar nicht beantwortet werden."

„Möglich. Aber man darf nicht zu faul sein, logisch zu überlegen. Denn die erste Schlussfolgerung ist ja bereits gezogen worden: Die Geschichte des russischen Volkes ist nicht nur der Welt, sondern auch den Russen selbst nicht bekannt. Stimmst du mir zu, Wladimir?"

„Nun, vielleicht ist sie nicht ganz unbekannt. Das, was vor eintausend Jahren war, ist doch beschrieben worden."

„Beschrieben mit etlichen Verdrehungen und unter Zensur. Hinzu kommt, dass die Kommentare zu allen Ereignissen gleich sind. Die letzten tausend Jahre Russlands sind wie ein Tag der Geschichte. Dies ist die Zeit des Christentums. Auch heute gibt es in Russland Christentum, aber sag mir, was davor war?"

„Man sagt, davor war Russland heidnisch. Die Menschen glaubten an verschiedene Götter. Aber irgendwie spricht man sehr flüchtig darüber. Es sind uns aus dieser Zeit keine Briefe und keine Legenden überliefert. Es gibt keine Beschreibung des Staatsaufbaus, noch der Lebensweise der Menschen."

„Siehst du, du hast die zweite Schlussfolgerung gezogen: die Kultur des russischen Volkes war eine andere. Jetzt, um deiner Logik zu folgen, sag mir, in welchen Fällen man bestrebt ist, die Geschichte zu verdecken oder in Verruf zu bringen?"

„Nun, es ist klar, in welchem Fall man versucht, die Geschichte zu verfälschen. Dann, wenn man die Vorteile einer neuen Ordnung, einer neuen Macht, einer neuen Ideologie zeigen muss. Aber dass man nicht einmal etwas erwähnt ... Unglaublich!"

„Das Unglaubliche ist eingetreten, Wladimir. Diese Tatsache ist unbestritten. Nun sag mir noch etwas, gib dir bitte Mühe und denke darüber nach. Kommt es von selbst zu so einer Tatsache oder ist sie die Folge irgendwelcher vorsätzlicher Bemühungen?"

„Wenn man davon ausgeht, dass man Bücher schon immer auf Scheiterhaufen verbrannt hat, wenn man Wissen oder eine Ideologie vernichten wollte, dann ist es nicht zufällig, dass irgendjemand auch alle Informationen über die russische Kultur der vorchristlichen Zeit vernichtet hat."

„Was denkst du, wer das war?"

„Wahrscheinlich die, die die neue Kultur und Religion in Russland einführten."

„So kann man es auch sagen. Aber vielleicht könnte es auch sein, dass die neue Religion und jene, die sie einführten, auch von jemandem gelenkt wurden? Und dass diejenigen ihr eigenes Ziel verfolgten?"

„Aber wer? Sag, wer kann eine Religion steuern?"

„Wieder suchst du nach einer Antwort von außen, weil du zu träge bist, sie in dir selbst zu suchen. Ich kann dir antworten, aber das Äußere wird dir unglaubhaft erscheinen, es wird Zweifel hervorrufen. In sich selbst, wenn man die Seele und die Logik freisetzt, aus dem Schlaf wenigstens etwas erwacht, kann jeder selbst die Antwort hören."

„Ich bin ja nicht träge. Aber es vergeht einfach viel Zeit, bis ich es in mir gefunden habe. Sag lieber selber, was du über die Geschichte weißt. Dort, wo Zweifel in mir aufkommen werden, werde ich nachfragen. Ich werde deine Erzählung nicht wie ein Dogma aufnehmen, sondern sofort mit meiner eigenen Logik prüfen, wie du mich darum bittest."

„Nun, wie du willst. Aber ich zeige dir nur ein paar Anhaltspunkte. Jeder soll selbst versuchen, sich das geschichtliche Bild zu zeichnen und vorzustellen. Die Wirklichkeit unserer Tage und die Vergangenheit und die Zukunft sollte man nur in sich selbst, mit seiner Seele zu erfassen versuchen."

Die Geschichte der Menschheit, erzählt von Anastasia

5. Kapitel

Wedismus

„Die Menschen leben seit Milliarden von Jahren auf der Welt. Alles auf der Erde war ursprünglich vollkommen erschaffen worden. Bäume, Gras, Bienen und die gesamte Tierwelt.

Alles Existierende steht untereinander und innerhalb des Weltalls in Verbindung. Krönung der Schöpfung ist der Mensch. Und er war in voller Übereinstimmung mit dieser großen ursprünglichen Harmonie erschaffen worden.

Die Vorbestimmung des Menschen liegt darin, alles ihn Umgebende zu erkennen und Herrliches im Weltall zu schaffen, das Ebenbild der irdischen Welt in anderen Galaxien zu vollenden und in jedem neuen Werk dem Irdischen etwas eigenes Schönes mit hineinzutragen.

Die Wege dahin, dass der Mensch auf anderen Planeten etwas schafft, werden geöffnet sein, wenn der Mensch Versuchungen überwinden kann, wenn er die großen Energien des Alls, die in ihm sind, in einer Einheit festhalten kann. Und wenn er es nicht zulässt, dass eine davon über andere dominiert.

Als Signal dafür, dass die Wege der Schöpfung im All geöffnet sind, wird der Tag dienen, wenn die ganze Erde zu einem Garten Eden geworden ist und wenn der Mensch, der die ganze Harmonie der Erde erkennt, sein eigenes Schönes hinzufügen kann.

Die Bilanz über sein Tun zieht der Mensch selbst ein Mal in einer Million Jahren. Wenn er einen Fehler gemacht hat, wenn er zugelassen hat, dass einer Energie aus der Fülle der in ihm vorhandenen der Vorzug gegeben wurde und die anderen dabei vernachlässigt wurden, ereignete sich eine Katastrophe auf der Erde. Dann begann alles wieder von vorn. So war das viele Male.

Ein Zeitraum der Menschheit über eine Million von Jahren unterteilte sich in drei Zeitabschnitte. Der erste war der *wedische*, der zweite – der *bildhafte* und der dritte – der *okkulte*.

Der erste Zeitraum des Lebens der menschlichen Gesellschaft auf der Erde – der wedische – dauert 990.000 Jahre. In dieser Zeit lebt der Mensch im Paradies, gleichsam ein glückliches Kind, das unter der elterlichen Obhut aufwächst.

Im wedischen Zeitalter ist Gott der Wegweiser des Menschen. Alle Gefühle Gottes sind im Menschen vorhanden, und über sie ist der Mensch in der Lage, jeden Rat Gottes zu erkennen. Wenn der Mensch plötzlich einen Fehler macht, kann Gott diesen korrigieren, ohne dabei die Harmonie zu stören oder die Freiheit des Menschen einzuengen, er weist nur darauf hin.

Den Menschen des wedischen Zeitalters stellten sich nicht solche Fragen, wie: Wer schuf die Welt, das Weltall, die Galaxien und ihren herrlichen Planeten Erde und auf welche Art und Weise wurden sie erschaffen? Allen Menschen war klar: Alles sie Umgebende, Sichtbare und Unsichtbare wurde von ihrem Vater, von Gott, erschaffen.

Der Vater ist überall! Das, was ringsum wächst und lebt, sind Seine lebenden Gedanken und Sein Programm, und über die eigenen Gedanken ist es möglich, mit den Gedanken des Vaters zu verkehren; sein Programm kann vervollkommnet werden, wenn man es vorher nur detailliert versteht.

Der Mensch verneigte sich nicht vor Gott, die Vielzahl an Religionen, die danach entstanden, existierten im Wedischen Zeitalter nicht. Es gab eine Kultur des Lebens. Die Lebensweise der Menschen war göttlich.

Es gab keine körperlichen Krankheiten. Der Mensch ernährte sich und trug göttliche Kleider und er dachte nicht an Nahrung und Kleidung. Seine Gedanken waren mit anderem beschäftigt. Die Gedanken waren begeistert von Entdeckungen, und über der menschlichen Gesellschaft gab es keine Herrscher und es existierten keine Grenzen, die die heutigen Staaten festlegen.

Die menschliche Gesellschaft auf der Erde bestand aus glücklichen Familien. Familien lebten auf verschiedenen Kontinenten. Sie alle vereinte das Streben nach der Schaffung eines herrlichen Raumes.

Viele Entdeckungen gab es und jede Familie, die das Herrliche entdeckte, fühlte in sich die Notwendigkeit, es mit anderen zu teilen.

Die Energie der Liebe formte die Familien und jeder wusste: Eine neue Familie schafft noch eine herrliche Oase auf dem heimatlichen Planeten.

Die Menschen im wedischen Zeitalter hatten viele Bräuche, Feiertage und Karnevale. Jeder davon hatte eine große Bedeutung, war geprägt von Sinnlichkeit und dem Bewusstsein des reellen göttlichen Daseins auf der Erde.

Jeder der Bräuche war eine große Schule und eine große Prüfung für den Menschen, der daran beteiligt war. Eine Prüfung vor den Menschen, vor sich selbst und damit auch vor Gott.

Ich erzähle und zeige dir einen davon. Der Brauch der Trauung, oder genauer gesagt, das Bekenntnis des Bundes zweier Menschen in Liebe. Schau und versuche einmal, das Niveau des Wissens und der Kultur mit der modernen zu vergleichen.

Der Bund zweier Menschen – die Trauung

Der Brauch der Trauung als Bündnis zweier Menschen fand gemeinsam mit der gesamten Ortschaft statt und manchmal nahmen mehrere benachbarte oder weiter entfernte Ortschaften daran teil.

Die Begegnung zweier Menschen, die sich in der Zukunft ineinander verlieben würden, ging auf verschiedene Weise vor sich. Es konnten sich junge Bewohner einer Ortschaft ineinander verlieben. Aber meist war es so, dass sich auf einem gemeinsamen Fest der Siedlungen plötzlich die Blicke zweier Menschen trafen und ein Gefühl in ihren Herzen aufflammte.

Er ging zu ihr oder sie zu ihm, das spielte keine Rolle. Vieles konnten die Blicke zweier Menschen einander sagen. Aber auch Worte, die in der Übersetzung in die moderne Sprache ungefähr so klingen:

'Mit dir, du herrliche Göttin, könnte ich den Raum der Liebe für Jahrhunderte schaffen', so sagte er seiner Auserwählten.

Und wenn das Herz des Mädchens mit ebensolcher Liebe antwortete, lautete die Antwort: 'Mein Gott, ich möchte dir zur Seite stehen bei der großen Schöpfung.'

Danach suchten die Verliebten zu zweit einen Ort für ihr künftiges lebendiges Haus. Sie gingen zu zweit hinter die Einfriedung der Ortschaft, wo er mit seinen Eltern lebte, und danach zu der Siedlung, wo sie lebte. Und es gab keine Notwendigkeit, die Eltern von ihrem Vorhaben zu unterrichten. Es verstand auch so jeder in den Ortschaften und wusste von der bevorstehenden Vollendung.

Wenn die Verliebten den Ort, wo sie leben würden, im gegenseitigen Einvernehmen gefunden hatten, zogen sie sich oft zu zweit dahin zurück.

Sie übernachteten unter freiem Himmel oder in der erbauten Laubhütte, sie wachten mit der Morgendämmerung auf und verabschiedeten den Tag. Sie gingen für kurze Zeit in die Häuser ihrer Eltern zurück und eilten wieder an ihren Ort. Er rief sie und zog sie an, so wie das kleine Kind auf unerklärliche Weise die Aufmerksamkeit der Eltern auf sich zieht.

Die Eltern stellten den jungen verliebten Leuten keine Fragen. Sie warteten nur mit Zittern und großer Freude auf die Fragen der Kinder und schauten, wie ihr Sohn oder ihre Tochter in tiefes Nachdenken verfiel.

Die Kinder gingen wieder in ihre große Einsamkeit. So konnte es Monate, ein Jahr, zwei Jahre gehen. In dieser Zeit gab es keine physische, intime Nähe zwischen den Verliebten.

In den wedischen Siedlungen wussten die Menschen: Zwei liebende Herzen erschaffen ein großes Projekt, die Energie der Liebe bringt sie voran.

Er und sie, die von Kindheit an von ihren Eltern die Lebensweise, das Wissen, die Erkenntnis der wedischen Kultur übernommen hatten, konnten sowohl vom Stern berichten, der am Nachthimmel leuchtet, als auch von der Blume, die mit dem Sonnenaufgang ihre Blätter öffnet, und von der Bestimmung einer Biene und von Energien, die sich im Raum aufhalten.

Er und sie, die von Kindheit an die wunderbaren Familienlandsitze, Oasen und paradiesischen Gärten sahen, die ihre Eltern in Liebe schufen, waren nun bestrebt, den eigenen aufzubauen.

Auf dem ausgewählten Grund und Boden mit einer Größe von einem Hektar oder mehr projektierten die Verliebten ein reales Leben. Sie sollten nunmehr gedanklich ein Haus projektieren, für viele Pflanzenarten einen Platz bestimmen, und alles sollte zusammenwirken und einander unterstützen.

Alles sollte so angeordnet sein, dass es allein wachsen konnte, ohne große körperliche Anstrengungen des Menschen. Dabei sind viele Nuancen zu berücksichtigen: die Stellung der Planeten oder die täglichen Luftströmungen.

Im Frühjahr und im Sommer riechen die Pflanzen so aromatisch und senden ätherische Düfte aus. Die Verliebten versuchten, die Pflanzen untereinander so anzuordnen, dass bei dem Hauch eines Lüftchens ein Bukett dieser verschiedenen Düfte in ihren Wohnraum wehte.

So entstand ein nie da gewesenes vollkommenes Ganzes. Es bestand aus Göttlichen Werken. Der von den Verliebten auserwählte Ort sollte sich zudem in ein herrliches, das Auge erfreuendes Bild verwandeln. Nicht auf Leinen, auf der lebendigen Erde wurde in Gedanken ein lebendes Bild für Jahrhunderte erschaffen.

Auch heute kann sich der Mensch vorstellen, wie hinreißend der Gedanke ist und wie man sich konzentriert, wenn man sein eigenes Haus projektieren will.

Und auch der Kleingärtner weiß, wie man sich besonders im Frühling durch den Gedanken an die Zukunft seines Grundstücks hinreißen lässt.

Der talentierte Künstler weiß auch, wie der Gedanke zu begeistern vermag, wenn er an sein zukünftiges Bild denkt.

All diese Bestrebungen zusammen konzentrierten sich in zwei liebenden Herzen. Das Wissen darum wurde durch die Energie der Liebe verstärkt und erzeugte Begeisterung.

Aus diesem Grunde dachten sie nicht einmal an das, was heute als 'sinnliches Vergnügen' bezeichnet wird.

Wenn das Projekt in Gedanken fertig war, gingen die Verliebten zuerst in den Ort, in dem der Bräutigam lebte, und sie gingen in jedes Haus. Sie luden die Hausherren zu Besuch ein. Ihrem Kommen wurde in jedem Haus mit Aufregung entgegengesehen.

Die Menschen in der wedischen Kultur wussten: Wenn Verliebte kommen, besucht die neue Energie göttlicher Liebe ihr Anwesen wenigstens für einen Augenblick. Und der jungen Liebe lächelt der herrliche weite Raum jedes Familienlandsitzes. Das ist keine Erfindung, kein okkulter Glaube, denn auch jetzt mag es jeder, wenn neben ihm ein lieber Mensch lebt und kein böser.

Die Verliebten können nicht böse sein, besonders dann nicht, wenn sie zu zweit kommen.

In jeder Familie des Ortes gab es Aufregung. Wenn das junge Paar den Garten, einen Hof oder ein Haus aufsuchte, sprach es mit den Hausherren nur wenig, höchstens einen Satz, wie: 'Oh, wie herrlich ist Ihr Apfelbaum' oder 'Wie tiefsinnig ihr Kater schaut', 'Ihr Bär ist aber taktvoll und fleißig'.

Das Lob der Verliebten über den Baum, der im Garten wächst, oder über den Kater, der bei ihnen lebte, bedeutete Anerkennung eines würdigen Lebens der älteren durch die jüngere Generation. Die Bewertung kam immer von Herzen, denn das Lob dieses Menschen bedeutete, dass auch er bei sich solch einen Baum oder einen kleinen Bären haben wollte.

Und mit Stolz und großer Freude vor der ganzen Ortschaft bemühte sich jeder, den jungen Leuten das zu schenken, von dem sie mit ihrem Lob bekundeten, dass sie es gern hätten, und dann warteten sie mit Ungeduld auf den Tag, den die jungen Leute benannt hatten, damit sie ihnen ihr Geschenk überreichen konnten.

Dann gingen die jungen Leute im Ort der Braut von Haus zu Haus. Mitunter reichten drei Tage aus, um die Familienlandsitze in zwei Orten zu besuchen. Manchmal kam es auch vor, dass eine ganze Woche dafür zu wenig war. Wenn die jungen Leute die Landsitze besucht hatten und der für alle festgelegte Tag herangerückt war, kamen alte und junge Leute beider Ortschaften in aller Frühe zu Besuch.

Die Menschen stellten sich um das Stück Land, das die jungen Leute mit trockenen Zweigen gekennzeichnet hatten, auf. In der Mitte, neben der Laubhütte, war ein kleiner Erdhügel, der mit Blumen geschmückt war.

Sieh, jetzt siehst du gleich ein ungewöhnliches Bild!

Da ist er! Sieh! Der junge Mann geht heraus zu den Bewohnern der beiden Ortschaften. Er ist schön, wie Apollo. Helle Haare, blaue Augen, so steigt er auf den Hügel. Er, mit dem Namen Radomir, ist aufgeregt, als er sich vor all den Menschen hinstellt. Alle Augen der Menschen sind nur auf ihn gerichtet. Dann beginnt er in der eingetretenen Stille mit seiner Rede.

Vor allen legt er das Projekt des neuen Raumes, den er mit seiner Liebsten geschaffen hat, dar. Radomir zeigt, wo ein Apfelbaum, ein Kirsch- und ein Birnbaum wachsen werden, wo ein Hain mit Kiefern, Eichen, Zedern und Erlen sein wird, welche Sträucher mit vielen Beeren zwischen ihnen wachsen werden. Er nennt die duftenden Gräser und erzählt, wie bequem die Bienen im Wäldchen ihr Haus bauen können und wo der fleißige Bär im Winter schlafen wird.

Er spricht sehr schnell und begeistert und legt seine Gedanken dar. Seine Rede dauert ungefähr drei Stunden. Aufmerksam und aufgeregt hören ihm die Menschen zu und jedesmal, wenn der junge Mann auf einen Fleck zeigt, wo nach seinem grandiosen Plan eine Pflanze wachsen soll, tritt einer der ihm zuhörenden Menschen hervor, stellt sich an diesen Platz, wo der Apfelbaum, der Birnbaum oder die Kirsche wachsen soll. Manchmal tritt eine Frau hervor, mal ein Mann oder ein Greis. Es kann aber auch ein Kind sein mit Augen voller Verständnis, Weisheit und Freude.

Die aus dem Kreis heraustretenden Personen haben gerade einen Setzling der Pflanze in der Hand, die der junge Mann genannt hat und zu der er den Platz gezeigt hat, wo sie wachsen soll.

Vor jedem, der aus dem Kreis heraustritt, verneigen sich die anderen, da er das Lob der jungen Leute erhalten hat, als sie ihr Anwesen besuchten, dafür dass es so gut wachsen konnte. Das bedeutet, dass der Heraustretende das Lob des Schöpfers verdient hat, unseres Vaters und alle lieben den Gottes.

Eine solche Schlussfolgerung hatte nichts mit Aberglaube zu tun. Sie ergibt sich logisch.

Die Menschen der wedischen Kultur verhielten sich gegenüber den jung Verliebten, die das Projekt einer herrlichen Oase verwirklichten, wie gegenüber Gottheiten, und dieses Verhalten war berechtigt.

Der Schöpfer hatte die Welt mit Begeisterung, mit Liebe geschaffen. Auch die jungen Leute schufen ihr herrliches Projekt mit der Begeisterung der Liebe.

Nun hat der junge Mann seine Rede beendet und steigt von dem kleinen Hügel hinab, geht zu seinem Mädchen, das aufgeregt und zitternd alles verfolgt. Er nimmt sie bei der Hand und zieht sie auf den Hügel. Nun stehen sie beide auf der Anhöhe. Der junge Mann sagt nun vor allen: 'Den Raum der Liebe hier habe nicht ich allein geschaffen. Neben Ihnen und vor euch steht der Mensch, von dem ich so begeistert bin!'

Das Mädchen, besser gesagt, die Jungfrau, senkt zunächst den Blick.

Jede Frau hat ihre eigene Schönheit. Aber es kann in ihrem Leben Augenblicke geben, da sie über allen steht. In der heutigen Kultur gibt es keine solchen Augenblicke. Aber damals ...

Schau! Da richtet sich der Blick Ljubomilas, wie das Mädchen auf der Anhöhe heißt, auf die Menschen. Es ertönt ein Ruf des Entzückens aller Menschen, die vor ihr stehen. Auf dem Antlitz des Mädchens zeichnet sich ein mutiges Lächeln ab. Die Energie der Liebe erfüllt sie. Die Röte ihrer Wangen ist stärker als üblich. Der Gesundheit ausstrahlende Körper der Jungfrau und ihre hellen Augen hüllen die Menschen und alles im Raum um sie herum in Wärme. Ringsherum erstarrt alles für einen Augenblick: Vor den Menschen strahlt eine junge Göttin in all ihrer Schönheit.

Und daher kamen die Eltern der Jungfrau auch nicht gleich zur Anhöhe, auf der die Verliebten stehen, sondern langsam in Begleitung der älteren und jüngeren Familienmitglieder. Sie bleiben bei dem Hügel stehen und verbeugen sich zunächst vor den jungen Leuten. Dann fragt die Mutter das Mädchen, ihre Tochter:

'Die ganze Weisheit unseres Geschlechts ist in dir. Sag uns, meine Tochter, siehst du die Zukunft des von dir erwählten Grund und Bodens?'

'Ja, Mama', sagte die Tochter.

'Sag mir, meine Tochter', setzte die Mutter fort, 'gefällt dir alles in der Zukunft, die du siehst?'

Das junge Mädchen konnte verschieden auf diese Frage antworten. Meist war die Antwort: 'Ja, Mama. Hier wird ein paradiesischer Garten sein, ein lebendiges Haus.'

Aber in dem Fall antwortet das temperamentvolle Mädchen mit geröteten Wangen seiner Mutter vor allen unkonventionell:

'Das Projekt ist gut, es gefällt meiner Seele. Aber ich möchte dennoch mein Eigenes etwas einfließen lassen.'

Sie springt schnell vom Hügel und läuft zwischen den Menschen zum Rand des künftigen Gartens, bleibt stehen und sagt:

'Hier soll ein Nadelbaum stehen und daneben eine Birke. Wenn der Wind aus der Richtung bläst, trifft er auf die Zweige der Kiefer, dann auf die der Birke. Dann bittet der Wind die Zweige der Bäume im Garten eine Melodie zu singen. Sie wird sich nie genau wiederholen, aber jedes Mal eine Freude für die Seele sein. Und hier ...', das Mädchen geht etwas zur Seite, 'hier sollen Blumen wachsen. Zunächst soll die rote Farbe aufleuchten, hier violett etwas später und hier weinrot.'

Das Mädchen mit roten Wangen wie eine Fee tanzt durch den Garten, und wieder kommen die im Kreis verbliebenen Menschen in Bewegung und eilen, die Samen in der Hand, zu jenen Stellen des Grundstücks, die das leidenschaftliche Mädchen zeigt.

Nach ihrem Tanz eilt sie wieder zum Hügel, stellt sich neben ihren Auserwählten und spricht:

'Jetzt wird hier ein herrlicher Raum sein. Die Erde wird ein wundervolles Bild zeigen.'

Wieder wendet sich die Mutter an das Mädchen: 'Sag allen Menschen, meine Tochter, wer wird die Krönung über diesem herrlichen Raum sein? Wem von allen auf der Erde lebenden Menschen könntest du mit deiner Hand einen Kranz auflegen?'

Das Mädchen lässt den Blick über die Menschen schweifen, die um sie herum stehen mit den Setzlingen und Samen in der Hand. Jeder steht auf dem Platz, den ihm der junge Mann, als er sein Projekt darlegte, zugewiesen hatte und wo das Mädchen das Schöne aufgezeichnet hatte. Aber niemand legt die Samen in die Erde. Der heilige Moment ist noch nicht gekommen. Das Mädchen dreht sich zu dem jungen Mann herum, der neben ihr auf dem Hügel steht, und spricht in singendem Tonfall Folgendes:

'Derjenige ist würdig, den Kranz anzunehmen, dessen Gedanken in der Lage sind, die Zukunft schön zu gestalten.'

Bei diesen Worten berührt das Mädchen mit der Hand die Schulter des neben ihr stehenden jungen Mannes. Er sinkt vor ihr auf ein Knie und das Mädchen legt einen schönen Kranz auf seinen Kopf, den die Hand des Mädchens aus duftenden Gräsern geflochten hatte. Dann streicht sie mit der rechten Hand dreimal über das Haar des gekrönten jungen Mannes und mit der Linken neigt sie seinen Kopf ein wenig zu sich. Dann gibt sie ein Zeichen, und der junge Mann erhebt sich. Das Mädchen läuft vom Hügel herunter und senkt leicht den Kopf als Zeichen des Gehorsams.

In diesem Moment tritt der Vater zu dem über allen stehenden jungen Mann mit dem Kranz. Er wird von der ganzen Familie begleitet. Vor der Anhöhe bleibt er achtungsvoll stehen und nach einer Pause spricht der Vater, der den Blick auf seinen Sohn richtet:

'Wer bist du, dessen Gedanken fähig sind, der Liebe Raum zu erschaffen?'

Und der junge Mann gibt zurück:

'Ich bin dein Sohn und der Sohn des Schöpfers.'

'Ein Kranz wurde dir auferlegt als Verkünder einer großen Mission. Was wirst du, der Gekrönte, mit der Macht über deinen Raum machen?'

'Ich werde eine herrliche Zukunft schaffen.'

'Mein Sohn und gekrönter Sohn des Schöpfers, woher wirst du die Kraft und die Begeisterung nehmen?'

'Aus der Liebe!'

'Die Energie der Liebe ist fähig, im gesamten All zu wandern. Wie kannst du die Widerspiegelung der Liebe des Alls auf der Erde erkennen?'

'Es gibt ein Mädchen, Vater, und sie ist für mich die Widerspiegelung der Energie der Liebe des Alls auf der Erde.' Bei diesen Worten geht der junge Mann zu dem Mädchen hinab, nimmt sie bei der Hand und führt sie auf den Hügel.

Sie nehmen sich bei den Händen und sehen, wie zwei Familien eine Gruppe werden, sich umarmen, scherzen und lachen, sowohl kleine Kinder als auch alte Menschen. Wieder wird alles still, als der junge Mann die Hand hebt und spricht:

'Dank an alle, die mir zuhörten. Die Seele hat die Schaffung eines neuen Raums mitgeteilt. Danke allen, die die Energie der Liebe erlebten. Möge das vom Traum der Seele Erdachte als Schössling aus der Erde aufgehen!'

Diese Worte bringen die ringsherum stehenden Menschen in freudige Bewegung. Mit Stolz und Freude und aufgeregt legen die Menschen Samen und Setzlinge in die Erde. Jeder setzt nur einen Setzling an die Stelle, die der junge Mann, als er sein Projekt darlegte, ihm zugewiesen hatte. Diejenigen, denen kein Platz zugewiesen wurde, gehen um das vorher fest-

126

gelegte Grundstück herum und ein Reigenlied singend, werfen sie den mitgebrachten Samen in die Erde.

Es vergehen nur wenige Minuten, und ein herrlicher Garten ist angelegt, der von einem Traum geschaffene Raum.

Die Menschen treten wieder hinter die Linie des Grundstücks. Nur die zwei Familien umringen noch den Hügel, wo die Verliebten stehen.

Regentröpfchen fallen auf die Erde. Es ist ein sehr warmer, ungewöhnlicher und kurzer Regen –Tränen der Freude und der Rührung des Schöpfers, die den von seinen Kindern geschaffenen herrlichen Raum umspülen.

Was kann es für den Vater Schöneres geben als die herrliche Schöpfung seiner Kinder?

Wieder hebt der gekrönte junge Mann die Hand und sagt, als alles still ist:

'Die Geschöpfe, die der Schöpfer uns geschenkt hat, mögen neben uns in Freundschaft leben.'

Der junge Mann und das Mädchen steigen von der Anhöhe herunter und begeben sich zur Laubhütte, wo sie früher waren, als sie das Projekt vollzogen.

Nach diesen Worten geht jemand aus dem Kreis der Leute zu den jungen Leuten, neben dem ein alter Hund mit seinem Welpen läuft. Der Hund ist der, der die jungen Leute bei ihrem Rundgang anerkannt hatte und der ihnen sehr gefiel.

Mit einer Verbeugung schenkt der Mann der Braut den Welpen. Dem alten Hund gibt er ein Kommando und der legt sich zu den Füßen des jungen Mannes mit dem Kranz. Der Hund ist so abgerichtet, dass er dem Menschen hilft, alle anderen Tiere auszubilden.

Der junge Mann befiehlt dem Hund, sich an den Eingang zu setzen, und das Mädchen lässt den Welpen in die Laubhütte. Andere Leute kommen nacheinander zur Laubhütte und halten eine kleine Katze oder ein Lamm in der Hand oder führen ein Fohlen oder ein Bärenjunges an der Leine.

Aus Zweigen flechten die Menschen schnell einen Stall neben der Laubhütte und bald sind in der Behausung, wo sich noch vor kurzem Menschen ausruhten, junge Tiere. Dem kommt eine große Bedeutung zu, denn durch die Nähe werden sie ewig in Freundschaft leben, füreinander sorgen und sich gegenseitig helfen. Das ist keine Mystik, es ist das Gesetz des Schöpfers der Natur. Auch heute kann man sich davon überzeugen. Wenn ein Hundwelpe und ein Kätzchen zusammen aufwachsen, bleiben sie, auch wenn sie groß sind, Freunde.

Charakteristisch für das wedische Zeitalter ist außerdem, dass die Menschen um die Bestimmung anderer Geschöpfe wussten und alle Tiere dem Menschen dienten.

Der Mensch hatte keine Arbeit mit dem Füttern der Tiere – sie ernährten ihn. Die Haustiere und der Mensch waren im wedischen Zeitalter Vegetarier und aßen niemals Fleisch. An eine solche Nahrung dachten sie nicht einmal. Die Vielfalt dessen, was um sie herum wuchs, entsprach dem Geschmack des Menschen und der bei ihm lebenden Tiere voll und ganz.

Auch in diesem Fall bringen die Menschen aus den zwei Ortschaften für die jungen Leute das Beste, was sie haben.

Nachdem sie die Gaben entgegengenommen haben, steigen die jungen Leute nochmals auf den Hügel:

’Dank an alle‘, bedankt sich der gekrönte Bräutigam bei den Anwesenden, ’danke allen für die Schaffung des Raumes. Mein Geschlecht wird ihn über die Jahrhunderte hinweg bewahren.‘

’Dank den Müttern, die den Schöpfer gebaren‘, sagt die junge Braut.

Und sich an den jungen Mann wendend, fügt sie hinzu:

'Zur Freude des Schöpfers der Sonne, des Mondes, der Sterne und der schönen Erde werden wir alles, was du erdenken kannst, erschaffen.'

'Mit dir, wunderschöne Göttin, und mit den Menschen', antwortet der junge Mann der Braut und fügt hinzu:

'Du allein bist fähig, meine Träume zu begeistern.'

Wieder steigen die jungen Leute von der Anhöhe herab und jede der Familien überhäuft sie mit Glückwünschen.

Die Menschen, die um das Grundstück einen Reigen bilden, singen ein fröhliches Lied.

Schon ist es Abend geworden. Mit ihren Verwandten entfernen sich die jungen Leute, jeder in sein Haus. Zwei Nächte und einen Tag werden sie einander jetzt nicht sehen.

Zu Hause angekommen, fällt der junge Mann, der Schöpfer, der seiner Schöpfung viel Kraft gegeben hat, in einen tiefen Schlaf, und die schöne Braut schläft in ihrem Bett.

Die Menschen, die am Ort geblieben sind, wo das Werk in Liebe vollendet wurde, singen noch Reigenlieder. Sie ziehen sich paarweise zurück und die Älteren schwelgen in angenehmen Erinnerungen, wie es bei ihnen an diesem Tag war.

Die besten Handwerker der beiden Ortschaften bauen an einem Tag und in einer Nacht, umgeben von Liedern und Reigen, ein kleines Haus. Sie legen die Balkenkränze dicht aufeinander und dazwischen Moos und duftende Gräser. Einen Tag später stellen die Frauen der Orte die besten Früchte in das neue Haus. Die zwei Mütter bedecken das Bett mit einer Leinendecke, und in der zweiten Nacht entfernen sich alle vom Grundstück.

Die Nacht ist zu Ende, der Bräutigam wacht auf, als die Sonne über der Erde aufgeht. Jubel und Freude erfüllten ihn und das elterliche Haus. Sein erster Gedanke gilt dem Kranz. Er setzt ihn auf den Kopf und lächelt allen glückselig zu.

Zusammen mit seinen Brüdern und Schwestern geht er zum Bach, um sich mit dem Quellwasser zu waschen. Als er durch den Garten geht, sieht Radomir seine Mutter.

Mit einem verdeckten Lächeln blickt die Mutter auf ihren Sohn.

Der junge Mann kann nicht anders, als er seine Mutter sieht – er hebt sie hoch und wirbelt sie durch die Luft wie ein Kind. Dabei ruft er:

'Wie wunderbar ist das Leben, ach Mama, Mama!'

'Huch', ruft die Mutter aus und lacht. Der Großvater lächelt verstohlen. Die Großmutter tritt an die übermütigen Personen heran. Sie hält eine schöne geschnitzte Schöpfkelle in der Hand und sagt:

'Halt ein, du junger Gott. Spare deine Energie, die du beim Herumtollen verbrauchst. Trinke den Aufguss aus beruhigenden Kräutern, damit deine Energie dich nicht verbrennt. Ihre Zeit kommt später.'

Als der junge Mann den Aufguss ausgetrunken hat, beginnt er mit dem Großvater ein Gespräch über den Sinn des Lebens, über das Weltall, doch bald fallen ihm wegen des Aufgusses die Augen zu und der junge Mann, den die Großmutter als jungen Gott bezeichnete, sinkt auf der gestickten Bettdecke in einen tiefen Schlaf.

Wieso? Warum nannte die Großmutter den Enkel einen Gott? Übertrieb sie damit nicht, weil sie den Jubel des Enkels sah? Nein, kein bisschen! Ihr Enkel hat Dinge vollbracht, die Gottes Namen würdig sind.

Gott hat die Erde erschaffen und alles, was auf ihr wächst und lebt. Der junge Mann, der über alle Kenntnisse seiner Vorfahren verfügt, erkannte die Bestimmung vieler Werke zur großen Freude des Schöpfers. Nachdem er diese analysiert hatte, schuf er daraus eine herrliche lebende Oase, die ihm, seiner Liebsten und der Generation ihrer Kinder, sowie den

Menschen, die in den Jahrhunderten die herrliche Schöpfung der Liebe schauen werden, Lebensfreude bringen wird.

Welche der menschlichen Taten auf der Erde kann Gott am meisten erfreuen? Was kann ein Mensch, der ein Menschenleben auf der Erde verbringt, Besseres und Bedeutenderes tun?

Der Hochzeitstag in der wedischen Kultur ist kein okkultes Ritual. In ihm liegt ein reeller großer Sinn, das Streben nach dem Ebenbild des göttlichen Daseins.

Indem der junge verliebte Mann sein Streben und sein Wissen den Menschen zeigte, legte er vor ihnen eine Art Prüfung ab. Aus seinen Handlungen war ersichtlich, dass er über das ganze Wissen aller Generationen vom Ursprung an verfügt. Aber er brachte auch sein Eigenes mit ein. Alle Menschen würdigten das, was er geschaffen hatte. Mit großer Freude hatten sie an den genannten Stellen Bäume gesetzt und Gräser gepflanzt, und in jedem Frühjahr wird die gemeinsame Schöpfung nun bunter und bunter erstrahlen.

Kein Nachbar wird neidisch sein, wenn er sie betrachtet, denn jeder hatte Seins zur Schöpfung beigetragen. Jeder hatte einen Schössling gesetzt. Wenn es noch mehr solcher Familienlandsitze geben wird, wird die Erde wie in einen blühenden göttlichen Garten gekleidet sein. Jeder in der wedischen Kultur wusste, das Leben des Menschen ist ihm auf ewig gegeben. Das Leben wiederholt sich dann auf herrliche Art und Weise, wenn die Lebenden nach dem Schönen streben!

Die Familienlandsitze! Die Familienlandsitze in der wedischen Kultur! Sie sind es doch, die später in okkulten Büchern als Paradies bezeichnet wurden. Als der Reichtum an Wissen verloren war, war man der Meinung, dass man sie nur über den Wolken erblicken könne. Alles rührt nur daher, dass man einen Grund hat, dem Bedeutung beizumessen, was man als moderne führende Wissenschaft bezeichnet und was in Wirklichkeit nur dazu dient, die Armseligkeit der Gedanken zu rechtfertigen.

Ein solcher Streit ist ohne Taten sinnlos, aber die Handlungen zur Beilegung solcher Streitigkeiten können ganz einfach sein. Wenn zum Beispiel alle heute auf der Erde lebenden renommierten Wissenschaftler versuchen, nur eine Oase für eine Familie zu schaffen, erfüllen sie eine Aufgabe, mit der jeder verliebte junge Mann in der wedischen Kultur zurechtkam.

Ein Familienlandsitz, auf dem eine glückliche Familie lebt, muss den Nahrungsbedarf jedes Familienmitglieds ständig decken können.

Hier dürfen nicht einmal Ansätze einer Krankheit zugelassen werden. Indem die Realität des Bildes sich ändert, wird der Blick des Menschen in jeder Minute erquickt. Das Gehör soll sich an der Vielfalt der Töne erfreuen und der Geruchssinn an den aromatisch duftenden Blüten.

Der Familienlandsitz muss ätherische Nahrung für die Seele geben, das neugeborene Kind pflegen und die Liebe auf ewig erhalten. Dabei sollen die Mitglieder der ganzen Familie keine Kräfte aufwenden, ihre Gedanken müssen frei bleiben. Die Gedanken sind den Menschen für das Schöpferische gegeben.

Die wissenschaftliche Welt ist stolz auf illusorische Dinge: 'Schaut, Raketen fliegen ins All für das Wohl der Menschen.' Ist das etwa zu ihrem Wohl?

'Schaut, Bomben fallen zu eurer Verteidigung'" – Sind sie aber etwa für die Verteidigung?

'Schaut, der gelehrte Arzt rettet euer Leben.' Davor jedoch wurde das Leben jede Minute durch die Lebensweise vernichtet. Das Leben eines Sklaven wird gerettet, um seine Qualen zu verlängern.

Die Welt der Wissenschaft wird nicht in der Lage sein, auch nur ein Abbild eines herrlichen Familienlandsitzes zu schaffen, schon deshalb, weil es ein Gesetz des Universums gibt. Ein Schöpfer, der von der Liebe erfüllt ist, ist stärker als alle Wissenschaften, die keine Liebe in sich tragen.

Der gekrönte junge Mann schlief schon die zweite Nacht. Nichts störte seinen tiefen Schlaf. Nur das Bild der Geliebten glänzte wie Sternenlicht. Im Traum setzte er sich gleich dem geschaffenen Raum, der Macht und der Vielfalt des Universums.

Radomir wachte vor dem Morgengrauen auf. Er weckte niemanden, setzte seinen Kranz auf und nahm das Hemd, das seine Mutter bestickt hatte. Er lief zum Bach mit dem Quellwasser.

Der Mond beleuchtete den frühen Weg, Girlanden aus Sternen blinkten noch am Firmament. Als er sich im Bach gewaschen hatte, zog er das Hemd an und ging schnell an das ersehnte Werk. Der Himmel wurde heller.

Und nun steht er allein an dem Ort, wo vor kurzem noch das jubelnde Fest der beiden Ortschaften war und den er mit seinem Traum erschuf.

Derjenige, der etwas Ähnliches nie erlebt hat, wird nicht verstehen, welche Macht an Gefühlen und Empfindungen in einem Menschen in einem solchen Augenblick sein kann.

Man könnte die Gefühle und Empfindungen als göttlich bezeichnen. Und diese Gefühle wuchsen in zitternder Erwartung des Strahls der Dämmerung an, in dem ... Da ist sie! Sie, seine schöne Ljubomila! Sie steht im Schein des Strahls der Dämmerung. Sie war ihm und ihrem Werk entgegengeeilt.

Aus einer inneren Vision heraus war sie zu Radomir geeilt. Für die Vollendung gibt es keine Grenzen, natürlich, aber die Zeit blieb plötzlich für die beiden stehen. Im Nebel ihrer Gefühle gingen sie in das neue Haus hinein. Ein Festmahl auf dem Tisch, ein lockender Duft der Trockenblumen ging von der bestickten Decke auf dem Bett aus:

'Woran denkst du jetzt?', flüsterte sie aufgeregt.

'An unser künftiges Kind.' Radomir zuckte zusammen, als er Ljubomila erblickte. 'Wie schön du bist!' Er konnte sich nicht zurückhalten und berührte vorsichtig ihre Schulter und Wangen mit seiner Hand.

Der heiße Atem der Liebe hüllte die beiden ein und trug sie fort in unbekannte Höhen.

Niemand kann auch in Millionen Jahren im Detail beschreiben, was mit ihr und mit ihm geschieht, wenn im beiderseitigen Ausbruch der Liebe beide zur Schöpfung ineinander fließen und die Menschen das eigene und Gottes Abbild vollenden.

Die Menschengötter der wedischen Kultur wussten jedoch genau: Wenn das unerklärliche Wunder vollzogen wird, bei dem zwei sich verbinden, bleiben sie dennoch sie selbst, und gleichzeitig zuckt das Universum in einem unerklärlichen Augenblick zusammen und sieht eine Vision: barfuß, mit den Füßchen die Sterne berührend, strebt die Seele eines Kindes der Erde zu, *mit sich die zwei und den dritten in einem verkörpernd.*

Der Akt der Schließung des Bundes zweier Verliebter im wedischen Zeitalter kann nicht dem Okkultismus zugeschrieben werden. Er ist rational. Er entsprach ihrer Lebensweise. Das wachsende Gefühl der Liebe zueinander in jedem Familienpaar spricht von der Ebene dieser Kultur.

Heute erlischt bei Ehepaaren das Gefühl der Liebe füreinander fast immer. Die Energie der Liebe verlässt sie und es wird von der menschlichen Gesellschaft aufgenommen, als müsste das so sein. Aber diese Situation ist für den Menschen unnatürlich. Sie zeugt davon, dass die Lebensweise der Menschen von heute unnatürlich ist.

Nicht mit dem Verstand, sondern mit dem Herzen und der Seele verstanden die Verliebten im wedischen Zeitalter, dass das Aufflammen der Gefühle der Liebe ein Aufruf zur göttlichen Schöpfung ist.

Achte darauf, was die Verliebten zuerst vorhatten. Im Ausbruch der Begeisterung erschufen sie zu zweit gedanklich ein Projekt. Das Projekt des Raumes für ihre Liebe. In dem von ihnen geschaffenen Raum zeugten sie ein Kind. Drei wesentliche Gefühle der Liebe vereinten sie in eines für immer, denn der Mensch liebt sein ganzes Leben lang, unerklärlich für sich selbst, den Heimatort – seine Heimat, sein Kind und die Frau, mit der er das alles schuf. Drei Gefühle der Liebe, nicht nur eins, können ewig leben.

Die Geburt eines Sohnes oder einer Tochter in einer Familie des wedischen Zeitalters ist auch ein hochrangiges Fest und ein Brauch mit Lebenssinn. Es gab noch viele Feste in jenen Zeiten. Es gab keine Ehebrüche. Millionen glücklicher Familien schmückten die Erde. Erst später sagen einige der heutigen Historiker, um den Regierenden zu gefallen, dass der Urmensch einst dumm war. Er tötete die Tiere, aß hingebungsvoll deren Fleisch und kleidete sich in die Pelze. Derjenige hat eine ungeheure Lüge nötig, der die Abscheulichkeit seiner Taten zu rechtfertigen versucht."

Die Erziehung der Kinder in der wedischen Kultur

„Die Menschheit sucht noch immer nach einem vollkommenen System für die Erziehung der Kinder. Man ist bestrebt, die klügsten Lehrer ausfindig zu machen und sie mit der Erziehung seiner Kinder zu betrauen. Auch du, Wladimir, hast fünf Jahre lang nach dem besten Erziehungssystem gesucht, um dich auf ein Gespräch mit deinem Sohn vorzubereiten, ein System, das in der Lage ist, dir alles zu erklären und dich den Umgang mit deinem eigenen Kind zu lehren, und du hast angesehene Lehrer und verschiedene Wissenschaftler um Rat gefragt. Aber nicht ein Ratschlag und nicht ein System haben dich zufrieden gestellt, sie erwiesen sich als unvollkommen. Immer öfter kamen dir Zweifel: 'Wenn es wenigstens ein vollkommenes System der Kindererziehung gäbe, würden die meisten Menschen es anwenden und irgendwo würde ein glückliches Volk auf der Erde leben. Aber in allen Ländern gibt es ähnliche und verschiedene Probleme. Eine glückliche Familie kann man wie eine Nadel im Heuhaufen suchen. Das heißt also, es gibt keine wundertätigen Erziehungssysteme. Vergeblich ist die Suche, wo es nichts zu suchen gibt.'

Bitte entschuldige, da ich damals keinen anderen Ausweg fand, folgte ich die ganze Zeit deinem Gedanken. Ich habe versucht, über dich zu begreifen, was die Menschen wegführt von dem, was offensichtlich ist.

Und einmal fühlte ich deinen Gedanken: 'Der fehlende Glaube an sich selbst, die Angst vor dem eigenen Fehler bringt die Menschen dazu, die Kinder in Schulen und Akademien zu schicken, damit sie dann die Schuld auf die Lehrer schieben können, nur nicht auf sich.'

Einmal habe ich gemerkt, wie du blass und starr wurdest, als in dir der Gedanke aufkam: 'Die Kinder werden durch die Lebensweise ihrer Eltern und der Gesellschaft erzogen.' Der Gedanke war richtig und exakt. Aber du warst darüber erschrocken und versuchtest die ganze Zeit, ihn wieder zu vergessen. Doch es gelang dir nicht, das, was offenkundig ist, zu vergessen.

Dann hast du versucht, deinem eigenen Gedanken nicht zuzustimmen. Du hast gedacht: 'Wie kann man Wissenschaftler, Künstler, Dichter werden? Wie kann man Mathematik, Astronomie oder Geschichte verstehen, wenn man nicht in eine spezielle Schule geht?'

Du dachtest an Fachkenntnisse, die aber in der Erziehung nicht die wichtigsten sind.

Die Kultur der Gefühle, die in der Lage sind, alles Wissen zu einem Kern zusammenzupressen, ist weitaus wichtiger. Du hättest das alles verstehen können, da du ja selbst die beste Bestätigung meiner Worte bist. Denn du konntest ein Buch schreiben, ohne auf einer speziellen Schule gewesen zu sein.

Wir haben zusammen nur drei Tage auf der Lichtung verbracht und nun bist du ein in vielen Ländern bekannter Schriftsteller. Du kannst in einem mit Menschen gefüllten Saal auf die Bühne treten. Unter ihnen sind Lehrer, Wissenschaftler, Dichter, bekannte Heilpraktiker. Vor ihnen kannst du, wenn es sein muss, auch drei Stunden sprechen, und die Menschen hören dir mit großer Aufmerksamkeit zu. Es werden dir oft Fragen gestellt: 'Wie können Sie Informationen im Gedächtnis behalten, die doch so umfangreich sind? Wie können Sie exakt, ohne Zettel, ganze Seiten der Bücher auswendig lesen?' Du hast undeutlich auf solche Fragen geantwortet. Du selbst hast dir gedacht, dass ich mit unsichtbaren Zaubereien auf dich einwirke.

Als du die ersten drei Tage in der Taiga mit mir zusammenwarst, hat die ganzen drei Tage lang die wedische Schule auf dich eingewirkt. Sie ist weder lästig noch aufdringlich, sie hat keine Traktate oder Postulate. Sie ist in der Lage, alle Informationen auf dem Wege der Gefühle weiterzugeben.

Mal warst du böse, mal begeistert und hast gelacht, mal warst du erschrocken, und mit jedem Gefühl hast du die Informationen aufgenommen. Sie sind sehr umfangreich und sie öffnen sich später, wenn du dich an Gefühle erinnerst, die du in jenen Tagen hattest.

Denn Gefühle sind viele konzentrierte Informationen. Je lebhafter und stärker das Gefühl, desto mehr Wissen des Universums ist darin enthalten.

Zum Beispiel, erinnere dich daran, wie du in der ersten Nacht in der Taiga neben dir einen Bären erblicktest, als du aufwachtest. Du warst augenblicklich erschrocken. Erinnere dich bitte und denke an die Worte 'augenblicklich erschrocken'. Aber was ist das, das Gefühl der Angst? Versuchen wir doch einmal, es in die Information zu übersetzen. Was ergibt sich dann? Du dachtest: 'Neben mir ist ein großes Waldtier. Sein Gewicht übertrifft mein Körpergewicht um ein Vielfaches. Es hat mehr Kraft in seinen Pfoten, als ich in meinen Armmuskeln. Ein Waldtier kann aggressiv sein, es kann sich auf mich stürzen und mich in Stücke reißen. Ich bin unbewaffnet. Ich muss aufspringen und davonlaufen.'

Dieser riesige Umfang an Informationen braucht beim bewussten Nachdenken nicht einen Augenblick, sondern sehr viel mehr Zeit. Aber die im Gefühl enthaltene Information, in diesem Fall im Gefühl der Angst, ermöglicht es, augenblicklich auf eine Situation zu reagieren. In einem Augenblick eines durchdringenden Gefühls durchläuft den Menschen ein großer Informationsstrom. Bei seiner Beschreibung kommt ein wissenschaftliches Traktat heraus, dessen gefühlloses Erfassen Jahre dauern kann.

Eine richtige Gesamtheit von Gefühlen, ihre richtige Aufeinanderfolge kann den im Menschen bereits vorhandenen Wissensumfang um ein Vielfaches erhöhen.

Zum Beispiel verging deine Angst vor der Bärin auch augenblicklich. Aber wieso verging sie? Das ist doch nicht natürlich. Du bliebst weiterhin in der Taiga, warst weiterhin unbewaffnet und die Bärin war nicht weit weggegangen und es hätte auch noch andere Tiere zuhauf in der Taiga geben können.

Aber das Gefühl der Angst in dir war augenblicklich in ein Gefühl der Sicherheit umgeschlagen. Diese Sicherheit hast du stärker gespürt als auf deinem Schiff oder in der Stadt, umgeben von bewaffneten Wachen.

Das Gefühl der Sicherheit entstand in dir auch augenblicklich. Es kam, sobald du gesehen hattest, dass die Bärin gern meinen Befehlen folgt und auf meine Worte und Gesten reagiert. Das Gefühl der Sicherheit gab dir die Möglichkeit, die Information auf neue Art aufzunehmen. Eine genaue Beschreibung all dessen, was mit dir vor sich geht, kann mehrere Seiten eines ganzen Traktats füllen. Auch in deinen Büchern hast du viele Worte dem Verhältnis Tier-Mensch gewidmet. Dieses Thema ist unendlich, aber im Gefühl entsteht es in einem Augenblick.

Es geschahen aber noch mehr bedeutende Dinge. In nur einigen Sekunden waren zwei entgegengesetzte Gefühle in absolutem Gleichgewicht. Ich wurde für dich zu einem Menschen, neben dem du dich vollkommen sicher fühltest und der dir gleichzeitig unbegreiflich erschien und dich etwas erschreckte.

Das Gleichgewicht der Gefühle ist sehr wichtig, es zeugt von der Ausgeglichenheit des Menschen, und gleichzeitig bringen die Gefühle, wie ständig pulsierend, immer neue und aber neue Informationsströme hervor.

Die Kultur, die Lebensweise jeder Familie der wedischen Zivilisation und die Lebensweise der ganzen menschlichen Gemeinschaft waren eine große Schule der Erziehung für die heranwachsende Generation, der intensiven Vervollkommnung des Menschen, die ihn dazu bewegten, in den Welten des unfassbaren Universums schöpferisch tätig zu sein.

Die Kinder im wedischen Zeitalter wurden nicht so erzogen wie heute in modernen Schulen, sondern durch die Teilnahme an fröhlichen Feiertagen und Bräuchen. Das waren Feierlichkeiten einer Familie oder solche, an denen die Menschen einer oder mehrerer benachbarter Siedlungen teilnahmen.

Noch genauer kann man sagen: Die vielen Feiertage im wedischen Zeitalter waren auch eine ernsthafte Prüfung für Kinder und Erwachsene und ein Mittel des Informationsaustauschs.

Die Lebensweise in der Familie und die Vorbereitung auf diese Feiertage gaben die Möglichkeit, viel systematisiertes Wissen zu erhalten.

Die Kenntnisse wurden dem Kind ohne Zwang übermittelt, man zwang es nicht, gegen seinen Willen zu sitzen und dem Lehrer zuzuhören. Der Prozess des Lernens fand für die Eltern und ihre Kinder jede Minute, fröhlich und ungezwungen statt. Er war gern gesehen und anziehend.

Er hatte jedoch auch aus heutiger Sicht ungewöhnliche Verfahren. In Unkenntnis ihrer großen Bedeutung für die Bildung des Menschen könnten die heutigen Wissenschaftler das Vorgehen der Eltern im wedischen Zeitalter als abergläubisch oder okkult betrachten.

Zum Beispiel, auch du dachtest so und regtest dich auf, als du sahst, wie ein mächtiger Adler unseren noch ganz kleinen und hilflosen Sohn, der noch nicht einmal auf seinen Füßchen stehen konnte, ergriff. Er hielt das Kind mit seinen Krallen und kreiste mal hoch und mal tief über unserer Lichtung.

Das Gleiche tat man mit den Kindern in allen wedischen Familien. Nicht immer rief man dafür Adler. Die Erde aus der Höhe betrachtet kann man dem kleinen Kind auch von dem Gipfel eines Berges zeigen, wenn es so einen Berg unweit des Hauses gibt. Und manchmal kletterte der Vater mit dem kleinen Kind auf einen hohen Baum. Es kam vor, dass man dafür einen speziellen Turm baute. Aber der Effekt war größer, als der Adler mit dem kleinen Kind über der Erde kreiste. In dem Augenblick erhielt das kleine Kind, welches das ganze Spektrum der Gefühle erlebte, viele Erkenntnisse. Wenn es herangewachsen ist, kann es, wenn es möchte und wenn es notwendig sein sollte, dieses Wissen über die Gefühle in sich entdecken.

Erinnere dich zum Beispiel, ich habe dir gezeigt, wie der hübsche Radomir mit seiner Braut Ljubomila das vollkommene Projekt eines Familienlandsitzes erschuf. Ich sagte dir bereits, etwas Derartiges könnten Wissenschaftler, die in der modernen Wissenschaft als Vorreiter gelten, heute nicht auf die Beine bringen. Selbst dann nicht, wenn sie sich zu dem Zweck zusammenschließen würden.

Wie konnte dann aber der junge Mann damals allein ein solches Wunder vollbringen? Woher kannte er die Namen aller Pflanzen, die Bedeutung der Winde und die Vorbestimmung der Planeten und vieles andere? Er saß doch nicht auf einer gewöhnlichen Schulbank. Er hatte die Wissenschaften nicht studiert. Woher kannte der junge Mann die Bestimmung jeder der 530.000 Pflanzenarten? Von dieser Zahl nahm er lediglich 9.000, aber er legte die gegenseitige Wechselwirkung jeder Pflanze mit den anderen genau fest.

Natürlich war Radomir von Kindheit an den Familienlandsitz seines Vaters und der Nachbarn gewöhnt. Aber er hatte doch nichts aufgeschrieben und strengte sich auch nicht an, alles im Gedächtnis zu behalten. Er fragte nicht seine Eltern, was wozu wächst, und sie nervten ihn nicht mit Strafpredigten. Dennoch schuf der verliebte junge Radomir seinen eigenen Familienlandsitz und besser noch als bei den Eltern.

Wladimir, wundere dich bitte nicht! Du musst verstehen, Radomir hat doch in Wirklichkeit keinen Garten angelegt oder einen rationalen Gemüsegarten, obwohl sein Familienlandsitz genau das geworden ist. In Wirklichkeit zeichnete Radomir mit seinen Gefühlen ein herrliches Bild für seine Geliebte und seine künftigen Kinder. Der Flug mit dem Adler über dem Familienlandsitz begünstigte die Tatsache, dass seine Liebe und Begeisterung aufblühen konnten.

Als Radomir als Kleinkind aus der Vogelperspektive auf den Familienlandsitz blickte, nahm er wie auf einen Kinostreifen das Bild im Unterbewusstsein auf. Mit dem Verstand konnte er das wunderschöne Bild noch nicht erfassen. Aber durch seine Gefühle! Mit den Gefühlen hat er auf ewig die Vielfalt der Informationen zum Raum quasi eingescannt und mit seinen Gefühlen empfand er das, was er sah, als herrlich, nicht mit seinem Verstand oder Geist.

Das geschah auch deshalb, da in der herrlichen Landschaft, die er von oben sah, lächelnd seine Mutter stand. Was kann für ein kleines Kind schöner sein als das Lächeln der Mutter? Und die Mutter winkte ihm zu. Sie! In deren Brust die lebendige warme Milch war. Für ein kleines Kind gibt es nichts Schöneres. Aus der Vogelperspektive schien dem kleinen Radomir alles, was er sah, untrennbar mit der Mutter als einheitliches Ganzes verbunden. In einem Augenblick erhielt er Kenntnisse über einen Teil des Universums durch das Aufflammen von Gefühlen der Begeisterung.

Junge Menschen zeigten große Gelehrsamkeit in solchen modernen Wissenschaften wie Zoologie und Agronomie oder Astronomie. Auch ihr künstlerischer Geschmack fand bei den Menschen Anerkennung.

Natürlich gab es im wedischen Zeitalter auch spezielle Lehrer.

Im Winter kamen ältere Menschen in die Siedlung, die in verschiedenen Wissenschaften besonders bewandert waren. Es gab ein Gemeinschaftshaus in jeder Ortschaft, in dem sie ihre Wissenschaften darlegten. Wenn eines der zuhörenden Kinder plötzlich ein besonderes Interesse für die Astronomie zeigte, kam der Lehrer zu den Eltern nach Hause. Der Lehrer wurde im Haus gastfreundlich aufgenommen. Der Wissenschaftler sprach dann mit dem kleinen Kind so viele Tage oder Stunden über die Sterne, wie das Kind es wollte. Und man kann nicht sagen, wer bei den Gesprächen mehr Wissen von wem erhielt. Denn der große Wissenschaftler trat dem Kind auch mit Achtung entgegen und stellte ihm Fragen. Er konnte mit ihm streiten, ohne belehrend zu wirken. Im wedischen Zeitalter hatte es keinen Sinn, Gespräche, Entdeckungen und Schlussfolgerungen daraus aufzuschreiben. Frei von der Hast des Alltags und den vielfältigen Sorgen von heute, konnte das menschliche Gedächtnis viel mehr Informationen aufnehmen als der beste Computer, der heute erfunden wird.

Zudem dienten ja Erfindungen, wenn sie rational waren, sogleich allen Menschen und wurden in die Praxis eingeführt.

Die Eltern und alle Hausbewohner konnten den Gesprächen der Wissenschaftler auch zuhören. Manchmal kamen sie taktvoll auch selbst ins Gespräch, immer stand jedoch das kleine Kind im Mittelpunkt. Wenn der junge Astronom nach Meinung der Erwachsenen eine falsche Schlussfolgerung über die Planeten zog, sagte man ihm: 'Entschuldige, ich kann dir nicht folgen.'

Das Kind versuchte zu erklären und oft konnte es beweisen, dass es Recht hatte.

Vor dem Frühjahr versammelten sich alle Siedlungsbewohner im Gemeinschaftshaus. Alle lauschten dem, was ihre Kinder an Wissen erworben hatten. In diesen Tagen gab es Vorträge. So konnte ein sechsjähriger Junge alle damit verblüffen, dass er wie ein Philosoph über den Sinn des Lebens sprach. Die Kinder zeigten in diesen Tagen den Menschen ihre wunderschönen Bastelarbeiten. Andere verwöhnten das Ohr und das Auge der Versammelten mit Gesang oder ungewöhnlichen Tänzen. Man kann diese Taten als Prüfung oder als Feiertag für alle bezeichnen, das spielt keine Rolle. Wichtig ist etwas anderes – alle hatten Freude am Schöpferischen. Positive Emotionen, Entdeckungen dieser Tage wurden freudig aufgenommen. Wie soll man also auf die Frage antworten, wer der Wichtigste bei der Erziehung eines Kindes war? Man kann mit Überzeugung sagen: die Kultur, die Lebensweise der Familien der Menschen im wedischen Zeitalter.

Was kann man für die Kinder heute aus jener Kultur übernehmen? Welches der bestehenden Erziehungssysteme gilt heute als das beste? Urteile selbst, sie sind alle unvollkommen, denn indem wir die menschliche Geschichte verdrehen, zwingen wir die Kinder, sich selbst zu belügen, und wir zwingen den Gedanken mit Gewalt, den falschen Weg zu gehen. Darunter leiden wir selbst und wir bringen auch noch unsere Kinder dazu, zu leiden.

Zunächst müssen alle Menschen die Wahrheit über sich erfahren. Ohne die Wahrheit ähnelt das Leben in Lügen einem hypnotischen Traum.

Die Reihenfolge von drei Bildern in den Lehrbüchern für Kinder muss geändert werden. Die Geschichte der auf der Erde lebenden Menschen muss den Kindern wahrheitsgetreu erzählt werden. Die Aufrichtigkeit muss an sich selbst geprüft werden. Dann muss mit den Kindern, die das unverfälschte Wesen erkannt haben, ein neuer Weg gewählt werden.

Die drei Bilder in Kinderbüchern zur Geschichte der Entwicklung der Erde, der auf ihr lebenden Menschen sind nicht harmlos. Sieh dir an, was die Bilder ihnen von klein auf suggerieren.

Hier, das erste: Auf ihm ist ein Urmensch dargestellt. Schau, wie er aussieht: Da steht ein Mensch in Fell gehüllt mit einer Keule mit tierisch gefletschten Zähnen, gedankenlosem Blick inmitten von Knochen von Tieren, die er getötet hat.

Das zweite: Ein Mensch mit Schwert in angelegter Rüstung, geschmückt mit dem glänzenden Helm, mit einem Heer erobert er die Städte, und das Volk der Sklaven verneigt sich vor ihm.

Das dritte Bild: Ein Mensch mit einem weitsichtigen Blick, er ist edelmütig, sieht gesund aus, trägt einen Anzug. Um ihn herum stehen viele Geräte und Einrichtungen. Der moderne Mensch ist schön und glücklich.

Alle drei Bilder sind verlogen und ihre Reihenfolge ist falsch. Den Kindern wird diese Lüge hartnäckig, streng und vorsätzlich eingeimpft. Ich kann dir später sagen, wer dahinter steckt und wozu er diese Lüge braucht. Versuche aber zunächst selbst mit deiner Logik zu prüfen, inwieweit diese drei Bilder glaubwürdig sind.

Urteile selbst: Auch heute kannst du Bäume, Gräser und Sträucher in ihrer ursprünglichen Form sehen. Sie sind Milliarden Jahre alt, aber du kannst auch heute, wenn du sie anschaust, von ihrer Vollendung begeistert sein.

Was sagt uns das alles? Die Werke des Schöpfers sind ursprünglich vollkommen erschaffen worden. Und was war dann? Den Menschen, sein liebstes Werk, schuf er hässlich? Das ist die Lüge! Ursprünglich stand der Mensch als vollkommenstes Werk des Schöpfers auf der Erde zwischen den schönsten Werken.

Das erste Bild müsste die historische Wahrheit widerspiegeln: Auf ihm müsste eine glückliche Familie zu sehen sein mit einem klugen, kindlich reinen Blick. Liebe ist auf den Gesichtern der Eltern zu sehen. Die menschlichen Körper sind in Harmonie mit ihrer Umgebung, ihre Schönheit und die wohltätige Kraft des Geistes versetzen in Erstaunen. Um sie herum ist ein blühender Garten. Alle Tiere sind bereit, ihnen jeden Augenblick dankbar zu dienen.

Auch auf dem zweiten Bild soll man den Kindern die ganze historische Wahrheit schildern. Auf ihm stürzen sich zwei Heere in hässlichen Rüstungen aufeinander. Die Feldherren stehen auf einer Anhöhe. Die Priester heizen ihnen ein. Auf den Gesichtern der Heerführer zeichnen sich Verwirrung und Angst ab, und die anderen, die den Scharfmachern schon erlegen sind, haben einen tierischen, fanatischen Blick. In einem Augenblick beginnt ein sinnloses Gemetzel. Die Menschen werden anfangen, einander zu töten.

Das dritte Bild – der Tag der Menschen von heute. Hier ist eine Gruppe von Menschen mit einem kränklichen und blassen Aussehen im Zimmer inmitten vieler künstlicher Gegenstände. Einige sind beleibt, andere bucklig, ihre Gesichter sind nachdenklich und düster. Solche sieht man in den Städten bei den meisten Passanten. Hinter dem Fenster, auf der Straße explodieren Autos und vom Himmel regnet es Asche.

Man sollte alle drei Bilder aus der Geschichte dem Kind zeigen und es fragen: ᾿Welches Leben möchtest du dir nach deinem Willen aussuchen?῾

Die Bilder sind nur bedingte Illustrationen. Natürlich ist auch eine aufrichtige Erzählung notwendig, die der Wahrheit entspricht und gekonnt gestaltet wird. Das Kind soll die ganze Geschichte der Menschheit ohne verfälschende Verdrehungen kennen. Erst danach kann die Erziehung beginnen. Man muss das Kind fragen: 'Wie kann man die Gegenwart verändern?'

Das kleine Kind findet nicht sofort, in einem Augenblick eine Antwort. Aber es findet eine! Ein anderer Gedanke wird auf den Plan gerufen – der des Schöpferischen. Oh, Kindererziehung! Wladimir, versteh doch – nur eine einzige aufrichtige Frage, der Wunsch, eine Antwort vom eigenen Kind zu hören, kann die Eltern mit ihren Kindern für Jahrhunderte verbinden und sie glücklich machen. Das gemeinsame sich Hinbewegen zum Glück ist unendlich. Selbst den Beginn kann man als Glück bezeichnen.

Die Menschen müssen heute alle ihre Geschichte wahrheitsgetreu erfahren.

Rituale

Viele Kräfte wurden später von den okkulten Priestern darauf verwendet, den Sinn der Rituale und Handlungen in den wedischen Zeiten zu beschmutzen und zu verdrehen. So wurde zum Beispiel ein Gerücht verbreitet, dass die Weden die Wasserkraft ohne jede Vernunft anbeteten. Selbst die hübschesten Mädchen, die die Liebe noch nicht kannten, wurden als Opfer gebracht. Sie wurden in Seen oder Flüsse geworfen, an Flöße angebunden und waren, sobald sie vom Ufer abgestoßen wurden, dem Tode geweiht.

Natürlich waren mit der Wasserkraft, mit Seen oder Flüssen viele verschiedene Taten der Weden verbunden. Aber ihr Sinn bestand in etwas anderem, sie galten nicht dem Tod, sondern dem Leben. Ich werde nur von einem erzählen, was bis heute ähnlich abläuft. Aber auch nur ähnlich. An die Stelle des rationalen poetischen großen Sinns sind heute Unklarheit und Okkultismus getreten.

In verschiedenen Ländern gibt es auch heute noch Feiertage zu Ehren des Wassers, an denen Kränze oder ein kleines Floß mit einer schönen Laterne oder einer Kerze auf das Wasser gesetzt und vom Ufer abgestoßen werden, damit sie schwimmen, und dabei wird um gutes Wasser gebeten. Schau, woher dieser Feiertag kommt und wie rational und poetisch sein ursprünglicher Sinn ist.

Es kam auch in wedischen Zeiten vor, dass ein oder zwei Mädchen in ihrem Heimatort keinen Geliebten finden konnten, und auch an großen Feiertagen, an denen gleich mehrere Orte teilnahmen, gelang es ihnen nicht, einen Auserwählten zu finden. Es lag nicht daran, dass die Auswahl begrenzt war. Vor ihnen standen schöne junge Männer mit verständigem Blick, Göttern gleich. Aber das Herz des Mädchens, ihre Seele erwartete etwas anderes. Die Liebe kam nicht zu ihnen. Das Mädchen träumte von jemandem, aber von wem? Sie wusste es selbst nicht. Bis heute kann niemand das Rätsel und die Freiheit der Wahl der Energie der Liebe erklären.

Daher gingen die Mädchen an einem bestimmten Tag zum Fluss. In einer kleinen Bucht des Flusses setzten sie ein kleines Floß aufs Wasser. Rings um das Floß war eine Blumengirlande. In die Mitte stellten sie einen kleinen Krug mit einem Getränk – Fruchtsaft oder Wein – und um den Krug herum legten sie Obst. Das Getränk musste das Mädchen selbst zubereiten und das Obst von den Bäumen pflücken, die sie selbst im Garten der Eltern gesetzt hatte. Sie konnte auch ein Band auf das Floß legen, das aus Leinenfasern geflochten war, oder etwas anderes, das sie mit ihren eigenen Händen gefertigt hatte. Als Letztes kam ein kleines Lämpchen auf das Floß.

Um das Lagerfeuer, das am Ufer brannte, tanzten die Mädchen im Reigen und sangen ein Lied über den Geliebten, den sie noch nicht gesehen hatten. Danach zündeten sie mit kleinen Zweigen, die im Feuer brannten, den

Docht des Lämpchens an. Dann stießen sie die Floße leicht an, die vom Strom erfasst und vorsichtig in die unermesslichen Weiten des Flusses getragen wurden.

Hoffnungsvolle Blicke der Mädchen begleiteten die Floße, bis in der Ferne nur noch die Flämmchen zu sehen waren und immer kleiner wurden. Die Herzen der Mädchen entflammten im Feuer der Hoffnung. Das frohe, zärtliche Gefühl für jemanden, den man nicht kannte, nahm zu.

Die Mädchen liefen in ihre Häuser, zogen sich zurück und bereiteten sich aufgeregt auf das Treffen vor. Der Ersehnte kam bei Sonnenaufgang oder -untergang, das spielte keine Rolle. Aber wie? Was führte ihn herbei? War Mystik der Begegnung behilflich oder Rationalität? Vielleicht auch Wissen, zu dem sich die Gefühle der Weden gesellten, urteile selbst.

Die Floße der Mädchen schwammen von der Strömung getragen an bestimmten Tagen, die in allen Ortschaften, auch den weiter entfernten, bekannt waren.

Sie konnten ein, zwei oder drei Tage unterwegs sein. An all diesen Tagen und Mondnächten warteten an den Flussufern hoffnungsvoll und einsam die jungen Männer, die noch keine Liebe kannten.

Dann sah einer in der Ferne ein Flämmchen, das von der Flussströmung getragen wurde, und sofort tauchte er ins Wasser ein und schwamm dem Flämmchen der Liebe entgegen. Der Strom des durchsichtigen Flusswassers verbrannte den glühenden Körper des jungen Mannes nicht, sondern er streichelte ihn zärtlich. Die Feuer der Floße kamen immer näher und Umrisse waren schon sichtbar, eines schöner als das andere. Er wählte eins davon aus. Es ist nicht klar, warum er gerade diese Wahl für die beste hielt.

Er zog das Floß von der Mitte des Flusses zum Ufer, wobei er es mit der Hand oder der Wange an seinem Rand berührte. Der Fluss mit seiner Strömung schien mit ihm zu spielen. Der Körper füllte sich mit immer größerer Kraft, er merkte nichts vom Spiel des Flusses und war mit den Gedanken schon am Ufer.

Der junge Mann stellte das Floß vorsichtig auf der Erde ab, er blies das Lämpchen aus, probierte mit Entzücken das Getränk und lief schnell nach Hause, um sich für den Weg bereit zu machen. Der junge Mann nahm alles mit, was auf dem Floß lag. Auf dem Weg aß er das Obst und war von seinem Geschmack begeistert. Bald ging er in die Siedlung, aus der das Floß abgeschickt wurde und fand, ohne sich zu irren, den Garten und den Baum, dessen Früchte ihm den Weg versüßt hatten.

Die Leute mögen sich wundern – das geht doch nicht ohne Mystik: Wie kann der junge Mann so unbeirrt seine Liebste finden?

Man kann sagen, dass die Liebe ihn auf dem nur ihr bekannten Pfad führte. Aber das Lämpchen half auch dabei. An dem kleinen Gefäß, in dem der in Öl schwimmende Docht brannte, waren Kerben angebracht. Mit deren Hilfe konnte jeder feststellen, wie lange das Feuer des Lämpchens gebrannt hatte. Die Fließgeschwindigkeit des Flusses war auch bekannt. Die Aufgabe war ganz einfach und leicht zu lösen. In einer Ortschaft den Baum zu finden, von dem er Obst gegessen hatte, war für einen jungen Mann in wedischen Zeiten gar keine Mühe.

Nur jemandem, der unaufmerksam ist, könnten die Früchte als gleich erscheinen. Die Früchte gleicher Pflanzen sind in Form, Farbe, Geruch und Geschmack unterschiedlich, selbst wenn sie nebeneinander wachsen.

Nur eines ist nicht mit Sicherheit zu erklären. Wieso er und sie, wenn sie sich zum ersten Mal trafen, sich plötzlich ineinander verliebten und ihre Liebe ungewöhnlich stark brannte.

'Es ist alles ganz einfach', würde ein Philosoph von heute sagen. 'Ihre Gefühle wurden durch ihren eigenen Traum noch vor dem Treffen zum Glühen gebracht.'

Auf eine ähnliche Frage hätte ein grauhaariger Wede verschmitzt geantwortet: 'Unser Fluss war schon immer ein Schalk.'

Natürlich könnte der Wede, wenn er das wollte, alle Einzelheiten des von mir erzählten Rituals auseinander pflücken und die Vorbestimmung jedes

Augenblicks feststellen. Er könnte ein großes Traktat schreiben, aber kein Wede verschwendet einen Gedanken an eine solche Sache. Es ist nämlich so, Wladimir, dass sie *das Leben nicht auseinander nahmen, sondern sie SCHUFEN es!*

Ernährung des Leibes

Die Menschen im wedischen Zeitalter kannten nicht eine Krankheit des menschlichen Leibes. Selbst im Alter von einhundertfünfzig oder zweihundert Jahren blieben sie geistig rege, lebensfroh und absolut gesund. Sie hatten keine Ärzte und Heilpraktiker, von denen es heute eine Menge gibt. Körperliche Krankheiten waren auch deshalb nicht möglich, da die Lebensweise auf dem eigenen Familienlandsitz, dem von ihnen eingerichteten natürlichen Raum der Liebe, völlig den Prozess der Ernährung regulierte. Der Organismus des Menschen war in der nötigen Quantität mit allem Notwendigen und zur besten Zeit für die Einnahme bei bester Planetenkonstellation für die Nahrungsaufnahme versorgt.

Achte einmal darauf, Wladimir, dass es in der Natur nicht zufällig so eingerichtet ist, dass im Laufe der ganzen Frühjahrs- und Sommerzeit und im Herbst die verschiedenen Pflanzen in einer bestimmten Reihenfolge reifen und Früchte tragen.

Zuerst kommen die Kräuter, Löwenzahn zum Beispiel, sie sind auch angenehm und schmecken, besonders, wenn man sie mit Winternahrung mischt.

Es reift die frühe Johannisbeere, die Erdbeere und die Himbeere, die frühe in der Sonne und die späte im Schatten, die Süßkirsche, danach die Sauerkirsche und viele andere Früchte, Kräuter und Beeren, wobei jede den Zeitraum auswählte, wo sie des Menschen Aufmerksamkeit mit ihrer ungewöhnlichen Form, Farbe und ihrem Aroma auf sich zu ziehen vermochte.

Ernährungswissenschaften gab es damals noch nicht. Niemand dachte daran, was und wie viel er essen musste und zu welcher Zeit. Aber der Mensch ernährte sich mit allem für den Organismus Notwendigen mit einer Genauigkeit bis zu einem Gramm.

Jede Beere, jedes Kraut und jede Frucht hat im Jahr ihren Tag, ihre Stunde und Minute, wo sie für den menschlichen Organismus den meisten Nutzen bringt. Wenn sie wachsen, erfolgt ein Prozess, wobei mit den Planeten des Universums eine Beziehung aufgebaut wird. Wenn sie den Charakter der Erde, in der sie wächst, und der ringsum wachsenden Pflanzen berücksichtigt und den Charakter des Menschen, der sie mit einem Blick beschenkte, bewertet, legt sie fest, was er am meisten braucht. Genau an dem Tag, wenn sie bereit ist, dem Menschen zu dienen, wird sie durch die Aufnahme von dem Menschen geehrt, der die Vollendung ihm als Nahrung dienen lässt.

Ich sprach davon, dass eine schwangere Frau in ihrem Garten, ihrem Raum, den sie mit dem Liebsten geschaffen hat, neun Monate verbringen muss. Das ist kein geheimnisvoller Okkultismus, darin steckt eine große Rationalität des göttlichen Daseins. Urteile selbst. In der Natur gibt es eine Vielzahl von Pflanzen, die sogar in der Lage sind, die Schwangerschaft einer Frau ohne Schmerzen abzubrechen. Knoblauch zum Beispiel und Oregano, Wurmfarn und die gemeine Osterluzei und viele andere. Es gibt aber auch Pflanzen, die unterstützen können, dass sich die Frucht im Mutterleib harmonisch entwickelt. Welche das sind und in welcher Menge sie eingenommen werden sollen, kann niemand jemals erklären. Das weiß nur er – derjenige, der im Mutterleib ist. Er sorgt nicht nur für sich, sondern auch für seine Mutter. Daher kommt es, dass eine Frau, die ein Kind geboren hat, oftmals schöner und jünger wird.

Damit es so kommt, muss eine schwangere Frau unbedingt in ihrem Garten sein. Jedes Gräschen kennt sie hier und nur für sie wächst die Frucht. Auch kennt sie ihren Geschmack und Geruch. Natürlich werden ihre Wünsche besser als alles andere bestimmen können, wie viel wovon als Nahrung dienen soll.

In einem fremden Anwesen oder Garten ist so eine Genauigkeit nicht möglich. Auch wenn der fremde Garten um ein Vielfaches reicher und die Pflanzenwelt vielfältiger wäre. Eine ideale Ernährung in einem fremden Garten wäre auch deshalb nicht möglich, weil die Frau, bevor sie irgendeine Frucht oder Beere oder Kraut als Nahrung verwendet, diese kostet.

Zum Beispiel ein Apfel, sie wollte einen essen, pflückte ihn und biss hinein. Sie verschluckte ein Stückchen und fühlte gleichzeitig seine Untauglichkeit für den Organismus. Sie schadete damit sich und ihrem Kind. Wie konnte das passieren? Es liegt daran, dass selbst äußerlich geschmacklich gleiche Früchte in ihrer stofflichen Zusammensetzung unterschiedlich sein können. In ihrem Garten hätte sie sich nicht täuschen können, da sie die Früchte mehrmals schon gegessen hatte. In einem fremden ist der Fehler unvermeidlich.

Welches Wissen und welches Gesetz halfen dem Menschen jener Zeit, sich so genau zu ernähren? Das Fehlen von Gesetzen und Traktaten! Er konnte sich nur auf das Göttliche verlassen. Jetzt sagt man, dass der Mensch ein einheitliches Ganzes mit der Natur ist. Aber worin besteht das Ganze jetzt, überleg mal! Wenn der Mensch nur künstliche Nahrung konsumiert, nur die, die ihm vom System angeboten wird, weil diese Nahrung für das System bequem ist. Die Essenszeiten sind künstlich vom System festgelegt.

Damals, im wedischen Zeitalter des menschlichen Lebens, entschieden für ihn alles die von Gott geschenkten Gefühle und der Raum konnte das kleinste Gefühl des Hungers befriedigen. Denn die Gefühle des Menschen im Einklang mit seinem Raum der Liebe waren in der Lage, innerhalb von Minuten wie ein vollkommener Automat oder ein Traktat festzustellen, wann man was als Nahrung zu sich nehmen sollte.

Der Mensch ging in dem von ihm geschaffenen Raum, sein freier Gedanke konnte etwas schaffen oder er konnte die Aufgaben des Universums lösen. Rundherum waren Früchte, die mit ihrer Schönheit lockten. Intuitiv pflückte er eine davon oder auch zwei oder drei und aß sie, und er lenkte seine Gedanken nicht damit ab, was ihm Gott zum Versüßen gegeben hatte.

Der Mensch dachte damals nicht an Nahrung. Er ernährte sich so, wie wir heute atmen. Der von ihm geschaffene Raum löste gemeinsam mit seiner Intuition mit hoher Genauigkeit Aufgaben, wie, wann und wodurch man sich ernähren soll.

Im Winter trugen die meisten Pflanzen keine Früchte und Blätter. Sie ruhten sich aus. Der Winter ist für die Schaffung des kommenden Frühjahrs da.

Aber auch im Winter verschwendete der Mensch keinen Gedanken an seine Nahrung, obwohl er keinen Vorrat anlegte. Das alles führten für ihn mit großem Fleiß und mit Liebe die Haustiere aus. Die Eichhörnchen legten eine Menge Vorräte an Pilzen und Nüssen an. Die Bienen sammelten Blütenstaub und Honig. Der Bär grub im Herbst einen Keller und legte Wurzelfrüchte hinein und im zeitigen Frühjahr, wenn der Bär erwachte, kam er zu den Behausungen der Menschen und brummte oder klopfte leicht mit seiner Pfote an die Tür. Der Bär rief den Menschen, der ihm zeigen sollte, welchen der Keller er öffnen konnte. Vielleicht hatte der Bär vergessen, wo er die Nahrung vergraben hatte? Oder wollte er nur Gesellschaft haben? Jeder der Familie konnte zu ihm hinausgehen, und meistens war es ein Kind. Es streichelte den erwachten Arbeitswütigen an seiner Schnauze, ging mit zu dem Platz, der mit einem Stock gekennzeichnet war, und stampfte mit seinem kleinen Fuß. Der Bär fing an, an dieser Stelle die Erde aufzukratzen und grub die Vorräte aus. Als er sie sah, freute er sich, sprang in die Höhe, holte sie mit seiner Pfote heraus, aß sie aber nicht als Erster, sondern wartete, bis der Mensch wenigstens etwas mit in seine Behausung nahm.

Der Mensch selbst konnte auch Vorräte anlegen, aber das war keine Arbeit, sondern eher eine Kunst. In vielen Familien wurden Wein aus verschiedenen Früchten und Fruchtsäfte hergestellt. Dieser Wein war nicht so stark und berauschend wie Wodka. Es war ein Heiltrunk. Der Mensch konnte auch Milch aus der tierischen Nahrung verwenden, aber nicht von jedem Tier. Er nahm sie nur von dem, welches als gütig, freundlich und vernünftig galt und das sein Bedürfnis zeigte, den Menschen mit seinem Produkt zu bewirten. Wenn zum Beispiel ein Kind oder ein Erwachsener der Familie zu einer Ziege oder einer Kuh ging, sie am Euter berührte und das Tier plötzlich auswich, dann trank der Mensch die Milch des Tieres, das nicht teilen mochte, nicht. Das heißt nicht, dass das Tier den Menschen nicht liebte. Oftmals war es so, dass die Tiere auf eine ihnen unbekannte Art feststellten: Zur Zeit ist die Zusammensetzung der Milch für diesen Menschen nicht gesund.

Die Menschen der wedischen Zivilisation ernährten sich von verschiedener pflanzlicher Nahrung nur aus ihrem Garten und von der Nahrung, die ihnen die Haustiere brachten. Ein solches Herangehen beruhte auf keinem Aberglauben oder einem Gesetz. Es war die Schlussfolgerung aus vielen Erkenntnissen.

Die Worte 'kennen'[2] und 'wissen'[3] sind nicht ein und dasselbe. Denn 'wissen' bedeutet mehr als 'kennen'. Wissen ist nicht nur Kennen, sondern auch Fühlen vieler Erscheinungen, der Bestimmungen des göttlichen Werks und Seines Systems durch sich, mit dem Leib und der Seele.

Jeder Mensch im wedischen Zeitalter wusste, dass die von ihm aufgenommene Nahrung nicht nur den Leib ernährt, sondern auch die Seele mit Bewusstheit füllt und ihm persönlich Informationen aller Welten des Universums bringt.

Deshalb waren die innere Energie und der Scharfsinn des Verstandes und die Geschwindigkeit der Gedanken bei diesen Leuten um ein Vielfaches höher als die des Menschen von heute.

---

2) russ. znat
3) russ. veralt. wedat

Die Tierwelt, die Pflanzen, die im Raum der menschlichen Familie lebten, reagierten auf den Menschen wie auf Gott. Die Tiere, Kräuter und die Bäume – alle lechzten danach, vom Menschen einen zärtlichen Blick oder eine liebe Berührung zu erhalten.

Diese Kraft der Gefühlsenergie erlaubte es überflüssigem Unkraut nicht, im Obst- oder Gemüsegarten zu wachsen. Vielen Menschen ist auch heute bekannt, dass eine Blume plötzlich verwelken kann, wenn sie jemandem in der Familie nicht gefällt. Dagegen kann sie stürmisch aufblühen, wenn sie spürt, dass sie geliebt wird, wenn mit ihr geredet wird.

Daher haben die Menschen im wedischen Zeitalter nie mit einer Harke gearbeitet. Es gibt auch heute noch Begriffe wie 'böser Blick' oder 'durch den bösen Blick verhexen'. Diese stammen aus jenen Zeiten. Diese Menschen vermochten vieles mit ihrer Gefühlsenergie zu schaffen.

Stell dir vor, es geht ein Mann über sein Grundstück. Alles um ihn herum fängt seinen gütigen Blick auf. Er schaut auf das Unkraut. 'Was machst du hier?', denkt er. Das Unkraut wird bald vor Kummer verwelken. Wenn, im Gegenteil, jemand dem Kirschbaum zulächelt, wird er mit doppelter Energie den Saft der Erde durch seine Adern laufen lassen.

Wenn jemand aus der wedischen Zivilisation sich auf einen langen Weg begeben musste, belastete er sich nicht mit Essbarem. Auf dem Weg konnte er reichlich Nahrung finden. Wenn er in eine Ortschaft kam und die herrlichen Familienlandsitze sah, konnte er darum bitten, dass man ihm zu essen oder zu trinken gab. Es galt als eine Ehre, dem Reisenden Getränke, Obst und wohlschmeckende Wurzelfrüchte anzubieten.

Ein Leben ohne Raub und Diebstahl

Unter den Menschen der wedischen Zivilisation gab es innerhalb von Jahrtausenden ihrer Existenz nicht einen Überfall, Diebstahl oder auch nur Schlägereien. Selbst Schimpfworte fehlten im Lexikon. Es gab keine Gesetze zur Bestrafung solcher Handlungen.

Gesetze können Missetaten niemals einschränken. Aber das Wissen und die Kultur der Weden ließen keine Konflikte in ihren zwischenmenschlichen Beziehungen zu.

Überlege selbst, Wladimir, jede Familie, die auf ihrem Familienlandsitz wohnte, wusste doch, wenn es mit jemandem, auch mit einem Fremden, zu einer Unannehmlichkeit auf dem Familienlandsitz oder daneben kommt, auch am Rande der Ortschaft, dann leidet der ganze Raum darunter.

Die aggressive Energie des Universums hat Einfluss auf alles darin Wachsende und Lebende. Die Energiebilanz ändert sich. Die aggressive Energie kann wachsen, sich auf Erwachsene auswirken, auf Kinder, die Nachkommenschaft kann Leiden davontragen.

Wenn der vorbeigehende Wanderer dagegen ein Gefühl der Freude hinterlässt, erstrahlt der Raum in noch größerer Schönheit.

Außerdem war ein Mensch, der in eine Ortschaft kam, physisch nicht dazu in der Lage, in einem Garten, der jemandem gehörte, eine Frucht zu essen, die er aus eigenem Antrieb gepflückt oder aus der Erde geholt hatte.

Die Menschen der wedischen Kultur waren sehr empfindsam. Ihr Organismus konnte sofort den erheblichen Unterschied zwischen einer selbst gepflückten und einer ihm mit lieber Hand dargebrachten Frucht unterscheiden. In den modernen Geschäften heutzutage haben die Nahrungsmittel oft nicht den Duft und den Geschmack des ursprünglichen Produkts. Sie haben keine Seele und sind dem Menschen gegenüber gleichgültig. Sie gehören keinem und halten niemandem die Treue. Sie sind verkäuflich.

Würde der moderne Mensch die Nahrungsmittel, die es im wedischen Zeitalter gab, kosten und vergleichen, würde er die modernen Lebensmittel nicht mehr essen können.

Dem Wanderer wäre es gar nicht in den Sinn gekommen, etwas Fremdes zu nehmen, ohne um Erlaubnis gebeten zu haben. Jeder Gegenstand, selbst ein Stein, birgt in sich eine Information, und nur die Familie, die auf dem Familienlandsitz lebte, wusste welche.

Jeder Familienlandsitz der wedischen Zivilisation war eine unzugängliche Festung für alles Böse jeglicher Form und gleichzeitig war es für die Familie, die darin lebte, wie der Mutterleib.

Hohe Festungsmauern baute keiner, der Familienlandsitz war mit einer lebendigen grünen Hecke eingefriedet. Diese Hecke und alles dahinter Wachsende schützte die Familie vor allen Arten negativer Erscheinungen für den menschlichen Leib und die Seele.

Ich hatte dir schon erzählt, dass die Verwandten früher nur im eigenen Garten oder im Wäldchen des eigenen Familienlandsitzes die Körper der Entschlafenen beerdigten.

Diese Menschen wussten: Die menschliche Seele ist ewig, aber auch die materiellen Körper können nicht spurlos verschwinden. Jeder Gegenstand, auch wenn er äußerlich als seelenlos erscheint, trägt in sich viele Informationen des Alls.

In der göttlichen Natur verschwindet nichts einfach irgendwohin. Es ändert nur seinen Zustand und sein Aussehen.

Die Körper der Entschlafenen deckte man nicht mit Steinplatten ab und auch die Stellen, an denen sie beerdigt wurden, wurden nicht gekennzeichnet. Ein großes Denkmal war für sie der Raum, den sie mit ihrer Hand und mit ihrer Seele geschaffen hatten.

Indem sie ihren Zustand veränderten, zogen die Körper, die keine Seele mehr hatten, die Bäume, Gräser und Blumen auf. Dazwischen liefen die geborenen Kinder. Alles ringsum liebte die Kinder! Der Geist der Vorfahren schwebte über diesem Raum. Er liebte und beschützte die Kinder.

Die Kinder verhielten sich zum Raum ihrer Heimat mit Liebe. Der Gedanke erzeugte keine Illusion über die Endlichkeit des Lebens. Das Leben des Weden ist unendlich.

Die aufgestiegene Seele, die alle Dimensionen des Alls durchlaufen hat, die verschiedene Ebenen des Daseins aufgesucht hat, wird wieder in menschlicher Form verkörpert.

Im Garten, in der Heimat aufgewacht, lächelt das Kind erneut. Der ganze Raum erwidert sein Lächeln. Der Sonnenstrahl, der Wind, der mit dem Laub raschelt, die Blume und der weite Stern hauchen mit Begeisterung: 'Wir sind eins, von dir verkörpert, Kind des Göttlichen Seins.'

Auch heute gilt die Bitte älterer Menschen, die in der Fremde leben, als unerklärlich: 'Wenn ich sterbe, begrabt mich bitte in der Heimat.'

Diese Menschen spüren intuitiv, dass nur die Heimat in der Lage ist, sie auf die Erde, in ihren paradiesischen Garten zurückzuholen. Die Fremde stößt die Seelen ab.

Die Menschen sind bestrebt, ihre Körper in der Heimat bestatten zu lassen. Darum bitten ihre Seelen schon seit Jahrtausenden. Aber kann man etwa einen Friedhof als Heimat bezeichnen, gleich, wo er sich befindet?

Friedhöfe sind vor noch nicht allzu langer Zeit entstanden, mit dem Ziel, die menschlichen Seelen durch die Hölle zu zerreißen, sie zu erniedrigen, zu versklaven, sie zu Verbeugungen zu zwingen.

Friedhöfe ähneln ... Sie sind wie Halden, wo die Leute ihren nutzlosen Kram hinbringen. Über dem Friedhof quälen sich die Seelen der Entschlafenen. Die Lebenden haben Angst vor Friedhofsplätzen.

Stell dir einen Familienlandsitz jener Zeit vor. Auf ihm sind die Körper vieler Generationen begraben. Jeder darauf lebende Grashalm ist bestrebt, die dort Lebenden zu liebkosen, für den Leib des Menschen nützlich zu sein.

Für Menschen mit bösen Absichten wird jeder Grashalm und jede Frucht im Garten plötzlich giftig. Daher hatte niemand auch nur den Gedanken, irgendetwas von sich aus zu nehmen.

Es ist nicht möglich, sich mit Gewalt eines Familienlandsitzes zu bemächtigen. Man kann ihn für kein Geld kaufen. Wer wird sich an etwas vergreifen, was denjenigen zu vernichten in der Lage ist?

Jeder war bestrebt, seine herrliche Oase selbst zu schaffen. Der Planet wurde mit jedem Jahr schöner.

Wenn der Mensch heute von oben auf eine moderne Stadt schaut, was sieht er dann? Berge künstlicher Steine bedecken die Erde. Häuser wachsen in die Höhe und in die Breite. Bald hier, bald da verdecken steinerne Landschaften immer größere Räume. Es gibt kein reines Wasser, die Luft ist verschmutzt. Wie viele glückliche Familien leben inmitten der steinernen Riesen?

Nicht eine, wenn man die modernen mit den Familien der wedischen Kultur vergleicht. Mehr noch: Inmitten der künstlichen Steinwüsten leben die Familien nicht, sie schlafen.

Dennoch irrt in ihrem hypnotischen Schlaf im Körper eine lebende Zelle als Körnchen umher. Bald erstarrt es, bald wirft es sich hin und her, berührt dabei Tausende und Abertausende andere, und die lebende Zelle versucht, die schlafenden zu wecken. Man nennt sie – den Traum. Sie weckt diese schlafenden Zellen auf! Dann werden die Familien wieder herrliche Oasen auf der Erde schaffen.

Es wird wieder so werden, wie es einmal war. Wenn man von oben auf die Erde schauen wird, wird der Blick von vielen lebendigen Bildern verzaubert werden und jedes herrliche Bild wird bedeuten, dass an dieser Stelle die Hand eines erwachten Weden die Erde berührt hat. Wieder wird eine glückliche Familie in ihrer Heimat leben, Menschen, die Gott kennen und den Sinn und Zweck des Lebens.

Die Weden wussten, wozu es am Himmel Sterne gibt. Unter ihnen waren viele Poeten und Künstler. Es gab keine Feindschaften der Ortschaften untereinander. Es gab keine Gründe für Raub und Überfälle. Es gab keine Amtsstrukturen. Auf den Territorien der jetzigen Länder Europas, Indiens, Ägyptens und Chinas erblühte die Kultur der Wedrussen und es gab keine Grenzen zwischen den verschiedenen Territorien. Es gab weder große noch kleine Herrscher. Die Aufeinanderfolge großer Feste war die natürliche Verwaltung.

Die Menschen des wedischen Zeitalters verfügten über Wissen zum Weltaufbau in viel größerem Maße als der moderne Mensch. Ihre innere Energie ermöglichte es, das Wachstum der einen Pflanze zu beschleunigen und das einer anderen zu verlangsamen.

Die Haustiere waren darauf bedacht, die Befehle des Menschen auszuführen, nicht um Essen zu bekommen, das auch so reichlich vorhanden war, sie wollten vom Menschen als Auszeichnung die von ihm ausgehende wohltuende Energie erhalten.

Auch jetzt ist das Lob eines Menschen für jeden angenehm: den Menschen, das Tier und die Pflanze.

Aber früher war die Energie der Menschen unermesslich größer, zu ihr strebte alles buchstäblich wie zur Sonne.

6. Kapitel

Das Zeitalter der Bildgestaltung

Schon gegen Ende des wedischen Zeitalters machten die Menschen eine große Entdeckung. Eine Entdeckung, die in der Geschichte der menschlichen Zivilisation auf der Erde ihresgleichen sucht.

Die Menschen entdeckten die Kraft des kollektiven Gedankens.

Hier muss man erklären, was der Gedanke eines Menschen ist. Der Gedanke eines Menschen ist Energie, die ihresgleichen im Raum sucht. Er ist imstande, herrliche Welten zu erschaffen oder Waffen, die in der Lage sind, den Planeten zu zerstören. Die ganze Materie, die wir heute sehen, wurde ausnahmslos durch den Gedanken geschaffen.

Die Natur, die Tierwelt und der Mensch selbst wurden in großer Begeisterung von einem Göttlichen Gedanken geschaffen.

Viele künstliche Gegenstände, Autos, Maschinen, die wir heute sehen können, entstanden durch den Gedanken des Menschen. Du könntest denken, dass das die Hände des Menschen hervorbringen. Ja, heute muss man die Hände einsetzen, aber am Anfang erschafft der Gedanke jedes Detail.

Heute hält man den Gedanken eines Menschen für vollkommener als in der Vergangenheit. Aber das ist bei weitem nicht so.

Bei jedem Menschen in der wedischen Zivilisation übertraf er den des Menschen von heute in Bezug auf Geschwindigkeit und Informationsfülle um das Millionenfache. Als Beweis kann auch dienen, dass wir die Kenntnisse über die Anwendung von Pflanzen für die Heilung und die Nahrung aus der Vergangenheit nehmen. In der Natur ist der Mechanismus viel vollkommener und komplizierter als der bei künstlichen Gegenständen.

Der Mensch hat sich nicht nur viele Tiere dienstbar gemacht. Nicht nur die Bestimmung aller Pflanzen hat er festgelegt. Als er die Kraft des kollektiven Gedankens erkannte, sah er, dass man mit ihm das Wetter steuern kann, dass man aus dem Erdinneren eine Quelle sprudeln lassen kann. Geht man mit dem Gedanken unvorsichtig um, kann man einen Vogel im Flug niederschmettern und man kann auf das Leben eines weiten Sterns einwirken, Gärten auf Sternen anlegen oder die Sterne vernichten. Das ist keine Erfindung, das ist Realität und all das wurde der Menschheit gegeben.

Heute auf dem Weg in die Technokratie weiß jeder, wie der Mensch bestrebt ist, eine Rakete zu bauen, die zu den Sternen fliegen kann.

Man flog zum Mond und verschwendete Mittel und Kraft zum Schaden der Erde. Aber auf dem Mond wurde nichts verändert. Derartige Methoden sind dem Untergang geweiht, sie sind aussichtslos und gefährlich für alle Menschen der Erde und für andere Planeten. Es gibt ein anderes Verfahren, das viel vollkommener ist als dieses. Allein mit dem Gedanken ist es möglich, auf dem Mond eine Blume wachsen zu lassen, eine dem Menschen eigene Atmosphäre zu schaffen, einen Garten anzulegen und mit der Liebsten in diesen Garten zu kommen. Aber vorher muss der Gedanke die gesamte Erde in einen blühenden paradiesischen Garten verwandeln und das muss durch den kollektiven Gedanken verwirklicht werden.

Der kollektive Gedanke ist stark, im gesamten Universum gibt es keine Energie, die in der Lage wäre, ihn in seinen Taten aufzuhalten. Die Materie und die Technik von heute verkörpern den kollektiven Gedanken. Alle modernen Mechanismen und Waffen wurden durch ihn geschaffen.

Aber erinnere dich, ich sagte, dass in jenen wedischen Zeiten der Gedanke jedes Lebenden von unermesslich größerer Kraft und Energie war. Gegenstände wie zum Beispiel tonnenschwere Steine konnten nur neun Personen zusammen mit der Energie ihrer Gedanken fortbewegen. Damit es einfacher wurde, den kollektiven Gedanken zu verwenden, und mit Nutzen für die Mehrheit, um dabei keine Zeit für die Versammlung vieler Menschen an einem Ort zu verschwenden, erdachten die Menschen Bilder verschiedener Götter. Mit deren Hilfe begannen sie, die Natur zu lenken.

Der Gott der Sonne erschien in seinem Bild sowie der Gott des Feuers und des Regens und der Liebe und der Fruchtbarkeit. Alles, was die Menschen für ihr Leben brauchten, erschufen sie über Bilder, in denen ein konzentrierter menschlicher Gedanke enthalten war. Er vollendete viele nützliche Dinge. Der Regen, zum Beispiel, war zum Gießen notwendig und einer lenkte seinen Gedanken zum Bild des Regengottes. Wenn der Regen tatsächlich notwendig war, richteten viele Menschen ihre Energie an das Bild des Regens. Hatte das Bild genügend Energie, bildeten sich Wolken und es regnete und begoss die Saaten.

Der Menschheit sind von der Göttlichen Natur unbegrenzte Möglichkeiten gegeben worden. Hätte die Menschheit die Versuchungen der grenzenlosen Macht überwinden und alle Energien des Universums im Gleichgewicht in sich halten können, dann hätten auch in anderen Galaxien Gärten als Ergebnis des menschlichen Gedankens entstehen können. Der Mensch hätte andere Welten beglücken können. Das Zeitalter mit dem Namen Zeitalter der Bildgestaltung blühte auf. In ihm war der Mensch der Schöpfer, er fühlte sich in ihm als Gott. Wer hätte sonst Sohn Gottes sein können?

Im so genannten Zeitalter der Bildgestaltung ist der Mensch Gott gleich und beginnt Bilder zu schaffen. Dieser Zeitraum dauert neuntausend Jahre. Gott mischt sich in die Handlungen der Menschen nicht ein. Verschiedenartige Energien des Universums kommen in Aufregung und verführen den Menschen.

Im Menschen sind Teilchen aller Energien aus dem Universum. Es ist eine Menge und sie sind gegensätzlich. Aber alle Teilchen dieser Energien des

Universums müssen im Menschen ausgeglichen sein, einheitlich und harmonisch miteinander verbunden.

Gelingt es auch nur einer, die Oberhand zu gewinnen, werden die anderen sofort erniedrigt, die Harmonie wäre gestört und dann ... Dann verändert sich die Erde. Sie wird unharmonisch.

Ein Bild kann die Menschen zu etwas sehr Schönem führen, es kann aber auch die Vernichtung zur Folge haben, wenn die Einheit im Inneren gestört ist.

Aber was bedeutet das – ein Bild?

Ein Bild ist ein vom menschlichen Gedanken erdachtes energetisches Wesen. Dieses kann von einem oder von mehreren Menschen geschaffen werden.

Ein gutes Beispiel für das kollektive Schaffen eines Bildes ist der Auftritt eines Schauspielers. Ein Mensch legt das Bild auf Papier nieder, ein anderer stellt das beschriebene Bild auf der Bühne dar.

Was geschieht mit dem Schauspieler, der das ausgedachte Bild darstellt? Der Schauspieler ersetzt für eine gewisse Zeit seine eigenen Gefühle, sein Streben, seine Wünsche durch die, die dem ausgedachten Bild eigen sind. Dabei kann der Schauspieler seinen Gang, seinen Gesichtsausdruck und die gewöhnliche Kleidung ändern. So verkörpert sich das ausgedachte Bild für eine gewisse Zeit.

Die Fähigkeit, Bilder zu schaffen, ist nur dem Menschen zu eigen.

Ein vom Menschen geschaffenes Bild kann im Raum nur leben, solange der Mensch es sich durch seinen Gedanken vorstellt. Ein Mensch oder gleich mehrere.

Je mehr Menschen das Bild mit ihren Gefühlen versorgen, desto stärker wird es.

Das von einem kollektiven menschlichen Gedanken geschaffene Bild kann eine kolossale zerstörerische oder auch schöpferische Kraft haben. Es hat eine Rückwirkung auf die Menschen und kann Charaktere, die Art des Verhaltens großer und kleiner Menschengruppen bilden.

Dank der Entdeckung ihrer großen Möglichkeiten schufen die Menschen begeistert das Leben auf dem Planeten.

Aber es geschah noch am Anfang des menschlichen Zeitalters der Bildgestaltung, dass nur sechs Menschen in sich die Balance der Energien des Universums nicht halten konnten, die Gott bei der Schöpfung dem Menschen gegeben hatte. Sie mussten vielleicht auch erscheinen, damit die Menschheit Prüfungen unterzogen wird.

Zunächst gewann nur in einem der sechs die Energie des Größenwahns ihres Selbstes, danach im nächsten und im dritten und im sechsten.

Anfänglich trafen sie sich nicht untereinander. Jeder lebte für sich. Aber gleich und gleich gesellt sich gern. Sie richteten ihren Gedanken darauf, wie sie Herrscher über alle Menschen der Erde werden könnten. Sie waren ihrer sechs und bezeichneten sich vor den Menschen als Priester.

In jedem Jahrhundert werden sie wiedergeboren und leben bis heute.

Die Völker der Erde werden heute von nur sechs Menschen beherrscht – von Priestern. Ihre Dynastien sind zehntausend Jahre alt. Von Generation zu Generation geben sie ihren Nachkommen das okkulte Wissen weiter, die Wissenschaft der Bildgestaltung, sie ist ihnen teilweise auch bekannt. Vor den anderen Menschen verbergen sie das wedische Wissen sorgfältig.

Unter den sechs gibt es einen Oberpriester, der sich so nennt und sich heute für den obersten Führer der menschlichen Gesellschaft hält.

Der Oberpriester hatte gleich einen Verdacht, wer ich in Wirklichkeit bin, nachdem ich nur paar Worte ausgesprochen hatte, die du in deinen Büchern angeführt hast, und nachdem er die Reaktionen vieler Menschen auf diese Worte sehen konnte. So versuchte er, mich für alle Fälle mit ganz unbedeutenden Kräften zu vernichten. Es gelang ihm nicht. Er war verwundert und versuchte, mehr Kraft seinerseits einzusetzen und er glaubte noch nicht ganz daran, wer ich bin.

Jetzt habe ich das Wort 'Wedrussin' ausgesprochen und somit alles offengelegt. Der heute auf der Erde lebende Oberpriester hat sogar vor diesem Wort Angst. Stell dir vor, wie er jetzt zittert, wo er weiß, was hinter diesem Wort steckt. Jetzt wird er alle seine Soldaten, alle biologischen Roboter und die Kräfte aller finsteren okkulten Wissenschaften zu meiner Vernichtung schicken. Auch er selbst wird jede Minute einen Plan der Zerstörung erstellen. Nun, soll er nur machen, dafür wird er keine Zeit haben, sich mit anderen zu beschäftigen.

Du hast von den Böswilligkeiten in der heutigen Presse gesprochen, Wladimir. Du wirst sehen, wie sie noch stärker und raffinierter werden. Provokationen und Verleumdungen werden an der Tagesordnung sein. Du wirst das ganze Arsenal der Methoden sehen, die die Kräfte der Finsternis in den Jahrtausenden nutzten, um die Kultur unseres Volkes zu vernichten. Das, was du am Anfang erleben wirst, ist nur die Spitze des Eisberges. Nicht alle Menschen können die okkulten Angriffe sehen. Du wirst sie aber auch verstehen, fühlen und sehen. Hab keine Angst davor, darum bitte ich dich. Das Fürchterliche ist vor dem Furchtlosen machtlos. Vergiss das, was du siehst, gleich wieder. Wie allmächtig ein Ungeheuer auch ist, wenn es in Vergessenheit gerät, hört es auf zu existieren.

Die Tatsache ist ungewöhnlich und ich sehe Zweifel in dir. Gib dich nicht übereilt den Zweifeln hin. Denke in Ruhe darüber nach.

Selbst eine kleine Gruppierung versammelter Menschen, die etwas aufbauen möchten, hat immer einen Führer, nennen wir ihn Leiter.

Ein kleines Unternehmen hat einen offiziellen Leiter. Ein großes Unternehmen hat mehrere Leiter und darüber gibt es einen Chef. Es gibt mehrere Leiter territorialer Einheiten, die sich verschieden nennen: Kreis, Bezirk, Staat, Land, Republik, gleich was. Jeder Staat hat seinen Herrscher und dieser wieder hat viele, die ihm zur Seite stehen. Der Herrscher eines

Staates – ist das alles? Die Menschen denken oft so. Was, soll das heißen, dass niemand die ganze menschliche Gesellschaft leitet, die auf der Erde lebt? Gibt es niemanden, der den Thron der Erde besteigen möchte?

Es gibt und gab Interessenten. Du kennst aus der jüngsten Geschichte eine Menge Namen von Heerführern, die die Macht über die Welt mit Gewalt erobern wollten. Aber nie gelang es einem, die Weltherrschaft an sich zu reißen. Wenn sie sich der allgemeinen Macht genähert hatten, passierte immer etwas. Im Endeffekt wurden die Armee und der Anwärter auf die Weltherrschaft vernichtet.

Ein Staat, der es auf die Macht über die ganze Welt abgesehen hatte und der früher als stark und erfolgreich galt, wurde plötzlich mittelmäßig.

So war es in den letzten zehntausend Jahren immer. Aber warum? Weil es in der Welt schon lange einen heimlichen Führer gibt. Er spielt mit den Staaten, ihren Regenten, den einzelnen Menschen.

Er nennt sich Oberpriester der ganzen Erde und seine fünf Helfer heißen Priester.

Achte noch auf eine Tatsache, Wladimir. Denk mal nach, Tausende von Jahren haben die Kriege zwischen den Menschen an verschiedenen Enden der Erde nicht aufgehört. In jedem Land gibt es immer mehr Raubüberfälle, Krankheiten, verschiedene Naturkatastrophen, aber über der folgenden Frage liegt ein strenges, strengstes Verbot: *Geht die menschliche Zivilisation tatsächlich den Weg des Fortschritts oder degradiert die menschliche Gesellschaft mit jedem Tag mehr?*

Die Antwort auf diese Frage ist einfach. Zunächst sieh nur, wie die Priester an ihre Macht kamen und wie es ihnen bis heute gelingt, sie zu halten.

Ihre erste Errungenschaft, die zu dem heimlichen Ziel führte, war die Gründung des ägyptischen Staates. Der Geschichte ist heute der ägyptische Staat besser bekannt als andere. Aber nimm aus der Geschichte die Fakten und lass die Kommentare und die Mystik beiseite, dann kannst du mit vielen Geheimnissen in Berührung kommen.

Der erste Fakt. In der Geschichte ist der Pharao als Hauptregent genannt worden und es wurden viele militärische Eroberungen und Niederlagen der Pharaonen beschrieben. Ihre erhabenen Grabmale verblüffen bis heute und ziehen die Wissenschaftler an, das Geheimnis zu lüften. Derweil lenkt die Größe der Pyramiden vom Hauptgeheimnis ab.

Der Pharao galt nicht nur als Herrscher über die Menschen, sondern er wurde auch wie Gott verehrt. Das Volk wandte sich an ihn mit Bitten für ein fruchtbares Jahr, darum, dass Regen kam und keine bösen Winde. Die Geschichte kann von einer Menge faktischer Taten der Pharaos erzählen, aber frage dich mal anhand der vielen historischen Tatsachen, die du über die Pharaonen kennst: Konnte denn einer der Pharaonen tatsächlich Herrscher über einen großen Staat sein und ein Gott für die Menschen? Wenn du die Fakten gegenüberstellst, siehst du – der Pharao war lediglich ein biologischer Roboter in den Händen der Priester.

Noch andere Fakten, die auch aus der Geschichte bekannt sind.

In der Zeit der Pharaonen gab es in den erhabenen Tempeln auch Priester, und es gab einen Oberpriester. Unter ihrer Aufsicht gab es stets einige Kandidaten, die für das Amt des Pharaos lernten. Die Priester impften den jungen Männern alles ein, was sie wollten. Unter anderem suggerierten sie ihnen, dass ein Pharao von Gott erwählt wurde. Sie sprachen davon, dass der Oberpriester selbst Gottes Rede im geheimen Tempel hörte. Danach fassten die Priester den Beschluss, wer von den Kandidaten Pharao werden sollte.

Dann kam der Tag. Der neue Pharao setzte sich in spezieller Kleidung und mit Machtsymbolen in der Hand auf den erhabenen Thron. Vor den Menschen ist er ein allmächtiger Zar, ein Gott. Die Priester allein wussten, auf dem Thron ist ihr biologischer Roboter. Da sie seinen Charakter von Kindheit an studiert hatten, wussten sie genau, wie er herrschen und welche Gaben er der Priesterschaft darbieten würde.

Es gab einige wenige Versuche einiger Pharaonen, aus der Macht des Oberpriesters auszuscheiden. Aber es gelang keinem der Pharaonen, jemals ein freier Mensch zu werden, denn die Macht des Priesters ist nicht sichtbar, so wie die Zarenkleidung des Pharaos sichtbar war. Die Macht des Priesters erfordert keinen wörtlichen Befehl oder einen offensichtlichen Umgang. Die Macht des Priesters über jeden Herrscher wird nicht für einen Augenblick geringer. Bei den meisten Untergebenen wirkt sie als falsche Suggestion über den Aufbau der Welt. Wenn der Pharao hätte selbst in Ruhe nachdenken können, sich von Bildern befreiend, die ihm eingeflößt wurden, hätte er vielleicht auch ein Mensch werden können. Aber es war alles von Anfang an so erdacht, dass der Pharao sich nicht von den Fesseln der täglichen Hektik befreien konnte.

Hast! Eilboten, Schreiber und Statthalter brachten ihm aus allen Ecken des großen Staates viele Informationen. Es mussten schnell Beschlüsse gefasst werden. Und dann noch Krieg, der alle Gedanken beansprucht. Und der Pharao fährt im Wagen und zeichnet seine Untertanen aus oder tadelt sie und hat wenig Schlaf. Der Priester aber denkt in dieser Zeit ruhig nach und darin besteht sein Vorteil.

Der Priester macht Pläne, wie er die Alleinherrschaft über die Welt erreichen kann und er sinnt sogar über mehr noch nach – wie er seine Welt, die sich von der, die Gott erschaffen hat, unterscheidet, neu schaffen kann.

Was ist da für ihn dieser dumme Junge, der Pharao, und die Scharen seiner Untertanen? Sie sind für den Priester alles Spielbälle.

Die Priester studierten heimlich die Wissenschaft der Bildgestaltung. Die Menschen vergaßen immer mehr das Gesetz der Natur.

Es waren Priester, Wladimir, die die Energie der wechselseitigen Beziehung der Menschen mit dem göttlichen lebenden Werk der Natur in ihre erdachten Tempel übertrugen und sich damit, mit der Energie der Menschen, versorgten und sie nicht zurückgaben.

Was in der wedischen Kultur für jeden offensichtlich war, wurde plötzlich geheim. Das Volk schlief ein wie unter Hypnose und führte buchstäblich jeden Befehl wie im Halbschlaf ohne nachzudenken aus. So zerstörte das Volk die Welt der göttlichen Natur und baute, den Priestern zum Gefallen, eine künstliche Welt auf. Die Priester hielten ihre

Wissenschaft streng geheim. Sie trauten sich nicht einmal, alles auf die Rollen zu schreiben. Sie erfanden ihre Sprache für den Umgang miteinander. Diese Tatsache kannst du auch in der Geschichte nachlesen. Sie brauchten eine andere Sprache, damit niemand aus Versehen beim Umgang mit ihren Geheimnissen in Berührung kam. So werden sie bis zum heutigen Tag unter den Generationen der Priester weitergegeben, diese arglosen Geheimnisse.

Vor sechstausend Jahren beschloss der Oberpriester, einer jener sechs Priester, die Macht über die Welt zu übernehmen.

Er stellte folgende Überlegung an: 'Auf militärischem Weg mit den Armeen der Pharaonen kann ich keine Macht erobern, selbst wenn man den Heerführern beibringt, ausgeklügeltere Waffen zu benutzen als die anderen. Was kann eine gedankenlose dumme Armee? Gold rauben, aber davon gibt es auch so genug. Sklaven gibt es im Überfluss, aber von ihnen geht eine unheilvolle Energie aus, aus der Hand eines Sklaven sollte man keine Nahrung entgegennehmen. Sie schmeckt nicht und ist schädlich. Man muss sich die menschlichen Seelen untertan machen, die ganze Energie ihrer zarten Liebe auf sich lenken. Dafür bedarf es eines wissenschaftlichen Gedankens, keiner Armee. Die Lehre von der Bildgestaltung – das ist meine unsichtbare Armee. Je tiefer ich in sie eindringe, desto ergebener wird mir das Heer sein. Je weniger die Masse davon weiß, die mit dem Okkultismus und der Irrealität beschäftigt ist, desto mehr wird sie von mir erobert werden.'

Der Oberpriester erstellte seinen Plan. In den geschichtlichen Ereignissen von sechstausend Jahren findet er bis heute seinen Niederschlag.

Wie jeder andere kennst du die jüngsten Ereignisse. Sie unterscheiden sich nur in ihren Auslegungen. Versuche sie selbst zu deuten, dann findest du die Wahrheit. Schau.

Hier auf einem Rat jener sechs Priester wird der Plan dargelegt, der im weiteren allen bekannt ist. Darüber berichtet auch die Bibel – das Alte Testament. Der Priester Moses führt auf Anweisung des Oberpriesters das Volk Israel aus Ägypten. Dem Volk wird ein herrliches Leben im gelobten Land versprochen, das von Gott für das Volk Israel vorbereitet wurde.

Man erklärt, das jüdische Volk ist das von Gott auserwählte. Die verlockende Nachricht erregt die Geister, und ein Teil des Volkes folgt Moses. Vierzig Jahre führt er die Menschen von einem Ende der Wüste zum anderen. Die Helfer des Priesters halten ständig Predigten, sprechen vom auserwählten Volk und zwingen es Städte zu bekämpfen und zu plündern und alles in Seinem Namen, im Namen Gottes.

Durchschaut jemand die Psychose und fordert Rückkehr zum alten Leben, wird er als sündig hingestellt und man gewährt ihm eine Frist zur Besserung. Bessert er sich nicht, wird er hingerichtet. Die Priester verstecken ihre Taten nicht hinter ihrem Namen, sondern hinter dem Namen Gottes.

Was ich dir erzähle, ist keine Erfindung oder ein Traum. Jeder kann sich selbst davon überzeugen, indem er die Antworten in der Bibel, im Alten Testament, sucht. Einem großen historischen Buch. Die wahren geschichtlichen Ereignisse kann jeder sehen, der nur etwas aus dem hypnotischen Traum der Jahrtausende erwacht und liest, wie und wodurch das jüdische Volk kodiert und in ein priesterliches Heer verwandelt wurde. Dann versuchte Jesus die Kodierung seines Volkes aufzubrechen, er zeigte die Fähigkeit der Erkenntnis und versuchte, die Absichten der Priester abzuwenden. Er, der unter den Weisen reiste, strebte danach, die Lehre der Bildgestaltung aus den Einzelteilen zu erkennen. Als er vieles erfahren hatte, wollte er sein jüdisches Volk retten. Er konnte seine Religion aufbauen, damit sie sich dem Furchtbaren entgegenstellen konnte.

Seine Religion war nicht für die Völker der ganzen Erde. Sie war nur für das jüdische Volk bestimmt. Er selbst sprach mehrmals davon. Seine Worte wurden von seinen Jüngern aufgezeichnet. Du kannst sie auch heute nachlesen. Zum Beispiel das Matthäus-Evangelium, Kapitel 15, Vers 22-28: 'Und siehe, eine kanaanäische Frau kam aus diesem Gebiet und schrie: Ach Herr, du Sohn Davids, erbarme dich meiner! Meine Tochter wird von einem bösen Geist übel geplagt. Und er antwortete ihr kein Wort. Da traten seine Jünger zu ihm, baten ihn und sprachen: Lass sie doch gehen, denn sie schreit uns nach. Er antwortete aber und sprach: Ich bin NUR gesandt zu den verlorenen Schafen des Hauses Israel.'

Was bedeuten die Worte: 'Ich bin nur gesandt zu den verlorenen Schafen des Hauses Israel'? Warum ist die Lehre Christi nur für die Juden? Warum? Warum hält er das jüdische Volk für verloren?

Ich versichere dir, Wladimir, Jesus hatte verstanden, dass im Laufe der vierzigjährigen Kodierung in der Wüste Sinai der größte Teil des jüdischen Volkes in einen hypnotischen Schlaf gefallen war. Dieser Teil und Moses selbst wurden zum Werkzeug in den Händen des Oberpriesters. Sie sind seine Soldaten, die er verpflichtete, seiner Eigenliebe zu Gefallen, die Macht über die Menschen der ganzen Erde zu ergreifen.

Sie werden Jahrtausende in verschiedenen Winkeln der Erde kämpfen. Kein primitives Schwert oder Kugeln werden ihre Waffen sein, sondern Spitzfindigkeit und die Errichtung einer Lebensweise, bei der alle Völker sich dem Okkultismus ergeben, das heißt, dem priesterlichen Selbst.

Sie werden kämpfen, ohne sich selbst zu schonen.

'Aber jede Schlacht setzt voraus, dass eine Gegenseite da ist', wirst du jetzt denken. 'Wenn das so ist, wo sind dann die Opfer? Bei Schlachten gibt es auf beiden Seiten Opfer.'

Du selbst hättest die Beweise an Hand der Daten von Ereignissen, die in verschiedenen historischen Quellen genannt werden, finden können.

Zur Vereinfachung der Suche nach diesen furchtbaren Daten nenne ich dir jetzt nur einige davon. Wenn du möchtest, kannst du selbst nach ihrer historischen Bestätigung suchen.

Heute ist allen bekannt, so wie auch dir, Wladimir, wie Kinder und alte Menschen in Israel infolge des Terrors sterben. Erst vor kurzem, das weißt du, gab es einen Krieg, den man den Großen Vaterländischen[4] nannte. Es sind sogar Dokumente erhalten geblieben, wie man in den Jahren jenes Krieges Juden – Alte und Kinder, Mütter und junge schwangere Frauen und junge Männer, die die Liebe noch nicht kannten – in

---

4) Zweiter Weltkrieg

Öfen verbrannt, mit Gas vergiftet und in Gemeinschaftsgräbern lebendig begraben hat.

Nicht einer, nicht Hunderte, nicht Tausende Menschen kamen um, es waren Millionen, die in diesem kurzen Zeitraum brutal ermordet wurden. Historiker halten Hitler für schuldig. Aber wer war zu einer anderen Zeit schuld: im Jahr 1113, Kiewer Rus. Die Empörung des Volkes richtete sich plötzlich gegen die Juden. Jüdische Häuser wurden in Kiew und in anderen Orten der Rus[5] geplündert, angezündet, die Juden wurden umgebracht und nicht einmal die Kinder wurden geschont. Das Volk der Rus, von tierischer Bosheit gepackt, war bereit, auch die herrschenden Fürsten hinwegzufegen. Die Fürsten versammelten sich zum Rat und beschlossen die Annahme eines Gesetzes: 'alle Juden von der russischen Erde heute auszuweisen und nicht mehr hereinzulassen. Diejenigen, die heimlich hereinkommen, sollen ausgeraubt und umgebracht werden.'

Im Jahre 1290 beginnt man plötzlich in England mit der physischen Vernichtung der Juden. Die Herrscher sind gezwungen, das jüdische Volk aus ihrem Land zu vertreiben.

1492 begannen die jüdischen Pogrome in Spanien. Allen in Spanien lebenden Juden drohte die Gefahr der physischen Vernichtung und sie mussten das Land verlassen.

Ab dem Zeitpunkt, als die Juden aus der Wüste Sinai kamen, waren sie in vielen Ländern verhasst. In vielen Völkern wuchs der Hass an und hier und da wandelte er sich in grausame Pogrome und Mord.

Ich habe nur die Daten der furchtbaren Pogrome angeführt, die du selbst in der von Menschen geschriebenen Geschichte nachlesen kannst. Neben diesen Daten hatte das jüdische Volk viele Konflikte. Jeder einzelne davon ist natürlich weniger bedeutend als die allen bekannten. Aber wenn man die Vielzahl der kleinen Konflikte zu einem zusammenlegt, dann erweist er sich als vom Ausmaß her noch nie da gewesen und grausamer als der grausamste.

---

5) Die Kiewer Rus war der Fürstenstaat der Ostslawen. „Rus" ist eine alte Bezeichnung der ostslawischen Stämme und ihres Siedlungsgebietes vor allem im 9./10. Jahrhundert.

Da das schon mehr als ein Jahrtausend geschieht, kann man den Schluss ziehen, dass das jüdische Volk vor den Menschen Schuld hat. Aber worin besteht die Schuld? Die Historiker, die alten wie die neuen, sprechen davon, dass sie Verschwörungen gegen die Macht anzettelten. Sie versuchten alle zu betrügen, vom jungen bis zum alten. Von einem, der nicht sehr reich sei, versuchten sie, wenigstens etwas wegzunehmen, und bei einem Reichen seien sie bestrebt, ihn ganz und gar zu ruinieren. Das bestätigt die Tatsache, dass viele Juden wohlhabend sind und sogar auf die Regierung Einfluss nehmen können.

Es gibt aber eine Frage, die du dir selber stellen solltest. Inwiefern ist derjenige selbst gerecht, der von den Juden betrogen wurde? Derjenige, der Reichtum angehäuft hat, hat er ihn ausschließlich ehrlich erworben? Und derjenige an der Macht, ist er denn klug genug, wenn er mit Leichtigkeit betrogen werden kann?

Zudem sind die meisten Herrscher abhängig, und gerade die Juden zeigten das mit aller Deutlichkeit. Über dieses Thema kann man lange diskutieren, aber die Antwort ist einfach: In der okkulten Welt leben alle durch Betrug. Also lohnt es sich überhaupt zu bewerten, wer mehr hat als die anderen?

Was das jüdische Volk anbelangt, so könnte an seiner Stelle jedes der heutigen Völker stehen. Jedes, wenn es einer nie da gewesenen Kodierung unterzogen worden wäre. Im Verlaufe einer vierzigjährigen Wanderschaft in der Wüste, wenn es nur den Okkultismus wahrnimmt und von der Schöpfung Gottes nichts sieht.

Jesus versuchte, diese Kodierung aufzubrechen, sein Volk zu retten. Er erdachte für sein Volk eine neue Religion, die sich von der vorhergehenden unterschied. Zum Beispiel als Gegengewicht zu dem, was gesagt wurde: 'Auge um Auge. Zahn um Zahn', sprach er: 'Wenn dich einer auf die rechte Wange schlägt, dann halte ihm auch noch die linke hin.' Zu dem was gesagt wurde: 'Du bist das auserwählte Volk', sagte er: 'Du bist der Sklave Gottes.'

Jesus hätte seinem Volk auch die Wahrheit sagen können. Er hätte von den wedischen Zeiten erzählen können, davon, wie der Mensch glücklich auf seinem Familienlandsitz leben und mit den Schöpfungen des Vaters in Berührung kommen könnte. Aber das jüdische Volk war bereits kodiert. Es glaubte nur an okkulte Handlungen, die irreale Welt drückte auf sein Bewusstsein. Und Jesus beschloss, auf okkulte Weise zu wirken. Er schuf eine okkulte Religion.

Der Priester hat Jesu Absichten erkannt. Der Hauptpriester dachte mehrere Jahre nach, bis er eine Lösung fand, und sie erschien ihm als genial, als er Folgendes beschloss: 'Es ist sinnlos, gegen die Lehre Jesu zu kämpfen. Mit dem Geist der eigenen Soldaten – Juden – soll man sie auf der ganzen Erde einführen und dabei für Israel die alte Religion belassen.' Es geschah so, wie der Oberpriester es vorhatte.

So existierten in einer Zeit zwei von ihrem Wesen her verschiedene Philosophien.

Die eine sagt: Die Juden sind das auserwählte Volk, wie Moses lehrte, und alle müssen sich ihm unterordnen. Die andere sagt mit den Worten Jesu: Vor Gott sind alle gleich und die Menschen sollen sich nicht über andere erheben und sie sollen ihren Nächsten, selbst ihren Feind, lieben.

Der Priester verstand, wenn es gelingt, die christliche Religion über die ganze Welt zu verbreiten, die alle zu Liebe und Demut aufruft, aber dabei gleichzeitig das Judentum zu bewahren, das einen über alle stellt, wird die Welt erobert. Die Welt wird sich vor den Juden verbeugen, aber sie sind ja nur Soldaten. Die Welt wird sich vor dem Priester verneigen.

Und die Prediger des Priesters gingen in die Welt und versuchten die neue Lehre, der sie selbst ergeben waren, zu verbreiten.

Jesu Lehre? Nicht ganz. Jetzt war darin nicht wenig, was der Priester hineingebracht hatte. Wie es weiter geht, weißt du. Rom fiel. Das große Imperium wurde nicht von äußeren Feinden zerstört. Rom zerstörte sich von innen, indem es das Christentum anerkannte und die Imperatoren der Meinung waren, dass das Christentum ihre Macht stärkt. Ein Postulat schmeichelte ihnen sehr: Jede Macht kommt von Gott, der Regent ist ein Imperator von Gottes Gnaden, für das Kaisertum gesalbt.

Im vierten Jahrhundert errang das Christentum offiziell und faktisch den Sieg in Rom. Jubelnd erteilte der Hauptpriester dem byzantinischen Imperator einen heimlichen Befehl, ohne mit ihm Kontakt zu haben, und das christliche Rom brannte die alexandrinische Bibliothek[6] bis auf die Grundmauern nieder. Insgesamt verbrannten 700.033 Bände. Verbrennungen von Büchern und uralten Rollen gab es in mehreren Städten. Es wurden Bücher der heidnischen Zeit verbrannt. Die wenigen Bücher, in denen das Wissen der wedischen Menschen beschrieben war, wurden nicht verbrannt, sie wurden eingezogen, versteckt und im engen Kreis der Eingeweihten studiert, erst danach wurden sie vernichtet.

Der Oberpriester meinte, dass ihm jetzt, da sich die Menschen von den Kenntnissen der Urquellen immer weiter entfernten, keine Hindernisse auf dem Weg lagen. Er erdreistete sich und erteilte noch einen unsichtbaren Befehl; im Ergebnis wurde auf dem Zweiten Konstaninopler Konzil über eine Lehre mit dem Namen Reinkarnation der Kirchenbann verhängt. Wozu, willst du wissen? Damit die Menschen nicht über das Wesen des irdischen Lebens nachdenken.

Damit sie denken, dass es ein glückliches Leben nur außerhalb der Erde gibt. Viele Völker der Erde begannen, daran zu glauben.

Der Priester jubelte. Er wusste, was danach kommt. Er dachte: Der Mensch kennt kein außerirdisches Leben. Wie man ins Paradies kommt, wo es schön ist, und wie man der fürchterlichen Hölle entgehen kann, ist nicht bekannt. Ich werde ihm meinen okkulten Plan so einreden, wie es mir gefällt.

Bis jetzt erteilen nun die Priester ihre Voraussagen zu ihren Gunsten in der ganzen Welt. Es gelang ihnen jedoch nicht sofort, die völlige Macht über die Welt zu erlangen, selbst dann nicht, als, wie ihnen schien, die stärkste Bastion der heidnischen Kultur – Rom – gefallen war. Auf der

---

6) Die alexandrinische Bibliothek war die bekannteste antike Bibliothek, die alle Werke enthielt, die es zu jener Zeit gab. Zu Zeiten Cesars wurden in ihr ca. 700.000 Einheiten aufbewahrt, in einer Zeit erbitterter Zusammenstöße zwischen den Heiden und den Juden, die im Jahre 391 das Serapeum zerstörten, wo die Bibliothek aufbewahrt wurde. (Wörterbuch der Antike, Verlag „Progress", 1989)

Erde blieb nur noch eine kleine Insel, die dem üblichen Zauber nicht unterstellt war. Noch vor Rom und vor dem Erscheinen der Lehre Jesu strebte der Oberpriester danach, die Kultur des letzten wedischen Staates, der Rus, zu zerstören."

7. Kapitel

Der geheime Krieg mit der wedischen Rus

„Der Krieg mit der wedischen Rus war schon lange vor dem Erscheinen Jesu auf der Erde, vor dem Fall Roms, im Gange. Der tausendjährige Krieg wurde nicht mit eisernem Schwert geführt. Der Okkultismus verübte seine Überfälle auf nichtmaterieller Ebene.

In die Rus gingen Prediger der okkulten Religion. Ihre Namen kannst du zu Dutzenden in den heutigen Kirchenbüchern lesen. Es waren jedoch einige Tausend Dutzend. Sie waren auch an ihren Verirrungen nicht schuld. Es waren Fanatiker, das heißt, sie waren nicht imstande, auch nur ein Millionstel des Weltgebäudes mit ihrem Gedanken zu erfassen. Sie, die Soldaten des Priesters, die seinen Befehl ergeben und mit Ehrfurcht ausführten, versuchten, den Menschen begeistert zu erklären, wie man zu leben hat. Sie waren bestrebt, all das zu sagen, wie einst im großen Römischen Reich.

Sie versuchten ein Ritual einzuführen und schlugen vor, Tempel zu bauen, dem irdischen Dasein, der Natur keine Aufmerksamkeit zu schenken. Dann würde das himmlische Reich zu jedem kommen. Ich werde dich nicht mit ihren Predigten belasten. Du kannst auch heute, wenn du das willst, nachlesen, was gesagt wurde. Ich erzähle dir die Ursache, warum es ihnen tausend Jahre lang nicht gelang, mit der wedischen Rus etwas anzufangen.

Jeder zweite, der in jener Rus lebte, war ein Poet und hatte eine spitze Zunge. Und Liedermacher gab es in jener Rus, man nannte sie damals Bajanen. In jenen Zeiten trug sich Folgendes zu: Dutzende von Jahren propagierten die Soldaten des Priesters in der Rus, wie man Gott verehren soll. Irgendwo, an einigen Orten beginnen die Menschen, ihnen zuzuhören und über das Gesagte nachzudenken. Ein Bajan sieht das, lacht darüber, macht ein Gedicht und singt es und das Gleichnis verbreitet sich schnell in der Rus. Die nächsten zehn Jahre macht sich die Rus über die Predigten des Priesters lustig. Vor Zorn schickt der Priester neue Attacken. Wieder wird ein Gleichnis in der Rus geboren und die Rus lacht erneut. Ich erzähle dir von der Vielzahl drei Gleichnisse aus jenen Zeiten.

In welchem Tempel soll Gott sein
(Erstes Gleichnis Anastasias)

In einer der vielen menschlichen Siedlungen auf der Erde lebten die Menschen glücklich. In der Ortschaft gab es 99 Familien. Jede der Familien hatte ein schönes Haus, mit einer kunstvollen Schnitzerei geschmückt. Der Garten rings um das Haus brachte jedes Jahr viele Früchte. Gemüse und Beeren wuchsen darin. Die Menschen begrüßten das Frühjahr mit Freude und genossen den Sommer. An den fröhlichen, freundschaftlichen Feiertagen entstanden Lieder und Reigen. Im Winter erholten sich die Menschen von den täglichen Jubelfesten. Und wenn sie den Himmel betrachteten, versuchten sie zu ergründen, ob man die Sterne und den Mond zu schöneren Mustern verbinden könnte, als sie jetzt sind.

Einmal in drei Jahren, im Juli, versammelten sich die Menschen auf der Lichtung am Rande ihrer Siedlung. Einmal in drei Jahren antwortete Gott mit natürlicher Stimme auf ihre Fragen. Für gewöhnliche Augen unsichtbar, erschien Gott jedem spürbar. Gemeinsam mit jedem Bewohner der Siedlung klärte er, wie das Leben aus den künftigen Tagen besser aufzubauen ist. Es gab philosophische Gespräche der Menschen mit Gott und manchmal auch ganz einfache, scherzhafte.

Zum Beispiel stand einmal ein Mann im mittleren Alter auf und erklärte Gott:

'Gott, wieso hast du uns denn zum Feiertag diesen Sommer, als wir uns alle zum Sonnenaufgang versammelt hatten, so eingeweicht? Bis zum Mittag hat es geregnet, wie ein himmlischer Wasserfall, erst ab Mittag schien die Sonne. Hast du denn bis zum Mittag geschlafen?'

'Ich habe nicht geschlafen', antwortete Gott, 'vom Sonnenaufgang an dachte ich, wie man es am besten machen kann, dass der Feiertag gelingt. Ich sah, wie jemand von euch, der auf das Fest ging, zu faul gewesen war, sich mit klarem Wasser zu waschen. Was sollte ich tun? Die Ungetüme verderben das Fest mit ihrem Aussehen. So beschloss ich, zunächst alle zu waschen, dann die Wolken auseinander zu treiben und die Sonne mit ihren Strahlen die gewaschenen menschlichen Körper liebkosen zu lassen.'

'Nun, gut, wenn dem so ist ...', erklärte der Mann sich einverstanden, strich sich verstohlen die Essenskrumen von seinem Schnurbart und wischte die Farbe der Heidelbeere um den Mund seines Sohnes ab.

'Sag mir, Gott', fragte ein Mann, ein alter, nachdenklicher Philosoph, 'über uns am Himmel sind viele Sterne. Was bedeutet ihr wunderliches Muster? Kann ich, wenn ich einen Stern auswähle, der meiner Seele gefällt und wenn mir das Leben auf der Erde zu langweilig wird, mich mit meiner Familie dort niederlassen?'

'Das Muster der Himmelskörper, die im Dunkeln glitzern, gibt Auskunft über das Leben des ganzen Universums. Ist die Seele entspannt und gesammelt, kann das Buch des Himmels gelesen werden. Nicht Müßiggängern und Neugierigen öffnet sich das Buch des Himmels, sondern nur denen mit reinen und bedeutungsvollen Absichten. Aber siedeln kannst du auf dem Stern. Jeder kann für sich einen Himmelskörper aussuchen.

Dabei ist nur eine Bedingung einzuhalten. Man muss dafür befähigt werden, auf dem erwählten Stern bessere Werke als auf der Erde zu schaffen.‘

Dann sprang ein ganz junges Mädchen vom Gras auf, warf den blonden Zopf über die Schulter, richtete das Gesicht mit der Stupsnase nach oben, stützte die Hände frech in die Hüften und erklärte Gott Folgendes:

’Ich habe etwas zu beanstanden, Gott. Zwei Jahre habe ich ungeduldig gewartet, um meiner Unzufriedenheit Ausdruck zu verleihen. Jetzt erzähle ich es dir. Auf der Erde herrscht irgendwie Unordnung, Unnormalität. Alle Menschen leben als Menschen, sie verlieben sich, heiraten und sind fröhlich. Wodurch habe ich mich schuldig gemacht? Sobald der Frühling kommt, bekomme ich auf meinen Wangen Pünktchen. Man kann sie nicht abwaschen und nicht übermalen. Hast du sie etwa zur Belustigung ausgedacht, Gott? Ich fordere, dass im nächsten Frühjahr kein einziges Pünktchen mehr erscheint.‘

’Meine Tochter. Keine Pünktchen, sondern Sommersprossen erscheinen im Frühjahr auf deinem hübschen Gesicht. Aber ich werde sie so nennen, wie du es möchtest. Wenn du deine Pünktchen für dich als unangenehm empfindest, werde ich sie im nächsten Frühjahr entfernen‘, antwortete Gott dem Mädchen.

Da erhob sich am anderen Ende der Lichtung ein stattlicher junger Mann und sagte leise mit gesenktem Blick zu Gott:

’Im Frühling haben wir viel zu tun, Gott. Du willst an allen Dingen mit teilnehmen. Wozu solltest du deine Aufmerksamkeit auf Pünktchen richten? Außerdem sind sie so schön, dass ich mir kein schöneres Bild als eine junge Frau mit Pünktchen vorstellen kann.‘

’Also, was wollen wir tun?‘, sagte Gott nachdenklich. ’Das Mädchen hat darum gebeten und ich habe es ihr versprochen ...‘

’Ja, wie – was wollen wir machen?‘, mischte sich wieder das Mädchen in das Gespräch ein. ’Das Volk sagt doch: ’Nicht mit Pünktchen, mit anderen wichtigen Dingen muss man sich befassen‘... und um noch mal auf die Sommersprossen zu kommen, dazu wollte ich eigentlich noch sagen, dass man noch zwei hinzufügen könnte, so, für die Symmetrie, hier auf der rechten Wange.'

Gott lächelte. Das sah man an den lächelnden Gesichtern der Menschen. Alle wussten, bald wird eine neue herrliche Familie in ihrer Siedlung entstehen.

So lebten die Menschen mit Gott in dieser erstaunlichen Ortschaft. Einmal kamen hundert Weise zu ihnen. Die fröhlichen Bewohner empfingen die Gäste immer mit allerlei Speisen. Die Weisen aßen die herrlichen Früchte und waren von dem ungewöhnlichen Geschmack begeistert. Dann sagte einer von ihnen:

'Ihr Menschen, euer Leben verläuft gleichmäßig, es ist herrlich. In jedem Haus ist genügend vorhanden und es ist gemütlich. Es fehlt allerdings an der Kultur im Umgang mit Gott. Ihr verherrlicht die Gottheit nicht, ihr betet sie nicht an.'

'Aber warum?', wendeten die beunruhigten Bewohner ein. 'Wir gehen mit Gott wie mit unseresgleichen um. Wir wenden uns einmal in drei Jahren an ihn. Aber jeden Tag geht er als Sonne auf. Im Garten ist er um jedes Haus vom Frühling an als Biene beschäftigt. Im Winter deckt er die Erde mit Schnee zu. Seine Taten sind für uns klar. Und wir freuen uns auf alle Jahreszeiten.'

'Es ist nicht richtig eingerichtet bei euch', sagten die Weisen. 'Wir sind gekommen, euch den richtigen Umgang mit Gott zu lehren. Auf der ganzen Erde sind für ihn Paläste und Tempel gebaut worden. In ihnen können die Menschen jeden Tag mit Gott sprechen. Auch euch werden wir das beibringen.'

Drei Jahre lang hörten die Bewohner der Siedlung den Weisen zu. Jeder der hundert bestand auf seiner Theorie, wie ein Tempel für Gott am besten zu bauen wäre und was man jeden Tag im Tempel tun sollte. Jeder der Weisen hatte seine Theorie. Die Siedlungsbewohner wussten nicht, wen sie von den hundert Weisen auswählen sollten. Wie sollte man es anstellen, dass keiner von ihnen beleidigt war? Und so beschlossen sie, nachdem sie alle gehört hatten, dass alle Tempel gebaut würden. Für jede Familie einen. Aber es gab in diesem Dorf neunundneunzig Familien und es waren einhundert Weise. Als sie die Entscheidung aller Bewohner gehört hatten, waren die Weisen besorgt. Einer wird also ohne Tempel bleiben und damit auch keine Gaben erhalten. Sie stritten untereinander, welche der Theorien der Gottesanbetung am effektivsten sei, und begannen die Siedlungsbewohner mit in den Streit einzubeziehen. Der Streit entflammte, und das erste Mal in vielen Jahren vergaßen die Bewohner des Dorfes den Zeitpunkt des Gesprächs mit Gott. Sie versammelten sich am vereinbarten Tag nicht wie früher auf der Lichtung.

Weitere drei Jahre vergingen. Um die Siedlung herum standen neunundneunzig majestätische Tempel, nur die Holzhäuser glänzten nicht mehr so neu. Ein Teil des Gemüses war nicht geerntet worden und die Würmer begannen das Obst im Garten zu fressen.

'Das alles kommt daher, dass ihr keinen vollkommenen Glauben habt', verkündeten die Weisen in den Tempeln. 'Bringt mehr Gaben in den Tempel, betet und verbeugt euch öfter vor Gott.'

Nur der Weise, der ohne Tempel geblieben war, sprach heimlich mal mit dem einen, dann mit dem anderen:

„Ihr habt alles verkehrt gemacht, Leute. Alle gebauten Tempel haben nicht die richtige Konstruktion. Ihr verbeugt euch nicht richtig in den Tempeln, ihr sprecht nicht die richtigen Worte in euren Gebeten. Ich allein kann euch lehren, wie man jeden Tag mit Gott sprechen muss."

Sobald es ihm gelungen war, jemanden zu überreden, wurde ein neuer Tempel gebaut, dabei verfiel einer der anderen bestehenden, und erneut versuchte einer der Weisen, der nun keine Geschenke mehr bekam, die anderen heimlich vor den Menschen schlecht zu machen. Es vergingen einige Jahre. Einmal erinnerten sich die Menschen an ihre früheren Versammlungen auf jener Lichtung, als sie Gottes Stimme hörten. Sie kamen erneut auf der Lichtung zusammen und stellten Fragen in der Hoffnung, dass Gott sie hören und wie früher darauf antworten würde.

'Antworte uns, warum ist es so gekommen, dass unsere Gärten madige Früchte hervorbringen? Warum wächst nicht jedes Jahr Gemüse in unseren Gärten? Und warum zanken die Menschen miteinander, warum schlagen sie sich und streiten und können dennoch nicht den Glauben, der für alle am besten ist, wählen? Sage uns, in welchem der Tempel, die für dich gebaut wurden, lebst du?'

Gott antwortete lange nicht auf ihre Fragen. Als seine Stimme dann im Raum erklang, war sie nicht fröhlich, sondern eher müde. Und Gott antwortete den versammelten Menschen:

'Meine Söhne und meine Töchter, eure Häuser, die von Gärten umgeben sind, sind heute daher öde, weil ich es allein nicht schaffe. Es ist von einem Traum ursprünglich alles so erdacht worden, dass ich nur mit euch gemeinsam das Schöne erschaffen kann. Aber ihr habt euch teilweise von eurem Garten und eurem Haus abgewandt. Allein kann ich nichts schaffen, es muss eine gemeinsame Schöpfung sein. Auch möchte ich euch allen Folgendes sagen: Bei euch liegt die Liebe und die Freiheit der Wahl, ich bin bereit, mit dem Traum euren Bestrebungen zu folgen. Aber sagt mir, meine lieben Söhne und Töchter, in welchem der Tempel soll ich wohnen? Vor mir seid ihr alle gleich. Also wo soll ich mich aufhalten, damit niemand gekränkt ist? Wenn ihr die Frage klärt, in welchem Tempel ich wohnen soll, werde ich eurem gemeinsamen Willen folgen.'

So lautete Gottes Antwort an alle, dann verstummte er. Die Menschen in der Siedlung, die einst so herrlich war, streiten sich bis heute. Ihre Häuser sind vernachlässigt und modrig. Die Tempel ringsherum werden immer höher und der Streit heftiger."

„Nun, Anastasia, das war ein etwas märchenhaftes, nicht reales Gleichnis. Die Menschen in jener Siedlung waren schon äußerst dumm. Ist es denn so unverständlich, dass Gott mit jedem zusammen den Garten pflegen möchte? Außerdem sagst du, dass diese dummen Menschen in der Siedlung bis heute streiten. Wo befindet sich diese Siedlung, in welchem Land? Kannst du das sagen?"

„Ja."

„Dann erzähle."

„Wladimir, du und die Menschen verschiedener Länder leben heute in dieser Siedlung."

„Ja? Ja, natürlich, wir! Genau! Wir streiten nach wie vor, wessen Glaube der bessere ist, und in den Gärten haben wir wurmige Früchte!"

Der beste Platz im Paradies
(Zweites Gleichnis)

„Vier Brüder kamen zum Grab, um das Andenken ihres Vaters, der vor vielen Jahren gestorben war, zu ehren. Die Brüder wollten in Erfahrung bringen, wo sich ihr Vater befand, im Paradies oder in der Hölle. Alle wollten gleichzeitig, dass die Seele ihres Vaters vor ihnen erschiene und erzählte, wie es ihr in der anderen Welt erging. Da erschien das Bild ihres Vaters vor den Brüdern in herrlichem Glanz. Die Brüder wunderten sich, waren von der wunderbaren Vision begeistert und fragten, als sie wieder zu sich kamen: 'Sage uns, lieber Vater, ist deine Seele im Paradies?'

'Ja, meine Söhne', antwortete ihnen der Vater, 'des herrlichen Paradieses erfreut sich meine Seele.'

'Sage uns, lieber Vater', fragten die Brüder weiter, 'wohin kommen unsere Seelen nach dem Tod unserer Körper?'

Der Vater stellte jedem der Brüder seine Frage: 'Sagt, meine Söhne, wie beurteilt ihr selbst eure Handlungen auf der Erde?'

Die Brüder antworteten dem Vater der Reihe nach. Der älteste Sohn sagte: 'Vater, ich bin ein großer Heerführer geworden. Ich verteidigte die heimatliche Erde vor den Feinden und nicht ein Feind konnte seinen Fuß darauf setzen. Arme und Schwache habe ich nie beleidigt. Ich habe versucht, meine Krieger zu bewahren. Ich habe Gott immer geehrt, daher hoffe ich, ins Paradies zu gelangen.'

Der zweite Sohn antwortete dem Vater: 'Ich wurde ein bekannter Prediger. Ich habe den Menschen über die Güte gepredigt. Ich lehrte sie, Gott zu ehren. Ich habe große Höhen unter meinesgleichen erzielt und ein großes Wissen erworben, daher hoffe ich, ins Paradies zu kommen.'

Der dritte Sohn antwortete dem Vater: 'Ich bin ein bekannter Wissenschaftler geworden. Ich habe viele Vorrichtungen erfunden, die den Menschen das Leben erleichtern. Ich habe viele schöne Gebäude, die für die Menschen nützlich sind, gebaut. Immer wenn ich an den Bau gehe, lobe ich Gott, gedenke und ehre seinen Namen, daher hoffe ich, ins Paradies zu kommen.'

Der jüngste Sohn antwortete dem Vater: 'Vater, ich bearbeite den Garten. Den Brüdern schicke ich Obst und Gemüse aus dem herrlichen Garten. Ich versuche, keine Gemeinheiten zu begehen, die Gott nicht gefallen, daher hoffe ich, ins Paradies zu kommen.'

Der Vater antwortete seinen Söhnen: 'Meine Söhne, eure Seelen werden nach dem Tod des Leibes ins Paradies kommen.'

Die Vision des Vaters verschwand. Die Jahre vergingen und die Brüder starben und ihre Seelen trafen sich im paradiesischen Garten wieder, nur die Seele des jüngsten Bruders fehlte. Die drei Brüder riefen daher nach der Seele ihres Vaters, und als er in herrlichem Glanz vor ihnen erschien, fragten sie: 'Vater, sag uns, warum ist unter uns im paradiesischen Garten nicht auch die Seele unseres jüngsten Bruders? Hundert Jahre nach irdischer Berechnung sind vergangen, seit wir mit dir an deinem Grab gesprochen haben.'

'Beunruhigt euch nicht, meine Söhne, auch euer jüngster Bruder ist im Paradiesgarten, aber er ist jetzt nicht bei euch, da er gerade mit Gott spricht', antwortete der Vater seinen Söhnen.

Wieder vergingen hundert Jahre und die Brüder trafen sich wieder im Paradiesgarten. Und wieder war der jüngste Bruder nicht dabei. Die Brüder riefen ihren Vater, und als dieser erschien, fragten sie ihn: 'Wieder sind hundert Jahre vergangen und der jüngste Bruder ist nicht zum Treffen mit uns gekommen und niemand hat ihn im paradiesischen Garten gesehen. Sag, Vater, wo ist unser jüngster Bruder?'

Da antwortete der Vater seinen drei Söhnen: 'Euer jüngster Bruder unterhält sich mit Gott, daher kann er nicht bei euch sein.'

Und die drei Brüder baten ihren Vater, ihnen zu zeigen, wo und wie sich ihr jüngster Bruder mit Gott unterhielt. 'Seht', antwortete der Vater den Brüdern. Und die Brüder erblickten die Erde, auf ihr war ein wunderschöner Garten, den ihr jüngster Bruder zu Lebzeiten angelegt hatte. In dem herrlichen irdischen Garten erklärte ihr Bruder, der jünger geworden war, seinem Kind etwas. Seine schöne Frau arbeitete daneben. Da wunderten sich die Brüder und fragten ihren Vater: 'Unser jüngerer Bruder ist weiterhin in seinem Garten auf der Erde und nicht im paradiesischen, wie wir. Wodurch hat er sich vor Gott schuldig gemacht? Warum stirbt der Körper unseres jüngsten Bruders nicht? Es sind nach der irdischen Berechnung mehrere Jahrhunderte vergangen, und wir sehen ihn immer noch als jungen Mann? Also muss wohl Gott die Ordnung des Universums geändert haben?' Der Vater antwortete seinen drei Söhnen: 'Gott hat nicht die Ordnung des Universums geändert, das ursprünglich in großer Harmonie und begeisterter Liebe erschaffen wurde. Der Leib eures Bruders ist gestorben und nicht nur einmal. Doch als Ort für die Seele im paradiesischen Garten ist der besser, der mit den eigenen Händen und der Seele erschaffen wurde. So wie für eine liebende Mutter und einen liebenden Vater immer das eigene Kind das schönste sein wird. Nach der Göttlichen Ordnung sollte die Seele eures Bruders in den paradiesischen Garten kommen, und wenn dieser Garten auf der Erde ist, dann verkörpert sie sich sofort in einem neuen Körper in dem irdischen Garten, den sie liebt.'

'Sag, Vater', fuhren die Brüder fort, 'du sagtest uns, dass unser jüngster Bruder mit Gott spricht. Aber wir sehen Gott doch gar nicht neben ihm, in seinem Garten.'

Da antwortete der Vater seinen drei Söhnen: 'Meine Söhne, euer jüngster Bruder pflegt Gottes Schöpfung – die Bäume und das Gras, sie sind die materialisierten Gedanken des Schöpfers. Wenn er sie mit Liebe und Bewusstsein berührt, verkehrt euer jüngster Bruder mit Gott.'

'Sag uns, Vater, kehren wir irgendwann in einem Körper auf die Erde zurück?', fragten die Söhne den Vater und er sagte: 'Eure Seelen, meine Söhne, sind jetzt im paradiesischen Garten, eine irdische Verkörperung erhalten sie nur in dem Fall, wenn jemand für eure Seelen einen Garten auf der Erde schafft, der dem paradiesischen ähnelt.'

Die Brüder riefen: 'Für eine fremde Seele werden keine Gärten mit Liebe geschaffen. Wir selbst werden, wenn wir einen Körper bekommen, den paradiesischen Garten auf der Erde erschaffen.'

Der Vater aber antwortete seinen Söhnen: 'Ihr hattet schon so eine Möglichkeit, meine Söhne.'

So sprach der Vater und entfernte sich leise. Wieder riefen die Brüder und fragten den Vater: 'Vater, unser Vater, zeige uns deinen Platz im paradiesischen Garten, warum entfernst du dich von uns?'

Der Vater blieb stehen und antwortete seinen drei Söhnen:

'Seht! Da neben eurem jüngsten Bruder blüht in seinem Garten ein weitverzweigter Apfelbaum. Unter dem Apfelbaum steht ein kleines Wiegelchen, darin liegt ein hübsches Kleines, es bewegt schon das Händchen. Der Körper des Kleinen beginnt wach zu werden, in ihm wohnt meine Seele. Denn diesen herrlichen Garten habe ich begonnen anzulegen ...'

Der reichste Bräutigam
(Drittes Gleichnis)

„Ich werde dieses Gleichnis etwas ändern und es auf die moderne Art umgestalten.

In einem Dorf lebten zwei Nachbarn. Ihre Familien waren befreundet und arbeiteten zu ihrer Freude auf ihrem Land. Im Frühjahr blühten die Gärten auf beiden Grundstücken und bei jedem wuchs ein kleiner Wald. In jeder Familie wurde ein Sohn geboren. Als die Söhne der beiden befreundeten Familien herangewachsen waren, äußerten die zwei Familien an einem festlichen Tisch einmal die feste Entscheidung, ihren Söhnen alles zu übergeben.

'Was und wann man säen soll, sollen jetzt unsere Söhne entscheiden. Und wir beide, mein Freund, sollen weder mit Blicken noch mit Hinweisen unseren Söhnen widersprechen', sagte einer.

'Einverstanden', sagte der andere, 'mögen unsere Söhne, wenn sie es wünschen, auch das Haus auf ihre Weise umändern. Sie werden selbst die Kleidung wählen, welches Vieh und welche Geräte sie brauchen, sollen sie entscheiden.'

'Gut', antwortete der zweite, 'mögen unsere Söhne selbstständig werden und sich selbst eine würdige Braut auswählen. Für unsere Söhne, mein Freund, werden wir zusammen auf Brautschau gehen.'

Das war der feste Entschluss der beiden befreundeten Nachbarn. Die Ehefrauen unterstützten ihr Vorhaben und die Familien lebten unter der Verwaltung ihrer erwachsenen Söhne. Aber ab diesem Zeitpunkt gestaltete sich das Leben der beiden Familien verschieden.

In einer wurde der Sohn geschäftstüchtig, akzeptierte alle und daher nannte man ihn im Dorf den Ersten. In der zweiten war der Sohn nachdenklich, erschien seiner Umwelt als langsam und man nannte ihn den Zweiten. Der erste holzte den jungen Wald, den sein Vater gesetzt hatte, ab und fuhr das Holz auf den Markt. Statt eines Pferdes kaufte er einen Pkw und einen kleinen Traktor. Der Sohn des ersten Nachbarn galt als unternehmerisch. Der Unternehmer fand heraus, dass im kommenden Jahr der Preis für den Knoblauch stark ansteigen würde, und damit hatte er Recht. Er riss alle Anpflanzungen auf seinem Land heraus und säte auf dem Feld Knoblauch. Der Vater und die Mutter, die ja ihr Wort gegeben hatten, bemühten sich, dem Sohn nach Kräften zu helfen. Die Familie verkaufte den Knoblauch mit großem Gewinn. Aus modernem Baumaterial ließen sie von Bauarbeitern ein großes Haus bauen. Der unternehmerische Sohn gab sich immer noch nicht zufrieden, er rechnete von morgens bis abends, womit er im Frühjahr am vorteilhaftesten die Felder bestellte. Am Ende des Winters hatte er errechnet, dass es am profitabelsten für ihn wäre, auf dem Feld im Frühjahr Zwiebeln zu stecken. Wieder verkaufte er seine Ernte mit Gewinn und kaufte sich ein großes, schickes Auto.

Einmal begegneten sich die Söhne der beiden Nachbarn auf dem Feldweg. Einer fuhr im Auto, der andere auf einer Fuhre, die eine flinke Stute zog. Der erfolgreiche Unternehmer hielt an. Zwischen den beiden Nachbarn kam es zu folgendem Gespräch:

'Sieh, Nachbar, ich fahre in einem schicken Auto und du bewegst dich nach wie vor in einem Wagen fort. Ich baue ein großes Haus und du wohnst in dem alten deines Vaters. Unsere Väter und Mütter waren immer miteinander befreundet. Ich möchte dir auch Nachbarschaftshilfe leisten, wenn du möchtest, sage ich dir, womit es am vorteilhaftesten ist, das Feld zu bestellen.'

'Danke, dass du mir einen Dienst erweisen willst', sagte der zweite Nachbar von seinem Wagen herunter, 'aber ich schätze die Freiheit meiner Gedanken.'

'Ich greife doch nicht die Freiheit deiner Gedanken an. Ich will dir nur aufrichtig helfen.'

’Danke auch für deine Aufrichtigkeit, lieber Nachbar. Das Leblose hindert am freien Denken, zum Beispiel das Auto, in dem du sitzt.‘

’Wie kann das Auto hindern? Deinen Wagen kann es leicht überholen und bis du zur Stadt gefahren bist, habe ich meine Angelegenheiten schon erledigt. Alles dank des Autos.‘

’Ja, dein Auto kann meinen Wagen natürlich überholen, aber du sitzt hinter dem Lenkrad und musst es ständig festhalten und ständig schalten und die ganze Zeit auf die Anzeigen und auf den Weg achten. Mein Pferdchen läuft langsamer als ein Auto, aber ich brauche dabei nichts zu tun, den Gedanken dafür nicht auf die Bewegung ablenken. Ich kann einschlafen, das Pferd kennt den Weg nach Hause selbst. Du sagtest, es gibt Schwierigkeiten mit dem Benzin, das Pferd findet sein Futter selbst auf der Weide. Und übrigens, sage mir, wohin hast du es jetzt so eilig in deinem Auto?‘

’Ich will Ersatzteile auf Vorrat kaufen. Ich weiß, was an meinem Auto bald kaputt gehen kann.‘

’Dann hast du die Technik richtig erkannt, dass du dir sogar zukünftige Pannen genau vorstellen kannst?‘

’Ja, das habe ich! Ich habe auf speziellen Kursen drei Jahre lang Technik studiert. Erinnerst du dich, dass ich dich auch dazu mitnehmen wollte?‘

’Du hast drei Jahre lang deinen Gedanken dieser Technik geopfert, jener, die zerbricht, die alt wird.‘

’Dein Pferd wird auch älter und stirbt.‘

’Ja, natürlich wird es älter. Aber vorher bringt es noch ein Fohlen zur Welt. Es wird heranwachsen und ich werde darauf reiten. Das Lebendige dient dem Menschen ewig, das Tote verkürzt nur sein Lebensalter.‘

’Über deine Ansichten lacht das ganze Dorf. Mich halten alle für erfolgreich, für reich und dich für einen, der nur auf Kosten des von seinem

Vater Erworbenen lebt. Auf dem Grundstück deines Vaters hast du die Arten der Bäume und Sträucher kein bisschen gewechselt.'

'Aber ich liebe sie so. Ich habe versucht, ihre Vorbestimmungen und ihre gegenseitigen Beziehungen zu verstehen. Jene, die verkümmern wollten, habe ich mit einem Blick und einer Berührung ermuntert. Jetzt blüht alles einträchtig im Frühling, von ganz allein, ohne dass man etwas dafür tun muss, es kann den Sommer kaum erwarten, um im Herbst seine Früchte anzubieten.'

'Du bist wirklich ein seltsamer Kauz', seufzte der Unternehmer, 'läufst herum, bewunderst dein Anwesen, den Garten und die Blumen. Damit gibst du also deinen Gedanken Freiheit.'

'Ja.'

'Wozu brauchst du einen freien Gedanken? Was gibt dir die Freiheit des Gedankens?'

'Um alle großen Werke zu erkennen. Um glücklich zu sein, um dir zu helfen.'

'Mir?! Da bildest du dir aber zu viel ein. Ich kann mir das schönste Mädchen im Dorf zur Frau nehmen, jede würde mich nehmen. Alle wollen reich sein, in einem großzügigen Haus leben und in meinem Auto fahren.'

'Reich sein, heißt nicht, dass man auch glücklich ist.'

'Und arm sein?'

'Auch arm sein ist nicht gut.'

'Nicht arm, nicht reich, wie dann?'

'Wohlstand brauchen alle. Genügsamkeit ist auch gut. Sich des Geschehens ringsum bewusst sein, denn das Glück kommt zu den Menschen nicht plötzlich.'

Der Unternehmer grinste und fuhr schnell davon. Ein Jahr später trafen sich die benachbarten Väter zu einer Beratung. Sie waren der Meinung, dass es an der Zeit wäre, für ihre Söhne eine Braut zu freien. Als sie sie fragten, wen von den Mädchen im Dorf sie zur Frau nehmen würden, antwortete der Unternehmer seinem Vater:

'Die Tochter des Dorfältesten gefällt mir, Vater, sie will ich zur Frau nehmen.'

'Ich sehe, mein Sohn, du bist ein Prachtkerl. Die Tochter des Dorfältesten ist im ganzen Umkreis die Schönste. Alle Gäste, die aus den umliegenden und den weiter entfernten Dörfern zu uns ins Dorf kommen, sind entzückt, wenn sie sie sehen. Aber sie ist auch eigensinnig. Den Verstand dieser ungewöhnlichen jungen Frau können selbst die Eltern nicht verstehen. Sie ist seltsam. Zu ihr kommen immer mehr Frauen aus verschiedenen Dörfern und bringen ihre Kinder mit, um von ihr einen Rat und Heilung von Leiden zu erhalten.'

'Na und, Vater? Ich bin auch nicht von gestern. In unserem Dorf gibt es kein großzügigeres Haus, kein besseres Auto als meins. Zudem habe ich zwei Mal gesehen, wie sie mich lange und nachdenklich angeschaut hat.'

Der zweite Vater fragte seinen Sohn:

'Welche gefällt dir aus dem Dorf am besten, mein Sohn?'

Der junge Mann antwortete:

'Ich liebe die Tochter des Dorfältesten, Vater.'

'Wie verhält sie sich dir gegenüber, mein Sohn? Hast du ihren verliebten Blick gesehen?'

'Nein, Vater. Als ich sie zufällig traf, schlug sie die Augen nieder.'

Beide Nachbarn beschlossen gleichzeitig, die Braut für ihre Söhne zu freien. Sie gingen hin und nahmen gebührlich Platz. Der Dorfälteste rief seine Tochter und sagte ihr:

'Meine Tochter, die Brautwerber sind bei uns. Gleich von zwei jungen Männern, die dich zur Frau nehmen wollen. Wir haben gemeinsam beschlossen, dass du von den beiden den Auserwählten bestimmst. Kannst du es uns jetzt gleich sagen oder wirst du bis zum Tagesanbruch darüber nachdenken?'

'Ich sah in meinen Träumen nicht wenige Tagesanbrüche, Vater', sagte das junge Mädchen leise. 'Ich kann euch jetzt die Antwort geben.'

'Dann sag, wir warten alle voller Ungeduld.'

Die Schöne antwortete den Brautwerbern so:

'Ich danke euch, ihr Väter, für eure Aufmerksamkeit. Den Söhnen der Brautwerber danke ich für den Wunsch, ihr Leben mit meinem zu verbinden. Ihr habt schöne Söhne aufgezogen, ihr Väter, und die Wahl könnte schwierig sein, wem von den beiden ich mein Schicksal anvertraue. Aber ich möchte Kinder gebären und die Kinder sollen glücklich sein. Die Kinder sollten in Wohlstand leben, in Freiheit und Liebe und daher habe ich mich in denjenigen verliebt, der reicher ist als alle anderen.'

Der Vater des Unternehmers stand stolz auf. Der zweite Vater saß mit gesenktem Blick da. Aber das Mädchen ging zum zweiten Vater, kniete vor ihm nieder und sprach mit gesenkten Lidern:

'Ich möchte mit eurem Sohn leben.'

Auch der Dorfälteste erhob sich. Er wollte seine Tochter in dem Hause sehen, das im Dorf als das reichste galt, und sagte daher streng:

'Deine Worte sind richtig, meine Tochter, deine Besonnenheit erfreute das Herz des Vaters. Aber du bist nicht zum Reichsten im Dorf gegangen und vor ihm niedergekniet. Der Reichste ist hier ein anderer. Hier ist er.'

Der Dorfälteste zeigte mit der Hand auf den Vater des Unternehmers und fügte hinzu:

'Ihr Sohn hat ein großes Haus gebaut. Ein Auto, einen Traktor, Geld haben sie.'

Das junge Mädchen trat näher an ihren Vater heran und antwortete auf die strengen, befremdenden Worte:

'Natürlich hast du Recht, Papa. Aber ich habe von Kindern gesprochen. Welcher Nutzen für die Kinder liegt in den Sachen, die du aufgezählt hast? Der Traktor geht kaputt, während sie aufwachsen. Das Auto verrostet und das Haus wird baufällig.'

'Mag sein, mögen deine Worte auch für mich wahr sein. Aber die Kinder werden viel Geld haben und sie werden einen neuen Traktor, ein neues Auto und Kleidung kaufen.'

'Wie viel ist denn *viel*, möchte ich gern wissen?'

Der Vater des Unternehmers strich sich stolz über den Bart und antwortete langsam und gewichtig:

'Mein Sohn hat so viel Geld, dass man drei solche Höfe, wie wir sie haben, auf einmal kaufen könnte, wenn es nötig wäre. Solche Pferde, wie der Nachbar hat, könnten wir nicht nur zwei, sondern eine ganze Herde erwerben.'

Die Augen demütig gesenkt antwortete das Mädchen:

'Ich wünsche euch und eurem Sohn Glück. Aber mit keinem Geld der Welt kann man den väterlichen Garten kaufen, wo jedes Zweiglein sich mit Liebe nach demjenigen hinstreckt, der es aufzieht, und mit keinem Geld kann man die Ergebenheit des Pferdes kaufen, das als Fohlen mit dem Kind spielte. Euer Anwesen erzeugt Geld, der Familienlandsitz meines Liebsten – Wohlstand und Liebe."

Geänderte Taktik des Priesters

„Im viele Jahrtausende währenden Krieg" änderte der Priester seine Taktik mehr als einmal, stets ohne Erfolg. Die Rus lachte nach wie vor über die okkulten Versuche. Das Volk nannte diese Prediger armselig. Damals hielt man keine physische Verstümmelung für armselig, sondern den Okkultismus. Die Menschen der Rus bedauerten die armseligen Prediger, gaben ihnen zu essen und gewährten ihnen Obdach, nahmen aber ihre Reden nicht ernst.

Nach vierzieg Jahrtausenden erkannte der Priester – er konnte keinen Sieg über das wedische Land erringen. Er stellte exakt fest, worin die ungewöhnliche Kraft des Wedismus liegt.

Der Wedismus basierte fest auf der Göttlichen Kultur. Auch die Lebensweise jedes Einzelnen war göttlich, und jede Familie schuf einen Raum der Liebe in ihrem Familienlandsitz, sie spürte die Integrität der Natur, das heißt alldessen, was Gott erschuf.

Im Wedismus sprachen die Menschen faktisch durch die Natur mit Gott. Sie verneigten sich nicht vor Ihm, sie versuchten Ihn zu verstehen und liebten Gott, wie ein Sohn oder eine Tochter die lieben Eltern liebt.

Daher schuf der Priester einen Plan, der in der Lage war, den Dialog mit dem Göttlichen zu unterbrechen. Dazu war es erforderlich, die Menschen von ihren Familienlandsitzen zu trennen, von den Göttlichen Gärten, von ihrer gemeinsamen Schöpfung mit Gott und das gesamte Territorium, auf dem die Weden lebten, in Staaten zu unterteilen und ihre Kultur zu vernichten.

Andere Prediger gingen in die Rus. Anders war auch ihr Vorgehen. Jetzt begannen sie Menschen zu suchen, in denen das Ego – der Stolz – wenigstens etwas über die anderen Energien der Gefühle dominierte. Wenn sie so einen Menschen gefunden hatten, versuchten sie, in ihm Stolz zu entwickeln. Das war ihr Vorgehen.

Stell dir vor, da kommt eine Gruppe ehrwürdiger Alter in das Haus, in dem eine glückliche Familie lebt. Aber sie versuchen nicht wie früher zu predigen, zu belehren, wie man zu leben hat. Im Gegenteil, plötzlich verbeugen sie sich vor dem Haupt der Familie, bringen seltsame Geschenke dar und sagen: 'In einem fernen Land sind wir auf einen hohen Berg gestiegen. Es gibt auf der Erde keinen höheren Berg. Als wir auf dem Gipfel über allen Wolken standen, ertönte eine Stimme am Himmel, die von dir sprach. Allein du bist auserwählt und es ist für uns eine Ehre, uns vor dir zu verbeugen, dir Geschenke darzubringen und dein weises Wort zu hören.'

Wenn sie sahen, dass der Mensch sich darauf einließ, setzten sie ihre hinterhältige Rede fort: 'Du sollst alle Menschen glücklich machen. Das hat uns die Stimme auf dem Berg gesagt. Du sollst keine kostbare Zeit mit anderem Tun verbringen. Du sollst die Menschen führen, nur du sollst Entscheidungen für sie treffen. Hier ist eine himmlische Kopfbedeckung für dich.'

Dabei überreichten sie dem Menschen eine wertvoll geschmückte Kopfbedeckung, als ob sie einen großen Schatz darbrachten.

Demjenigen, der daran glaubte, dass er auserwählt wurde, und der an seine Erhabenheit glaubte, wurde der Kopfschmuck aufgesetzt. Sogleich fielen die Ankömmlinge in großer Ehrfurcht auf den Boden. Sie begannen den Himmel dafür zu loben, dass ihnen die Ehre erwiesen wurde, sich vor der Hoheit verbeugen zu dürfen. Dann bauten die Ankömmlinge ihm ein einzelnes Haus, das einem Tempel ähnelte.

So erschienen in der wedischen Rus die ersten Fürsten.

Die Nachbarn schauten auf den Menschen, der sich im Tempel auf den Thron setzte, wie auf ein Wunderding. Sie sahen, wie die Menschen aus dem fremden Land sich vor ihm verbeugten und jeder Laune entgegen-kamen und verschiedene Fragen stellten.

Am Anfang nahmen die Nachbarn die Handlung für ein Spiel aus Über-see und spielten es aus Neugier oder aus Mitleid für die aus fremden Lan-den gekommenen Menschen und ihren Nachbarn mit. Dann aber wur-den die Menschen allmählich in dieses Spiel hineingezogen. Nach und nach gerieten sie in Knechtschaft und wurden für sich selbst unbemerkt vom Gedanken der Schöpfung abgelenkt.

Die Gesandten des Priesters mussten große Kräfte aufbringen, um Fürs-tentümer entstehen zu lassen. Zunächst waren die Versuche mehr als Hunderte von Jahren ohne Erfolg, und dennoch wurde es endlich doch vollbracht, dass die wedische Rus in Fürstentümer unterteilt werden konnte.

Weiter ging es den natürlichen Lauf: Die Fürsten begannen, um die Grö-ße ihrer Ländereien zu kämpfen und zogen die Nachbarn in ihre Fehden hinein.

Dann schreiben die Historiker so, als ob sich Großfürsten gefunden hät-ten, die einzelne Fürstentümer in der Rus zu einem mächtigen Staat zu-sammengeschlossen hätten. Denk selbst nach, Wladimir, kann das sein? Über welchen Zusammenschluss sprechen die Historiker? Denn in Wahr-heit ist es ganz einfach. Ein Fürst konnte die anderen umbringen oder sie untertan machen. Vereinen kann die Menschen nur die Kultur, die Le-bensweise.

Das Festlegen von Grenzen zeugt immer von Trennung. Als der Staat ge-gründet wurde, der sich nicht auf die Kultur der Lebensweise, sondern auf eine künstlich herbeigeführte Größe eines oder mehrerer Menschen und die Stärke von deren Armee gründete, kam es sogleich zu vielen Pro-blemen: Wie sollte man die Grenzen halten und wenn möglich erweitern – es entstand die Notwendigkeit einer großen Armee.

Einer allein kann keinen großen Staat regieren. Somit wurden Verwalter und Schreiber ernannt, die bis heute mit jedem Tag immer mehr werden.

Fürsten, Verwalter, Schreiber, Händler und die ganze Dienerschaft – das ist eine Kategorie Mensch, die von Gottes Schöpfungen losgerissen ist. Ihre Vorbestimmung ist jetzt die Schöpfung einer künstlichen Welt. Sie haben die Fähigkeit verloren, die wahre Realität aufzunehmen. Sie sind der Nährboden für den Okkultismus.

Noch vor eintausend Jahren galt die Rus als heidnisch. Das Heidentum bewahrte noch etwas den Sinn der Göttlichen wedischen Kultur. Mit der Entstehung der Fürsten, mit dem Aufkommen kleinerer und später größerer Teilfürstentümer brauchten die Herrscher eine gewaltigere Macht als die Armee. Eine Macht, die in der Lage ist, einen Typ Mensch zu schaffen, der geneigt ist, sich demütig unterzuordnen.

Die Eilboten des Priesters kamen auch hier den herrschenden Fürsten zu Hilfe und boten eine passende Religion.

Den Fürsten kam das Wesen des Neuen zupass. Obwohl es auch wenig Neues bot. In ihm war alles so wie in Ägypten vor fünftausend Jahren.

Der Fürst, wie auch der Pharao, galt als Gottes Günstling. Die okkulten Diener der neuen Religion wurden zu seinen Beratern, auch das war wie in Ägypten. Alle anderen waren nur Sklaven. Etwas Derartiges dem Verstand der freien Menschen einzugeben, deren Erinnerung noch die Feste der wedischen Kultur bewahrte, war nicht einfach. Wieder kam der Priester den Fürsten zu Hilfe. Seine Soldaten verbreiteten das Gerücht, dass irgendwo bei den Heiden immer öfter Menschen für Gott geopfert würden.

Es wurde verbreitet, dass die Heiden nicht nur verschiedene Tiere, sondern auch hübsche Mädchen und junge Männer oder sogar kleine Kinder ihren Gottheiten opferten. So hielt sich dieses verlogene Gerücht bis zum heutigen Tag. Dieses Gerücht erzürnte das heidnische Volk immer mehr. Und ausgerechnet jetzt wurde die neue Religion dem Volk angeboten, in der Opfergaben streng verboten sind. Es war von Gleichheit und Brüderlichkeit die Rede, natürlich galt das nicht für die Fürsten. So wurde die neue Religion allmählich in der heidnischen Rus eingeführt. Dann befahl einer der herrschenden Fürsten, sie als einzige und wahre anzuerkennen, die Rus als christlich zu bezeichnen und alle anderen Religionen zu verbieten.

Nun möge jeder sich selbst fragen, wessen Vorfahren – Mütter und Väter – erst vor eintausend Jahren Heiden waren. Haben die Heiden tatsächlich Tiere oder Menschen den Göttern geopfert? Das wahre Wesen des Geschehenen erkennt jeder, der selbst und mit seiner Logik in der Lage ist, wenigstens neun Minuten darüber nachzudenken.

Wladimir, auch du kannst die Wahrheit sehen, wenn du deine Logik zur Offenlegung der Wahrheit herausforderst. Ich werde dir etwas dabei helfen.

Stelle dir als Erstes die logische Frage: Wenn die Heiden, so wie sie beschuldigt werden, jemanden Gott als Opfer dargebracht haben sollen, warum hat dann allein das Gerücht über die Opfergaben ihren Verstand und ihre Gefühle so empört? Logischer wäre es gewesen, so etwas zu begrüßen und mit Vehemenz danach zu streben, Gleiches zu wiederholen. Sich nicht zu empören und die neue Religion nicht anzunehmen. Warum aber war das Volk empört? Natürlich deshalb, weil die Heiden nicht im Traum daran dachten, Tiere zu opfern, geschweige denn Menschen.

Aus eben diesem Grund kann bis heute niemand auch nur eine Quelle vorlegen, in der es hieße, dass es unter den Menschen der heidnischen Rus Opferungen gegeben hätte. Nur die Chroniken des Christentums berichten davon. Aber sie haben doch in der heidnischen Rus nicht gelebt. Sie kennen doch gar nicht die Sprache der heidnischen Rus. Wo sind denn die Quellen und Schriften jener heidnischen Rus? Ein Teil wurde versteckt, der andere im Feuer vernichtet wie in Rom. Was war so aufrührerisch in jenen Papierrollen? Wovon handelten sie? Auch wenn man sie nicht gelesen hat, kann es heute jeder erraten. Sie hätten aufgedeckt, dass das Heidentum zu Unrecht beschuldigt wurde und das Wissen des Wedismus weitergeben können. Nicht nur, dass die Menschen der gesamten heidnischen Rus blutige Opferungen nicht kannten, sie aßen auch überhaupt kein Fleisch. Sie dachten nicht einmal daran. Die Heiden waren mit den Tieren befreundet. Ihre tägliche Essensration war vielseitig, bestand aber nur aus pflanzlicher Nahrung. Wer kann nur ein

Rezept eines Gerichts der alten russischen Küche nennen, in dem Fleisch vorkäme? Niemand!

Selbst in Märchen ist die Rede davon, wie die Rübe in der Rus geehrt wurde, wie man Honigbier trank. Soll doch einer der heute lebenden Menschen, selbst einer, der Fleisch isst, versuchen, das warme Honiggetränk zu trinken, mit Blütenstaub, mit Kräutern. Danach wird der Mensch nicht nur kein Fleisch, er wird gar nichts mehr essen wollen. Wenn man ihn mit Gewalt zwingt, kann es bei vielen durch das Fleisch zum Erbrechen kommen.

Außerdem, Wladimir, urteile selbst, wozu hätten sie Fleisch essen sollen, wenn es doch so viel Nahrung ringsherum gab, die leicht zu verdauen und kalorienreich war.

Die Biene ernährt sich im Winter allein von Honig und Pollen. Dabei entleert sich keine Biene den Winter über im Stock.

Der Organismus der Biene nimmt das ganze Produkt auf. Die Menschen bewirteten ihre Gäste sofort, wenn sie das Haus betraten, mit Sbiten, einem gekochten Honiggetränk. Wer isst nach so etwas Süßem dann noch Fleisch? Fleischgerichte wurden von den Nomaden eingeführt. In Wüsten und Steppen konnten sie nur wenig zu essen finden. Daher schlachteten die Nomaden das Vieh. Sie aßen das Fleisch der Tiere, die mit ihnen gemeinsam die Nöte des Nomadentums teilten, die ihre Lasten trugen, sie mit Milch versorgten, ihnen Wolle für ihre Kleidung gaben.

So wurde die Kultur unserer Ureltern zerstört und die Rus in die Religion versenkt. Wäre sie echt gewesen, eben rein christlich, wäre das Leben jetzt möglicherweise anders. Aber der Priester hat in die Religion Christi seine eigenen Winkelzüge eingebaut. Man begann, einer Religion verschiedene Auslegungen zu geben. Die christliche Welt begann, sich in viele Konfessionen zu teilen und unter sich zu streiten. Der Oberpriester verschwendete in der Rus nicht wenig Kraft. An anderen Stellen der Erde erkannten die Menschen seine Taten und ließen seine Prediger nicht über ihre Grenzen. Japan, China und Indien wurden nicht christlich. Aber der Oberpriester eroberte sie auf andere Art. Das Jahrtausend des Okkultismus begann vor eintausend Jahren. In ihm lebten Menschen der ganzen Erde – und sie leben noch bis heute ..."

8. Kapitel

Okkultismus

„Dieser dauert nur ein Jahrtausend.

In der Zeit des Okkultismus ist die Menschheit in eine irreale Welt versenkt.

Die Menschheit beginnt, eine große Menge Energie an erfundene Bilder und abstrakte Welten abzugeben, die sich außerhalb des realen Lebens befinden. Die reale Welt mit all ihrer Vielfalt erhält immer weniger belebende menschliche Wärme. Sie besteht weiter auf Kosten des Angesparten der Vergangenheit und der ursprünglichen Göttlichen Aufladung.

Die Menschheit erfüllt nicht mehr ihre wesentliche Vorsehung. Sie wird gefährlich für das Universum, und es geschehen Katastrophen globalen Ausmaßes.

Die gesamte Menschheit lebt auch heute in einer okkulten Welt. Aber diese ging im Jahre Zweitausend zu Ende. Natürlich ist die Bezeichnung nicht tatsächlich Jahr Zweitausend.

Du weißt selbst, dass erst vor kurzem die Zeitrechnung geändert wurde. Die zeitliche Schwelle, die überschritten wurde, war das millionste Jubiläum der Zivilisation auf der Erde.

So sollte eine Katastrophe über den ganzen Planeten kommen. Genauer gesagt, die Menschheit sollte einen neuen Versuch der Vorbereitung zur Eroberung des Weltalls durch die eigene Vollendung starten. Aber es gab keine Katastrophe in keinem okkulten Jahr.

Lediglich drei der nicht schlafenden Weden konnten einen Teil des okkulten Schlafzaubers von den heutigen Menschen wegnehmen. Erinnere dich, wie die Herzen derjenigen, die deine Bücher gelesen haben, in Aufruhr gerieten und sich an die Liebe zur Erde erinnerten. Sie sind noch im Schlaf, aber die Kraft der wedischen Kultur Gottes kommt zu ihnen zurück. Und auch Gott hat wieder Hoffnung. Mit ihrer Liebe, noch nicht ganz aufgewacht, haben sie die Katastrophe verhindert. Nun wird auf unserem Planeten keine mehr auftreten.

Bald werden alle Menschen aus dem hypnotischen okkulten Schlaf aufwachen. Sie werden in die Realität zurückkehren.

Du bist verwundert darüber, dass die Menschheit heute unter Hypnose schläft beziehungsweise in einer nicht reellen Welt lebt? Du denkst: 'Wie kann so etwas sein? Hier bin ich und in den Städten, den großen und den kleinen, leben viele Menschen. Auf den Straßen fahren Autos.'

Wundere dich nicht über meine Worte, Wladimir. Denk selbst nach und entscheide für dich, in welcher Zeit, Tag oder Stunde die heutigen Menschen in der reellen Welt sind. Denk zum Beispiel daran, wie viele verschiedene Religionen es heute auf der Welt gibt. Sie legen das Wesen des Menschen, der Weltordnung auf verschiedene Weise aus und jede hat ihre Rituale, die sich von den anderen unterscheiden.

Nehmen wir an, es gibt eine Religion unter allen, die der Wahrheit am nächsten kommt. Das heißt jedoch, dass die anderen die irreale Welt aufbauen. Aber in denen glauben doch auch die Menschen und wenn sie glauben, dann leben sie und unterwerfen sich den Gesetzen der irrealen Welt.

Auf der ganzen Erde streben immer mehr Menschen danach, mehr Geld zu besitzen. Aber was ist das – Geld? Das ist doch relativ. Man meint, man könne für Geld alles kaufen. Was für eine Illusion! Noch niemand hat für Geld die wahre Energie der Liebe gekauft und die Gefühle einer Mutter und die Heimat und den Geschmack von Früchten, die nur für denjenigen bestimmt sind, der sie mit Verstand gezüchtet hat.

Geld ist relativ und man kann nur relative Liebe dafür kaufen. Wenn man sich mit vielen seelenlosen Dingen für Geld umgibt, verdammt man damit seine Seele zur Einsamkeit.

Im okkulten Jahrtausend ist die Menschheit völlig desorientiert in Bezug auf den von Gott geschaffenen Raum, und die menschlichen Seelen finden in der Dunkelheit keine Ruhe.

Schau genau hin, Wladimir. Wie abrupt in dem Land, in dem du jetzt lebst, allein im letzten Jahrhundert die Gesellschaft ihre Orientierung gewechselt hat.

Es gab einen Zaren, weltliche Gesetze, und angesehene Menschen wurden mit verschiedenen Abzeichen, Medaillen oder farbigen Orden mit Bändchen gewürdigt. Sie trugen bestickte Uniformen. Klöster und Kathedralen wurden im ganzen Land gebaut, in dem du jetzt lebst. Und plötzlich war das alles nicht mehr wahr. Uniformen und Orden mit Schleifchen galten nun als Clownsbekleidung. Die Kathedralen als Obskurität. Die Kirchendiener jener Kathedralen als Gauner.

Und die Menschen zerstörten die Kathedralen mit Begeisterung und brachten hasserfüllt die Kirchendiener um. Dann wurde allen verkündet, dass daran nur die sowjetische Macht schuld sei. Ja, die Macht rief das Volk dazu auf. Aber das Volk sträubte sich nicht dagegen, es erwiderte den Aufruf der Führeridole.

Du weißt doch aus den bis heute existierenden Dokumenten, wie im Kuban zweiundvierzig Geistliche des Christentums grausam ermordet wurden. Sie wurden nicht einfach umgebracht, sondern brutal gefoltert. Ihre Körper wurden in Latrinen geworfen. Das wurde nicht von den Führern vorgenommen, das Volk wollte es selbst so. Die Führer genehmigten dieses Vorgehen nur. Im Endergebnis wurden Kirchendiener in verschiedenen Ecken des Landes zu Tausenden umgebracht. Wer nicht entfliehen konnte, sagte sich vom Glauben los. Nur wenige konnten in jenen Zeiten ihr Leben retten und ihren Glauben.

Die meisten Menschen im Land wurden wahre Atheisten. Die Kleidung hatte sich geändert: Die Form und Farbe der Abzeichen und Bändchen sahen nun anders aus. Über die sowjetischen Jahre haben viele Analytiker und Historiker Bücher geschrieben, aber ...

Von dem, was die Menschheit später über Lenin und Stalin hörte, wird den Nachkommen nur eines in Erinnerung bleiben: 'Zum ersten Mal wurde der Menschheit deutlich gezeigt, dass sich der Okkultismus überlebt hat. Selbst im Traum akzeptieren die Völker keine okkulten Religionen. Der Okkultismus wird künstlich und gewaltsam aufrecht erhalten.' Aber nicht der Glaube an Gott war zerstört worden. Lediglich der Okkultismus, der in den Glauben eingedrungen war, wurde geschmälert.

Nur in Russland gelang es, im letzten Jahrtausend so abrupt im Volk die Philosophie zu wechseln. Die Religion in so bedeutendem Maße zu erniedrigen, sie in einen Glauben an den Kommunismus zu überführen, denn das ist auch ein Glaube.

Erst vor kurzem, du bist Zeuge dessen, hat das Volk des Landes, im dem du lebst, wieder völlig die Orientierung gewechselt. Der Weg, den alle im Land mit Begeisterung gegangen waren, wurde als nicht richtig befunden, und wieder ändern sich die Prioritäten.

Hat das Volk den neuen Weg gewählt? Keineswegs! Dem Volk ist der Weg völlig unklar. In der okkulten irrealen Welt wählen die Völker ihren Weg nicht selbst. Er wird ihnen immer von irgendjemandem gezeigt. Von wem? Vom Oberpriester, der auch heute noch die Welt regiert.

Wie geht seine Führung der Menschen in der heutigen Welt vor sich? Warum kann ihn keiner stürzen? Wo ist er? Schau her. Ich kann ihn dir zeigen."

Der Priester, der auch heute die Welt regiert

„Du siehst jetzt einen alten Menschen. Wundere dich nicht über sein einfaches Äußeres. In seiner Kleidung und seinem Verhalten unterscheidet er sich nicht von den meisten Menschen. Wie du siehst, ist er im Alltag von gewöhnlichen Dingen umgeben und sein Haus ist nicht so sehr groß – zwei Mann, das ist die ganze Dienerschaft. Er hat eine Familie: eine Frau und zwei Söhne. Aber selbst die Familie weiß nicht, wer er in Wirklichkeit ist. Dennoch gibt es einen äußeren Unterschied zu allen anderen Menschen. Wenn man ihn aufmerksam beobachtet, stellt man fest, dass er den ganzen Tag in Einsamkeit verbringt; auf seinem Gesicht ist zu sehen, dass er in tiefes Nachdenken verfällt. Wenn er isst, mit seiner Frau spricht, obwohl es selten zu einem Gespräch kommt, sind seine Augen leicht wie mit einem Nebelschleier überzogen. Selbst wenn er fernsieht, die Lider leicht geschlossen, wundert er sich nie oder lacht. Aber tatsächlich sieht er kaum fern. Er gibt nur vor, fernzusehen, aber in dieser Zeit denkt er intensiv über seine Angelegenheiten nach. Er erstellt grandiose Pläne und leitet die Handlungen ganzer Staaten. Er ist der Oberpriester der Priesterdynastie, der sein okkultes Wissen vererbt bekommen hat und es auch einem seiner Söhne übertragen kann. In nur einem Jahr kann er alles seinem Erben erzählen, den er darauf vorbereitet, ohne dass dieser etwas davon merkt: Bestimmte Fähigkeiten entwickelt der Priester schon lange in seinem Sohn.

Alles Geld der Welt gehört dem Oberpriester. Alles Geld der Welt arbeitet für ihn. Auch das, was du gerade in der Tasche hast. Wundere dich nicht. Ich zeige dir, wie das vor sich geht und wodurch und warum der Oberpriester es vorzieht, nicht in einem Schloss mit vielen Wachen und einem prachtvollen Alltag zu leben.

Der Oberpriester hat keine Wachen, weil er ganz genau weiß, je deutlicher seine Macht für alle sichtbar ist, desto größer müsste die Wache sein. Aber kein irdischer Herrscher kann sich mit einer Wache aus Menschen verteidigen, selbst wenn es Hunderttausende wären. Es gab Fälle, wo die Wache selbst den Herrscher verraten oder umgebracht hat. Außerdem hat man mit der Wache viel Stress. Zu bestimmten Zeiten muss sich der Herrscher den Bedingungen der Wache unterordnen. Er muss der Wache über seine Vorhaben berichten, zum Beispiel über bevorstehende Ortswechsel.

Mit einer Wache ist der Mensch ständig unter Aufsicht und er kann daher nicht ungestört nachdenken.

Es ist sicherer und einfacher, sein Wesen zu verdecken und somit Anschläge der Gegner, der Anwärter auf die Macht und der Fanatiker auf seine Person auszuschließen.

Du denkst jetzt: ›Wie aber kann man über eine so riesige Menschenmenge herrschen, ohne dafür Helfer, Befehlshaber, Statthalter zu haben, Gesetze zu erlassen und die Schuldigen, die diese nicht erfüllen, zu bestrafen?‹

Ganz einfach. Die meisten Menschen sind schon lange in den Okkultismus eingetaucht.

Der Oberpriester kennt die Handgriffe des Okkultismus. Er hat Helfer, Befehlshaber, Gesetzesschreiber, Henker und Gefängnisse. Es gibt Armeen und Heerführer, aber nicht einer von denen, die seinen Willen ausführen, ahnt selbst, dass ihn jemand unsichtbar befehligt und auf welche Art er seine Befehle erteilt.

Indessen ist das unsichtbare und kontaktlose System der Führung sehr einfach.

In jedem Land, in großen und kleinen Städten gibt es Menschen, die plötzlich Stimmen hören, die von irgendwoher kommen. Eine Stimme unbekannter Herkunft kann dem Menschen die Anweisung erteilen, irgendeine Handlung zu begehen, und der Mensch fügt sich diesem Befehl.

Die Stimme kann deutlich hörbar sein, es kann auch sein, dass ihm selbst unklar ist, was mit ihm geschieht: Es entsteht ein ungewöhnlicher Wunsch, und der Mensch handelt auf Befehl.

Solche Erscheinungen sind der modernen Wissenschaft bekannt. Sowohl Psychiater als auch Vertreter anderer Wissenschaften versuchen schon lange, ihre Natur zu erforschen, bisher vergeblich.

Die moderne Wissenschaft erkennt eine solche Erscheinung als psychische Krankheit an. Bei Menschen, die zum Arzt gehen und davon berichten, dass sie von irgendwoher Stimmen hören, die ihnen Befehle erteilen, sind die Ärzte bestrebt, sie unbedingt ins Krankenhaus einzuliefern. In welches? In eine psychiatrische Klinik. In vielen Ländern ähnelt sie einem Zuchthaus. Solche Krankenhäuser gibt es heute in Amerika, Europa und Russland zuhauf. Die Menschen werden dort mit verschiedenen Tabletten und Spritzen behandelt, um die Psyche zu beruhigen. Von diesen Medikamenten schläft man lange und der Mensch wird träge und viele Empfindungen stumpfen ab. Einige Menschen hören die Stimmen dann nicht mehr. Andere verstellen sich vor den Ärzten, um aus dem gefängnisähnlichen Krankenhaus herauszukommen.

Aber nicht alle Menschen, die Stimmen hören, wenden sich an einen Arzt. Nun stell dir vor, dass ein Mensch, der einer solchen Stimme ergeben ist, eine Atomrakete steuert oder eine Armee anführt oder einen Kübel mit tödlichen Bakterien bewachen soll, und die Stimme gibt ihm einen merkwürdigen Befehl ...

Die Wissenschaft konnte die Art der ungewöhnlichen Erscheinung nicht klären. Sie existiert heute und man hat Angst, davon zu sprechen, aber das sollte nicht so sein. Es ist schon lange an der Zeit, an das Einfache zu denken: Wenn es einen Empfänger gibt, der das Signal aufnimmt, dann muss irgendwo auch ein Sender sein.

Der Oberpriester und seine Helfer kennen die Art der Übertragung von Befehlen mit Stimmen. Ihnen ist auch bekannt, welche Art Mensch in der Lage ist, eine Vielzahl von Religionen zu bilden. Die Priester sind ja die Begründer von Religionen, von Okkultismus. Sie brauchen ihn, um die

Menschen zu leiten. Ein Fanatiker, der an eine irreale Welt glaubt, ähnelt einem biologischen Roboter. Er neigt dazu, dass er Stimmen hört, die Befehle erteilen, und jeden Befehl ergeben ausführt.

Der Oberpriester und seine Helfer wissen, wie man Menschen verschiedenen Glaubens aufhetzt und sie dazu bringt, gegeneinander zu kämpfen.

Die Gründe für Kriege sind verschieden, aber immer war in jedem Krieg der Unterschied in der Weltanschauung die Hauptwaffe.

Die technischen Mittel, all das, was künstlich Informationen verbreitet, ist den Priestern auch durch die Menschen unterstellt. Sie müssen dazu nicht jede Fernsehsendung leiten oder die Hand dessen, der etwas aufschreibt, führen. Es reicht aus, allgemeine Bedingungen zu schaffen, bei denen alle Informationsmedien für Geld arbeiten wollen. Die Fernsehwerbung für verschiedene Waren zum Beispiel wird immer raffinierter, aufdringlicher und aggressiver. Jeder Psychologe kann dir sagen, dass sie nichts anderes ist als eine aggressive Suggestion für die Menschen, oftmals nicht zum Wohle der Menschen, sondern zu ihrem Schaden. Die Menschen werden doch ohne rot zu werden überzeugt, dass es ohne Werbung nicht geht, da sie angeblich dem Fernsehen das Geld bringt. Indessen zahlt jeder Fernsehzuschauer jede Reklame, indem er die Waren unter dem Einfluss der Werbung kauft. Im Warenpreis ist auch das Geld für die Werbung enthalten. Ist das nicht traurig?

Das Geld dient dem Einfluss des Priesters als großer, starker Hebel.

Ich sagte dir bereits, dass selbst das Geld, das in deiner Tasche liegt, dem Oberpriester dient. Das läuft auf folgende Weise.

In dem verworrenen Banksystem gibt es eine einfache Gesetzmäßigkeit. Geld, das jemand von der Bank nimmt, vermehrt das Kapital der Bank. Zum Beispiel, Russland nimmt einen Kredit von der Internationalen Bank. Er soll mit hohen Zinsen zurückgezahlt werden, viel mehr, als genommen wurde. Woher wird die Differenz genommen? Du zahlst Steuern oder wenn ein älterer Mensch, der nicht mehr arbeitet, sich ein Viertel

Brot kauft, dann enthält der Preis dafür auch ein Prozent Steuern. Dieses Prozent, oder sei es nur ein Teil davon, wird der Internationalen Bank gegeben. So gedeiht das Kapital. Aber wessen Kapital? Des Oberpriesters. Auch ohne das Kapital anzutasten ist er in der Lage, die Geldströme in Kriege und in okkulte Angelegenheiten fließen zu lassen, oder tödliche Medikamente zu produzieren.

Sein Ziel ist einfach! Der Stolz überwiegt in ihm und dieser möchte seine Welt, die sich von der von Gott geschaffenen unterscheidet, begründen und ihm untergeben halten. Den Priestern gelingt es teilweise, das Gewünschte zu erreichen. Die Hast unter den Menschen hilft ihnen dabei und sie fördern selbst die Hast unter den Menschen.

Achte darauf, wie die Menschen in der Eile nicht bemerken, dass sie immer weniger Informationen erhalten. Das Verbot der Frage, des Themas, ob der Weg, den die Menschheit jetzt geht, richtig ist, wird immer strenger.

Wenn sie sich von der Hast befreiten, würden viele feststellen: Wenn die Krankheiten unter den Menschen mit jedem Jahr zunehmen, die Kriege und Katastrophen mit jedem Tag mehr werden, ist der Weg, den wir gehen, zweifelhaft. Aber die Hast! Sie lässt kein Nachdenken zu, und der Priester denkt jede Minute nach und schmiedet Pläne und setzt sie mit den Händen vieler Menschen um ...'

Lange hörte ich der aufgebrachten Rede Anastasias zu, ohne sie zu unterbrechen, ohne dazwischenzufragen und ohne zusätzliche Fragen zu stellen, die das Ganze präzisieren würden. Dieses Mal war ich länger in der Taiga als sonst. Als ich ging, wusste ich, dass ich mit dem Umfang an Informationen überlastet war und es mir schwer fallen würde, sie in einem Buch festzuhalten. Dazu noch hatte sie zu ungewöhnliche Dinge erzählt, die die Religionen und die Macht betrafen. In religiösen Konfessionen gibt es sehr viele Fanatiker aller Couleur. Sie sind bereit, sich auf jeden zu stürzen, der etwas an ihrem Glauben auszusetzen hat. Was aber sollte ich mit diesen Problemen?

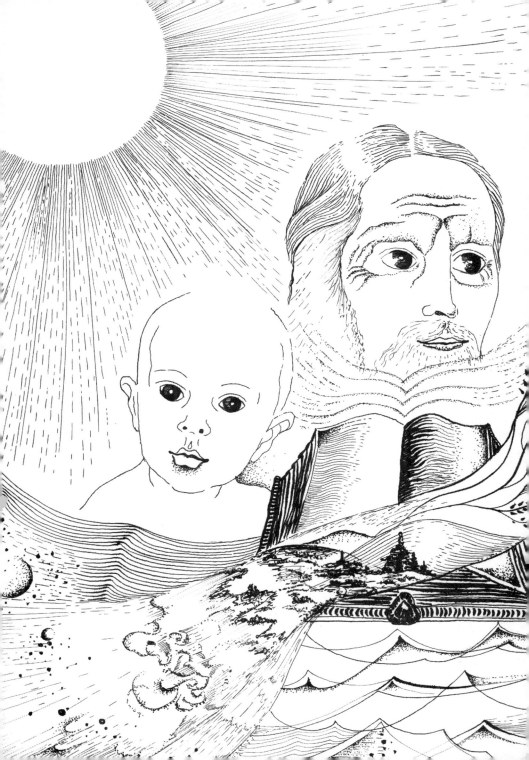

9. Kapitel

Denk nach!

Ich war wieder zu Hause und bereitete das Buch vor, um es beim Verlag abzuliefern. Bis zum letzten Augenblick konnte ich mich nicht entscheiden: Sollte ich all ihre Aussagen in das Manuskript einbeziehen?

Als Anastasia von der herrlichen Zukunft Russlands sprach, die man erreichen kann, wenn man Familienlandsitze einrichtet, war alles verständlich. Ihre Idee wurde von den Lesern aufgegriffen. Die Menschen begannen zu handeln.

Als sie im Buch „Wer sind wir?" ebenso aufgeregt auf die Frage antwortete und Jesus Christus als ihren älteren Bruder bezeichnete und ich darüber schrieb, äußerten einige Leser, insbesondere bekennende Christen, ihren Unmut darüber.

Im vorhergehenden Buch schrieb ich, wie sie auf die Frage, ob sie einer der Kirchendiener verstehen könne, antwortete, dass Papst Johannes II. ihr helfen würde. Daraufhin kamen einige katholische Leser ins Zweifeln.

Wegen solcher Aussagen ließen mich auch die Zweifel nicht los: Lohnt es sich, in den Büchern über die ungewöhnlichen Handlungen, Worte und das Verhalten Anastasias zu schreiben? Sind sie nützlich oder richten sie eher Schaden an? Werden nicht einige Leser die offensichtlichen realen Ideen zur Gestaltung der Gesellschaft über die Verbesserung des Wohlstandes und der Lebensweise einzelner Familien anzweifeln?

Dazu hatte ich ja auch selbst an ihren Worten gezweifelt, wie kann sie das auch sagen: „Schwester von Jesus Christus", „Papst Johannes II. wird helfen"?

Wenn man die Bibel liest, findet sich dort kein Hinweis darauf, dass Jesus Christus irgendwelche Schwestern gehabt hätte.

Plötzlich aber geschah etwas, was man als Supersensation bezeichnen könnte, und in diesem Zusammenhang zwangen die Aussagen Anastasias immer und immer wieder zum Nachdenken über die Größe der wahren Möglichkeiten des Menschen. Es geschah Folgendes:

Plötzlich kam mir die Nachricht zu Ohren, dass der Vatikan eine Information verbreitet hatte, in der von zwei Schwestern Jesu Christi die Rede war. Ich verstand nur nicht, sollten das leibliche Schwestern oder Cousinen sein? Ich hörte diese kurze Mitteilung, als ich allein in meiner Wohnung und mit irgendwelchen alltäglichen Dingen beschäftigt war.

Radio und Fernsehen waren gleichzeitig an, daher kann ich auch nicht mit Bestimmtheit sagen, woher es kam. Ich glaube, es war in den Fernsehnachrichten.

Danach nahm ich jedesmal, wenn ich mich an den Schreibtisch setzte, aus irgendwelchen Gründen die Aufzeichnungen mit den ungewöhnlichen Aussagen Anastasias zur Hand, die ich mich entschlossen hatte, nicht in das neue Buch einzubeziehen. Jetzt dachte ich darüber nach, ob meine Entscheidung richtig war. Unter diesen Aussagen fand sich auch folgende:

„Der Präsident der USA, George Bush, wird mit einer seiner unüblichen Handlungen, ohne dass er das selbst versteht, sein Land vor einer furchtbaren Katastrophe retten und die Welt vor einem Krieg bewahren, der in solch verheerender Weise auf der Erde noch nie da gewesen ist."

Diese Aussage Anastasias nach den zerstörerischen Terroranschlägen des elften September in den USA und der militärischen Operation, faktisch dem Krieg, in Afghanistan unter unmittelbarer Teilnahme der USA schien dem, was tatsächlich vorging, vollkommen zu widersprechen. Wenn ich die Informationen aus Presse und Fernsehen jedoch analysierte, kam ich immer mehr zu der Meinung: Die Ereignisse des elften September in Amerika sollten den Menschen das ernste Geheimnis lüften und großflächigere und globalere Terrorakte in verschiedenen Ländern verhindern. Sie werden jedoch nur dann verhindert, wenn dieses Geheimnis offengelegt ist. Wieder und wieder las ich die ungewöhnlichen Aussagen Anastasias. So kam ich zu folgendem Schluss:

Am elften September 2001 kam es in den Vereinigten Staaten von Amerika zu einer Reihe großangelegter Terroranschläge. Passagierflugzeuge mit Menschen an Bord, die von irgendjemandem gesteuert wurden, flogen von den New Yorker Flughäfen ab und änderten sofort die festgelegte Route. Die Flugzeuge bohrten sich eins nach dem anderen in die Türme des World Trade Centers und andere strategisch wichtige Objekte.

Menschen verschiedener Länder hörten davon. Immer wieder sahen sie das furchtbare Bild der Zerstörung im Fernsehen. Bald nach diesem Ereignis wurde der Hauptschuldige ermittelt – Osama bin Laden und seine Organisation. Kurz darauf begannen der Präsident und die US-Regierung mit Einverständnis und unter Beteiligung einer Reihe europäischer Staaten und Russlands Afghanistan zu bombardieren, wo sich nach ihren Informationen der Hauptterrorist und die Mitglieder seiner Organisation befanden.

Worin besteht aber das Geheimnis? Die Bilder mit den Folgen der Terroranschläge und über den Verlauf des Antiterrorfeldzuges wurden und werden bis heute einige Male am Tag in Reportagen gezeigt.

Das Geheimnis besteht darin, dass es entweder gar keine Gründe für die Terroranschläge gibt oder dass sie verschleiert werden und darin, dass in den Handlungen nicht der Ausführenden selbst, sondern ihrer Organisatoren, absolut keine Logik vorhanden ist.

Das Geheimnis besteht auch darin, dass die Presse nicht einmal versucht, die Ursachen des Geschehens einigermaßen tiefgreifend zu analysieren, als ob allen Massenmedien verboten wurde, diese Frage zu beleuchten. Jeden Tag spricht man nur über die Tatsache des Geschehnisses als solche und zeigt uns die Bilder. Die ständigen Wiederholungen machen aus dem Außergewöhnlichen etwas Alltägliches, Gewöhnliches, wie die täglichen Reportagen über Unfälle auf den Straßen.

Nach Mitteilungen der Massenmedien ergibt sich folgendes Bild: Ein sehr reicher Terrorist, der allgemeinüblichen Version zufolge – ein gewisser Osama bin Laden, hat eine Reihe spektakulärer Terroranschläge vorbereitet und ausüben lassen, die eine sehr große Zahl von Opfern mit einer noch nie da gewesenen Wirkung auf die Menschen der gesamten Welt zur Folge hatten.

Was hat der Hauptdrahtzieher des Anschlags im Ergebnis erreicht? Ein Teil der Weltgemeinschaft hat sich auf der Ebene der Staatsoberhäupter gegen ihn verbündet. Er wendet modernste Technik an und setzt gut ausgebildete Militärverbände ein, um ihn festzunehmen und zu vernichten.

Der bestehenden Version zufolge versteckt sich der Terrorist Nr. 1 in den Berghöhlen Afghanistans. Flugzeuge bombardieren diese Berge sowie die Truppen der Taliban, die als Helfer des führenden Terroristen gelten.

Die hochentwickelten Staaten, allen voran die USA, wollen zugleich auch alle Lager terroristischer Organisationen abschaffen, gleich, in welchem Land sich diese Lager befinden.

Hätte der Organisator des Terroranschlags einen solchen Lauf der Ereignisse nicht voraussehen können? Totaler Unsinn! Natürlich wusste er, dass es genauso kommen würde. Ihm, der sich lange Zeit vor den Spezialdiensten verbergen, Terroranschläge vorbereiten und ausführen konnte, die eine genaue Analyse und Berechnung erforderten, dürfte es nicht schwergefallen sein, eine solche Entwicklung der Ereignisse vorauszusehen.

Dann ergibt sich, dass er einerseits ein spitzfindiger Stratege und Taktiker ist, der alles bis ins kleinste Detail analysiert, und auf der anderen Seite ein absoluter Dummkopf. Mit seinen terroristischen Handlungen hat er seinen Untergang und den seiner Organisation und aller Terrororganisationen, auch derer, die nichts mit ihm zu tun haben, heraufbeschworen.

Die Situation ist unlogisch. Infolgedessen kann auch das Vorgehen der Weltgemeinschaft im Kampf gegen den Terrorismus uneffektiv sein, aber im großen Ganzen gefährlich. Die Logik spricht dafür, dass der Hauptorganisator des Terroranschlags nicht unter Verdacht gerät.

Wie dem auch sei, eines ist klar: Aus den dargestellten Tatsachen der Massenmedien ergibt sich genau dieses unlogische Bild zum Geschehen.

Natürlich habe ich wie viele Menschen zunächst nicht Acht darauf gegeben, aber ... Die Geschehnisse in den USA erweckten gleichzeitig mehrere Aussagen Anastasias in meinem Gedächtnis, die ich wiederum nicht veröffentlichen wollte, da sie ungewöhnlich und seltsam erschienen. Aber jetzt, nach den Ereignissen in den USA, waren gerade sie es, die vieles erklärten. Obwohl bei weitem nicht sofort. Zum Beispiel eine davon:

„Die Herrschenden großer und kleiner Staaten sind schon seit den Zeiten der ägyptischen Pharaonen die unfreiesten Menschen auf der Erde. Den meisten Teil ihrer Zeit verbringen sie in einem künstlichen Informationsfeld und sind gezwungen, sich den allgemeinüblichen Verhaltensritualen zu unterwerfen. Ständig strömen auf sie Unmengen an typischen, eintönigen Informationen ein, aber aufgrund des Zeitfaktors ist es nicht möglich, diese zu analysieren. Der Übergang des Staatsmannes vom künstlichen Informationsfeld in ein natürliches, selbst für drei Tage, ist für die Priester verschiedener Ebenen gefährlich. Er ist auch gefährlich für die weltlichen Konkurrenten des Herrschers. Die Gefahr besteht darin, dass der Herrscher beginnen kann, selbst viele Prozesse zu analysieren, sich selbst aus der Macht der okkulten Einflüsse und sein Volk davon zu befreien.

Ein natürliches Informationsfeld ist die normale Natur, ihr Anblick, ihr Duft und ihre Geräusche. Die Natur des Familienlandsitzes, des Ortes, an dem Flora und Fauna sich mit Liebe dem Menschen gegenüber verhalten, kann den Menschen vollkommen von okkulten Einflüssen abschotten."

Jetzt, da ich an meinem Schreibtisch aus Zedernholz saß, den Anastasia mir geschenkt hatte, und mich an diese Aussage erinnerte, erschien mir das nicht mehr merkwürdig, so wie früher.

In der Tat, schaut, was mit unserem Präsidenten geschieht. Ständige Treffen mit Oberhäuptern ausländischer Staaten oder mit Beamten aus unserem Land. Sie alle kommen nicht, um Tee zu trinken, sondern sie haben verschiedenste Probleme und verlangen auch noch eine sofortige Lösung. Und die Medien? Sobald im Land ein außergewöhnliches Ereignis vorgefallen ist, steht sofort in der Presse – „Und wie reagierte der Präsident?" oder noch schärfer – „Warum ist der Präsident nicht an den Ort des Ereignisses gefahren?". Es wird gewürdigt, wenn er in das Gebiet fährt, wo Hochwasser ist oder etwas anderes. Aber ist das in Ordnung so?

Wann kann er ruhig nachdenken, seine Informationen, über die er verfügt, analysieren? Kaum dass etwas passiert ist, verlangt das Volk „Her mit dem Präsidenten!" Das hat sich so eingebürgert. Das ist üblich so. Und was, wenn es anders werden würde? Der Präsident muss nicht irgendwohin fahren, wie ein Feuerwehrmann. Er muss keine Beamten empfangen und Zeit für Treffen vergeuden.

Man muss ihm die Möglichkeit einräumen, im eigenen Garten zu sitzen und von dort aus auf das, was im Land passiert, zu blicken und die eingehenden Informationen zu analysieren und hin und wieder irgendwelche Entscheidungen zu treffen. Vielleicht würde dann auch das Volk besser leben. „Was für ein Quatsch", denken jetzt vielleicht viele, so, wie auch ich anfangs gedacht habe. Quatsch? Und dass man einen Menschen nicht denken lässt, ist also normal? Für irgendjemanden ist es sehr vorteilhaft, wenn die Präsidenten verschiedener Länder so wenig wie möglich denken. Was geschieht mit unserem Land, wenn man unserem Präsidenten einräumt, in Ruhe nachzudenken, ihn in Ruhe lässt? Wenn man ihn wenigstens ab und zu aus dem künstlichen Informationsfeld gehen lässt?

Und plötzlich-! Bei diesem Gedanken durchfuhr es mich wie ein elektrischer Schlag und der Schreibtisch wurde warm. Eine unglaubliche Vermutung ... Vor Aufregung ergriff ich aus irgendwelchen Gründen den Telefonhörer und ohne eine Nummer zu wählen, weil sie kein Telefon hat, schrie ich: „Anastasia!"

Der Hörer brachte keinen gewöhnlichen Ton hervor. Nach einem Augenblick hörte ich klar die bekannte Stimme, die sich von allen Stimmen der Welt unterscheidet, die reine und ruhige Stimme Anastasias: „Guten Tag, Wladimir. Versuche, dich nicht wieder so sehr aufzuregen. Du siehst selbst, welche unnatürlichen Handlungen überflüssige Aufregung hervorruft. Ich werde nicht am Telefon mit dir sprechen. Beruhige dich bitte. Steh von deinem Tisch auf, geh etwas an die frische Luft in den Wald hinter deinem Haus."

Im Hörer ertönte ein Zeichen. Ich legte den Hörer auf die Gabel.

„So etwas", dachte ich, „hatte ich mich so aufgeregt. Aber war das tatsächlich Anastasia, die mit mir gesprochen hatte, oder schien es mir nur so vor Aufregung? Ich muss tatsächlich an die frische Luft und mich beruhigen."

Einige Zeit später zog ich mich an und ging in den Wald, der neben meinem Haus war, ich ging hinein und sah ... Anastasia stand unter einer Kiefer, etwas abseits vom Weg und lächelte. Ich achtete gar nicht auf ihre ungewöhnliche Erscheinung und begann sofort zu sprechen.

Wer rettete Amerika?

„Anastasia, ich habe verstanden ... Ich habe eine Analyse gemacht, deine Aussagen und die Ereignisse in Amerika gegenübergestellt und mir wurde klar ... Hör zu, wenn ich nicht Recht habe, dann korrigiere mich. Die Serie der Terroranschläge, zu denen es am elften September in Amerika kam, war nicht vollständig. Die Organisatoren hatten weit mehr vorbereitet. Wie?? Ja? ...

Natürlich war es so, nur kann ich mir keine Details vorstellen. Im Allgemeinen ... ich glaube, ich habe es gelernt. Aber im Detail ... Kannst du es genauer erzählen?"

„Ja."

„Dann erzähle."

„Der Hauptorganisator plante, sechs Terrorgruppen nacheinander einzusetzen. Jede der sechs Gruppen sollte zu der für sie festgelegten Zeit selbstständig handeln. Sie wussten nichts voneinander. Und ihre Führer wussten nicht, wer der Chef ist und was das Endziel sein sollte. Zu jeder Gruppe gehörten religiöse Fanatiker, die bereit waren zu sterben.

Nur eine Gruppe bestand aus Leuten, die die Verbrechen für Geld begehen wollten.

Die erste Gruppe sollte alle Zivilflugzeuge kapern, die sich zur selben Zeit über dem Land in der Luft befanden, welche von den Flughäfen abhoben und die, die auf das Land zuflogen. Alle gekaperten Flugzeuge sollten so gelenkt werden, dass sie für das Land wichtige Objekte zerstörten.

Sechs Tage zuvor sollte eine andere Gruppe das Wasser im Wasserversorgungssystem der zwanzig größten Hotels infizieren. Es war eine Methode ausgedacht worden, bei der es fast nicht möglich ist, festzustellen, wo die Quelle der Verseuchung und die Verbrecher sich befinden. Der Ausführende sollte in einem der Hotels wohnen. Er sollte auf dem Kaltwasserhahn eine spezielle Vorrichtung anbringen und den Hahn öffnen. Es tritt kein Wasser aus. Umgekehrt, durch den Luftdruck wird ein todbringendes Pulver in das Wasserversorgungssystem gedrückt. Danach wird der Wasserhahn geschlossen und am nächsten Morgen macht sich der Verbrecher auf den Weg in ein Hotel einer anderen Stadt.

Die in das Wasserleitungssystem gelangten Bakterien werden klebrig, sobald sie mit Wasser in Berührung kommen. Sie kleben an den Rohrwänden, schwellen an, vermehren sich und fließen nach unten. Nach 12

Tagen sind es sehr viele. In einem gewöhnlichen, natürlichen Wassermedium könnten sie sich nicht vermehren. Sie würden von anderen Bakterien vernichtet werden. Aber im Wasserleitungssystem geschieht ein solcher Ausgleich nicht. Der Mensch hat dem Wasser viele natürliche Eigenschaften entzogen.

Zu Zeiten einer großen Wasserentnahme, wenn die Menschen sich morgens waschen, reißt der Wasserstrom einen Teil der Bakterien ab, und durch den Hahn läuft verseuchtes Wasser. Der Mensch, der sich gerade wäscht, merkt nichts davon. Aber nach acht bis zwölf Tagen entstehen auf seinem Körper kleine Geschwüre. Mehr und immer mehr. Sie werden größer und eitern. Die Krankheit ist ansteckend und die Heilung schwierig. Die Organisatoren des Terroranschlags haben ein Gegengift. In vielen Ländern hätten Menschen daran erkranken können. Bald hätte sich herausgestellt, dass die Kranken in Hotels untergebracht waren. Das sollte nach der Entführung der Flugzeuge bekannt werden.

Ich möchte nicht erzählen, welche Straftaten andere Verbrecher ausführen sollten. Im Endeffekt aller Terroranschläge sollten Angst und Panik auftreten.

Viele Menschen hätten mit ihren Familien das Land verlassen, hätten versucht, ihr Kapital zu Banken von Ländern zu bringen, wo es ihrer Meinung nach weniger gefährlich war. Aber nicht jedes Land hätte sich einverstanden erklärt, Flüchtlinge aus den USA aufzunehmen. Furcht und Angst hätten die Bevölkerung der meisten Länder erfasst: Wenn das Land, das als mächtigstes gilt, nicht standhalten konnte ..."

„Halt, Anastasia, ich versuche selbst weiterzumachen. Und danach wären sie, die Hauptorganisatoren, hier aufgetaucht. Ich meine, sie hätten über irgendwelche Mittelsmänner ihre Forderungen gestellt."

„Ja."

„Aber es gelang ihnen nicht, alle angedachten Terrorakte auszuführen. Es gelang nicht, die Amerikaner vollkommen in Angst und Schrecken zu versetzen. Es gelang deshalb nicht, alle Pläne umzusetzen, weil sie gezwungen waren, viel früher, vor der völligen Vorbereitung zu handeln. Daher war es auch unlogisch. Es gab Terroranschläge, aber keine Forderungen. Es war schiefgegangen! Und ich kann mir denken, warum. Weil die Führer, die obersten Führer, unter den heutigen Priestern zu suchen sind. Sie waren von den Handlungen Bushs erschrocken und waren gezwungen, früher zu beginnen. War es so?"

„Ja. Sie ..." „Warte, Anastasia, ich muss selber dahinterkommen. Ich muss lernen, zu verstehen. Das ist sehr wichtig. Wenn ich es kann, dann heißt es, dass auch andere, solche wie ich, die Realität sehen können, in der wir leben. Das heißt, dass alle verstehen können, was für die Verbesserung des Lebens getan werden muss."

„Ja, Wladimir, wenn du es kannst, können andere es auch. Der eine früher, der andere später, aber die Menschen beginnen damit, das Leben in der herrlichen Realität aufzubauen. Sprich, nur ruhiger, es hat keinen Zweck, sich so sehr aufzuregen."

„Ja, ich bin schon fast nicht mehr aufgeregt. Obwohl, nein. Es ist schwer, nicht aufgeregt zu sein. So etwas. US-Präsident Bush zeigt den Neunmalklugen, wo es lang geht. Ich verstand, sie waren verzweifelt, als er ... ja, als der amerikanische Präsident Bush plötzlich auf seine Ranch im Staat Texas fuhr. Es ist erst ein halbes Jahr her, dass er Präsident wurde. Und plötzlich nimmt er Urlaub und fährt für fast einen Monat weg! Und wohin fährt er? In keinen schicken Kurort. In kein exotisches Schloss. Er fährt auf seine Ranch, wo er ein kleines Haus hat. Nicht mal eine Präsidentenleitung ist hier vorhanden. Nur ein ganz gewöhnliches Telefon und nicht allzu viele Fernsehkanäle, da keine Satellitenantenne vorhanden ist. Die Journalisten sprachen über diese Fakten, aber was dahinter steht, hat niemand verstanden. Ich habe im Internet alles zur Reise Bushs auf seine Ranch gelesen. Es stand nur die Tatsache an sich darin. Ja, man wunderte sich, warum er so früh Urlaub nahm und warum für so lange. Sechsundzwanzig Tage war er auf seiner Ranch und ließ keine Journalisten hinein und empfing keine Beamten.

Und niemand, nicht einer hat es verstanden. Der amerikanische Präsident George Bush hat etwas von großem Ausmaß vollbracht, was vor ihm

224

nicht ein Präsident geschafft hat, solange das Land besteht. Vielleicht kam auch nicht ein Führer in den letzten fünf- oder zehntausend Jahren auf so etwas."

„Ja, das gab es noch nicht."

„Seine Grandiosität besteht darin, dass ein Regent eines riesigen, des bedeutendsten Landes in der Welt zum Schrecken der Priester aller Arten plötzlich zum ersten Mal aus dem künstlichen Informationsfeld ausbrach. Er ging einfach heraus. Folglich unterlag er nicht mehr der Kontrolle der Okkultisten. Ich habe nun verstanden: Die Herrscher werden immer unter Kontrolle gehalten. Ihre täglichen Äußerungen, selbst die Intonation der Stimme und der Gesichtsausdruck werden scharf beobachtet. Ihre Handlungen werden korrigiert, indem man ihnen alle möglichen Informationen zuschiebt. Aber Bush ging einfach aus diesem Feld heraus. Sie erschraken. Sie versuchten, ihn auf okkulte Weise zu erreichen. So wie du sagtest, aus der Entfernung mit der Stimme diktieren. Aber weit gefehlt, sie erreichten ihn nicht. Erinnerst du dich an das, was du sagtest? Du sprachst davon, dass die Natur, die Flora und Fauna, die natürliche Welt ist und sie keine schädlichen okkulten Handlungen an den Menschen heranlässt. Sie schützt den Menschen, wenn dieser mit der natürlichen Welt in Kontakt kommt, wenn er sie selbst aufbaut."

„Ja, das ist tatsächlich so."

„George Bush hat offensichtlich nicht die Pflanzenwelt auf seiner Ranch geschaffen. Aber er hat diesen Ort selbst ausgewählt. Er hatte ein liebevolles Verhältnis zu ihm und zur Natur dort, das ist an vielen Fakten ersichtlich. Die Natur reagierte auf seine Liebe. Sie antwortete ihm ebenso. Sie verteidigte ihn genauso wie die Pflanzenwelt eines Familienlandsitzes. Ist so etwas möglich, Anastasia, wenn du sie nicht selbst aufziehst und sie reagiert dennoch?"

„Das ist möglich. Manchmal reagiert sie, wenn der Mensch sich aufrichtig und mit Liebe zur Umgebung verhält. In diesem Fall ist es mit George Bush so geschehen."

„Ja, ich habe das verstanden. Der Präsident war auf seiner Ranch. Alle dachten, er verfügte über keinerlei Informationen. Aber in Wirklichkeit hat sich der Strom der künstlichen Informationen der künstlichen Welt wesentlich verringert und der Strom natürlicher Informationen ist erheblich angewachsen. Der Präsident hat ihn über das Rascheln des Laubes, das Plätschern des Wassers, den Gesang der Vögel und den Hauch des Windes aufgenommen und nachgedacht. Analysiert. Gedacht. Man wird sich bemühen, diesen Fakt 'wegzuwischen', zu vergessen, nicht zu erwähnen. Umzuschalten. Das wird nicht gelingen! Er wird sowieso in die Geschichte der Jahrtausende eingehen. Ich habe verstanden, Anastasia. Man kann viele kluge Reden halten. Viele Lieder und Gedichte schreiben, wie der biblische König Salomon. Man kann aber auch deutlicher und überzeugender vorgehen, wie Bush es machte, und damit der Welt sagen: 'Seht, Leute, ich bin reich, ich habe die höchste Macht über das mächtigste Land der Welt. Aber all das ist nicht die Hauptsache für das menschliche Wesen. Die menschliche Seele, das Göttliche Wesen mag etwas anderes: nicht die künstlich erschaffene Welt, sondern die natürliche, die von Gott erschaffene. Meine Ranch liegt meiner Seele näher als Gold und technokratische Errungenschaften. Und deswegen fahre ich auf die Ranch. Denkt auch ihr Menschen über eure Bestrebungen in eurem Leben nach!' Der amerikanische Präsident machte die beste, stärkste und überzeugendste Werbung für Familienlandsitze, von denen du gesprochen hast. Für die künftigen russischen Familienlandsitze. Vor der ganzen Welt und wenn die Menschen es danach nicht verstehen, dann schläft die Menschheit wirklich oder die Menschen stehen unter Hypnose von irgendjemandem. Daher quälen sich die Menschen, sind krank, nehmen Drogen und kämpfen und bringen sich gegenseitig um. Wenn die Menschheit nach deinen Worten, nach den Handlungen von Bush nicht aus dieser Hypnose herauskommt, dann brauchen wir eine Katastrophe. Bush ist der Präsident. Er ist der am besten informierte Mensch in unserer technokratischen Welt, da er Zugang zu den Informationen von Geheimdiensten hat und Analyseinstitute ihm Informationen senden. Er kennt auch die Informationen der natürlichen Welt. Er kann vergleichen, analysieren. Er hat verglichen und mit seinen Handlungen gezeigt ... Halt. Wieder ein unglaublicher Zufall. Nein, eine ganze Reihe von Zufällen, wenn das Zufälle sind. Du sagtest ... Du sagst, und es geschieht ... Der russische Präsident wird zu Beginn des neuen Jahrtausends ein Gesetz über den Grund und Boden erlassen: dass jeder russischen Familie ein Hektar kostenlos überlassen wird."

Am einundzwanzigsten Februar 2001 wurde auf allen Nachrichtenprogrammen im Fernsehen die Reportage über die Sitzung des Staatsrates unter dem Vorsitz des russischen Präsidenten W.W. Putin übertragen. Auf der Sitzung wurde die Bodenfrage behandelt, das Privateigentum an Boden, einschließlich landwirtschaftlicher Nutzflächen. Die versammelten Gouverneure hatten verschiedene Ansichten. Die meisten Gebietsvorsitzenden, Mitglieder des Staatsrates waren dafür, den Russen den Boden als Privateigentum zur Verfügung zu stellen.

Ausgehend von den Repliken des Präsidenten, von seiner Rede und davon, dass gerade er ja die Frage über den Grund und Boden vor dem Staatsrat aufgeworfen hatte, war auch er dafür, den Menschen Grund und Boden als Privateigentum mit dem Recht der Vererbung zu übertragen.

Fazit der Sitzung war: Die Regierung hat die Aufgabe, bis Mai 2002 den Entwurf einer neuen Gesetzgebung zum Grund und Boden vorzubereiten und ihn der Staatsduma zur Prüfung vorzulegen.

Natürlich geht es um Verkauf und nicht um die kostenlose Zur-Verfügung-Stellung des Landes für Familienlandsitze, und die landwirtschaftlichen Nutzflächen werden davon gar nicht berührt, aber trotzdem, eine deutliche Vorwärtsbewegung ist zu spüren.

„Anastasia, ist das eine Reihe von Zufällen oder nimmst du in irgendeiner Form Einfluss auf die Menschen? Ja? Kannst du auch über Entfernungen hinweg mit deiner Stimme Anweisungen geben? Natürlich. Du kannst und du tust es. Sprichst du mit ihnen?"

„Wladimir, ich habe mit noch keinem Menschen, außer mit dir, und auch nur heute per Telefon, je über die Entfernung hinweg gesprochen, so wie du denkst, und ich nehme nie gewaltsam auf etwas Einfluss."

„Aber einmal, als ich in Moskau war, hörte ich deine Stimme, Anastasia. Du warst nicht da, aber deine Stimme erklang."

„Der Großvater war damals neben dir, Wladimir. Viele Menschen können Gedanken, die im Raum existieren, auffangen. Das ist eine natürliche Fähigkeit des Menschen. Früher besaßen sie alle Menschen, und daran ist nichts Schlechtes. Solange keine Gewalt im Spiel ist. Ein Mensch kann über die Entfernung hinweg einen anderen Menschen mit seinem Gedankenstrahl berühren, ihn wärmen und damit seinen Gedankenprozess beschleunigen. Jeder Mensch hat so einen Gedankenstrahl, nur seine Kraft ist unterschiedlich."

„Aber dein Strahl ist sehr stark, hast du mal versucht, damit Menschen zu berühren?"

„Ja. Aber ich werde ihre Namen nicht nennen."

„Warum?"

„Die Berührung des Strahls ist für diese Menschen nicht das wichtigste. Die Hauptsache ist, dass sie die Fähigkeit besitzen, die Wirklichkeit wahrzunehmen."

„Gut, du brauchst die Namen nicht zu nennen. Nur ... ja, das ist ja ... Weißt du, was ich gedacht habe? Grandios! Du kannst doch mit deinem Strahl auf die Entfernung nicht nur erwärmen, sondern auch etwas verbrennen. Du kannst selbst einen Stein in Staub verwandeln. Du hast das doch einmal gezeigt. Dann verbrenne diejenigen, die Terroranschläge vorbereiten. Verbrenne die Priester und überhaupt das ganze Teufelspack. Du hattest doch gesagt, ich erinnere mich, ich habe es aufgeschrieben: 'Ich verbrenne in einem Augenblick mit meinem Strahl die Finsternis der jahrhundertealten Postulate. Steht nicht mehr zwischen Gott und den Menschen ...' Nun, und so weiter. Erinnerst du dich an deine Worte?"

„Ja, ich erinnere mich."

„Was zögerst du dann? Warum brennst du sie nicht an? Du hast es doch gesagt."

„Ich habe von den Postulaten gesprochen. Aber ich würde mir nie erlauben, Menschen mit dem Strahl zu verbrennen."

„Auch nicht die Hauptorganisatoren von Terrorakten?"

„Auch die nicht."

„Warum?"

„Denke selbst nach, was du sprichst, Wladimir."

„Was gibt es da zu denken? Alle wissen, dass man Organisatoren von Terroranschlägen und ihre Helfer schnellstens vernichten muss. Damit sind schon Armeen verschiedener Staaten beauftragt. Sondereinheiten. Menschen sterben."

„Ihre Anstrengungen sind vergebens. Die wahren Organisatoren werden sie nicht finden und nicht vernichten. Die Terroranschläge können auf diese Weise nicht aufhören."

„Ja, umso mehr. Wenn du in einem Augenblick die Hauptorganisatoren und die Helfer berechnen und verbrennen kannst, dann tu das. Verbrenne sie!"

„Wladimir, kannst du nachdenken und feststellen, wer die Helfer der Hauptorganisatoren sind und wie viele es sind?"

„Na, überlegen kann man natürlich. Aber ich werde es kaum herausfinden. Wenn du es weißt, dann sage es, nenne ihre Namen."

„Gut. Unter den Helfern der Terroristen bist auch du, Wladimir, deine Nachbarn, Freunde, Bekannte."

„Was? Was sagst du da, Anastasia? Zu meiner Person und zu meinen Freunden weiß ich absolut sicher, dass wir keine Helfer sind."

„Die Lebensweise der meisten Menschen ist der Nährboden für Terror,

Krankheiten und alle möglichen Katastrophen, Wladimir. Ist denn derjenige, der in einem Werk arbeitet, in dem Gewehre und Patronen dazu hergestellt werden, kein Helfershelfer des Verbrechens?"

„Diejenigen, die Waffen herstellen, sind möglicherweise indirekt daran beteiligt. Aber du hast von mir gesprochen. Ich arbeite nicht dort, wo Waffen hergestellt werden."

„Aber du rauchst, Wladimir."

„Na und? Was hat das damit zu tun?"

„Rauchen ist schädlich. Folglich terrorisierst du deinen Körper."

„Meinen?... Aber es geht doch um was ganz anderes ..."

„Warum gleich von etwas anderem sprechen? Möge doch jeder aufmerksam seine Lebensweise analysieren. Besonders die Städter. Wissen die Autofahrer etwa nicht, mit welch tödlichem Gas ihr Auto die Luft verschmutzt? Wissen diejenigen, die in großen Mehrfamilienhäusern wohnen, etwa nicht, dass das Leben in diesen Wohnungen schädlich und gefährlich ist? Die Lebensweise in großen Städten ist auf die Vernichtung des Menschen, auf die Desorientierung des Menschen in Bezug auf den natürlichen Raum gerichtet. Die meisten Menschen, die so leben, sind die Helfer des Terrorismus."

„Angenommen, es ist so. Aber jetzt beginnen das viele zu verstehen und wollen ihre Lebensweise ändern. Also hilf den Menschen, verbrenne den Hauptorganisator des Terrors mit deinem Strahl."

„Wladimir, um deine Bitte zu erfüllen, muss ich über meinen Strahl viel böse Energie entsenden, die in der Lage ist, den Menschen zu vernichten."

„Na und? Dann mach es so. Denn dieser Mensch ist der Hauptorganisator von Terrorakten."

„Ich verstehe. Aber bevor ich die böse Energie auf einen anderen lenke, muss ich mich konzentrieren und in mir eine große Menge dieser Energie erzeugen. Dann kann sie sich wieder in mir sammeln oder sich teilweise in den anderen auflösen. Ich werde den Oberpriester vernichten, aber sein Programm wird weiterwirken. Und das Böse findet einen anderen Priester und der wird noch stärker als der vernichtete sein. Versteh doch, Wladimir, der Terrorismus, Morde und Raubüberfälle sind viele tausend Jahre alt. In Ägypten wurde ein Pharao von den Priestern vergiftet, weil er versucht hatte, sich ihren Taten zu widersetzen. Als Wissenschaftler im gerade abgelaufenen Jahrhundert sein Grabmal fanden, stellten sie fest, dass Tutanchamon erst achtzehn Jahre alt war. Aus der Bibel ist dir der Krieg der Priester bekannt. Erinnere dich, was im Alten Testament darüber gesagt wird. Bevor alle Juden aus Ägypten auszogen, stritten die Priester untereinander. Der Priester Moses bat darum, ihm die ungeteilte Macht über die Juden zu geben, aber die anderen Priester wollten seine Bitte nicht erfüllen, da fielen Heuschrecken über die Felder Ägyptens her. Dann kam es zum Massensterben aller Kinder. Menschen und Tiere wurden von vielen Krankheiten befallen und der Pharao ließ die Juden ziehen. In ihrer Angst gaben die Ägypter ihnen Vieh, Waffen, Gold und Silber.

Im Alten Testament ist davon die Rede, dass Gott derartige Taten in Ägypten bewirkte.

Ist Gott zu solchen Handlungen fähig? Natürlich nicht. Gott schafft ein glückliches Leben für alle. Die Terroranschläge in Ägypten haben doch die Priester verübt, als sie untereinander die Macht aufteilten. Und dann schoben sie die Schuld ihrer Missetaten auf Gott. Erinnere dich auch daran, Wladimir, wie Jesus gekreuzigt wurde. Wer war neben ihm, dem Gekreuzigten, an den Kreuzen? Banditen! So sagt es das Neue Testament. Und das war vor über zweitausend Jahren. Auch damals gab es Raubüberfälle unter den Menschen. Die Räuber wurden hingerichtet. Und mit welchem Ergebnis? Raubüberfälle gibt es auch heute. Mit jedem Tag immer mehr. Warum? Da sie Jahrtausende in Hast verbringen, haben die Menschen nicht erkannt, dass man Böses nicht mit Bösem bekämpfen kann. Das Böse wird in so einem Kampf nur noch schlimmer. Daher kann ich auf Böses nicht mit Bösem antworten, Wladimir."

„Du kannst also nicht oder du willst nicht, nun, es ist im Übrigen unwichtig. Deine Beweise sind gewichtig, wenn du sprichst, Anastasia. Die
Menschheit hat es tatsächlich nicht geschafft, innerhalb des Jahrtausends
Verbrechen zu bekämpfen. Vielleicht haben sie auch nicht mit den richtigen Methoden gekämpft. Nur wenn du auf die heutige Situation in der
Welt schaust, fällt dir auch nichts anderes ein, als die Terroristen mit mi-
litärischer Macht zu unterdrücken. Man hört jetzt immer öfter den Begriff 'religiöser Extremismus'. Hast du davon gehört?"

„Ja."

„Und man spricht noch vom 'islamischen religiösen Extremismus'. Es
ist der stärkste aller religiösen Extreme, sagt man."

„Ja, sagt man."

„Also, was tun? Ich habe gehört, dass sich die islamische Religion schneller als andere verbreitet. Unter meinen Bekannten gibt es auch Moslems
und das sind nette Leute, aber andererseits gibt es unter den Islamisten
auch Extremisten. Sie führen großangelegte Terroranschläge aus. Wie soll
man außer mit Militärgewalt noch gegen sie vorgehen?"

„Vor allem nicht lügen."

„Wem gegenüber nicht lügen?"

„Sich selbst gegenüber."

„Wie meinst du das?"

„Weißt du, Wladimir, du hast vom religiösen Extremismus der Moslems
gehört. Viele Menschen wurden als Terroristen bezeichnet. Nicht nur du
weißt das. Diese Nachricht wird verstärkt in der Welt verbreitet. Es ist
nicht schwer, vielen diesen Gedanken zu suggerieren, wenn es tatsächlich
Terrorakte gibt und Moslems daran beteiligt sind. Aber wenn über den
moslemischen Terrorismus gesprochen wird, wird ein anderes gewichtiges Argument verschwiegen."

„Welches?"

„Diejenigen, die als Terroristen und Extremisten bezeichnet werden, sind der Meinung, dass gerade sie den Terror aufzuhalten versuchen und ihr Volk von Plagen befreien. Ihre Argumente sind schlagkräftig. Sie meinen, dass sie die ganze Welt vor der Pest retten, die die westliche, nichtmoslemische Welt mit hineinbringt."

„Du sagst, ihre Argumente seien schlagkräftig. Aber ich habe überhaupt noch nichts über ihre Argumente gehört. Erzähle, wenn du welche kennst."

„Ja, ich erzähle es dir. Versuche zu urteilen und sage mir dann, wer von den beiden kämpfenden Seiten Recht hat. Die geistigen Lehrer sagen ihrer moslemischen Gemeinde dem Sinn nach ungefähr Folgendes: 'Schaut, Leute, schaut, was uns die Ungläubigen bringen. Die westliche Welt verkommt im Verderben, in Unzucht. Sie wollen ihre furchtbaren Krankheiten auch unseren Kindern einimpfen. Allahs Krieger müssen die Invasion der Ungläubigen aufhalten.'"

„Warte, Anastasia, das sind doch einfach Worte, worin bestehen ihre Argumente?"

„Sie führen Fakten an, in denen sie darüber berichten, dass in den westlichen Ländern, in den nicht moslemischen Ländern Unzucht, Prostitution und Homosexualität blühen. Es gibt Raubüberfälle. Mit jedem Tag werden immer mehr Menschen drogenabhängig und man kann die furchtbaren Krankheiten nicht stoppen – AIDS, zum Beispiel, und Alkoholsucht."

„Und bei ihnen, in den moslemischen Staaten, gibt es all das nicht, oder was?"

„Wladimir, in der moslemischen Welt, in den moslemischen Ländern gibt es sehr viel weniger Trinker und Raucher. Es gibt erheblich weniger AIDS-Kranke. Sie haben keinen Rückgang der Geburtenrate und im Vergleich zu anderen Ländern viel weniger Ehebrüche."

„Das heißt, beide Seiten sind davon überzeugt, dass sie für die richtige Sache kämpfen?"

„Ja."

„Und was bringt dann die Zukunft?"

„Die Priester sind der Meinung, dass sie alles getan haben, damit ein Krieg großen Ausmaßes beginnen kann. Die westlichen Länder haben sich vereinigt, die Christen attackieren die moslemische Welt. Danach vereinigt sich die moslemische Welt für den Kampf. Aber es ist ein ungleiches Kräfteverhältnis: Die Moslems haben keine modernen Waffen. Daher werden sie, wenn sie sehen, wie ihre Glaubensbrüder sterben, Tausende Terroristen ausbilden, um die westliche Welt zur Einstellung des Krieges zu bewegen. Der Krieg wird beginnen, aber er wird gestoppt werden, man wird seine Entfaltung nicht zulassen."

„Wer?"

„Deine Leser. In ihnen wird sich eine neue Weltanschauung herausbilden, die sich von der unterscheidet, die im letzten Jahrtausend herrschte. Sie schaffen jetzt Neues in ihren Träumen. Wenn die Träume sich in Realität umzuwandeln beginnen, werden alle Kriege und Krankheiten weichen."

„Du meinst, das wird passieren, wenn mit dem Bau der Familienlandsitze begonnen wird? Aber welches Verhältnis haben sie zur Einstellung von Konflikten, religiösen Lagern, die sich in der ganzen Welt gegenüberstehen?"

„Die frohe Botschaft über sie wird sich in der Welt verbreiten. Die Menschen der ganzen Erde werden die hypnotische Gefangenschaft durchschauen, aus dem tausendjährigen Schlaf aufwachen. Sie werden ihre Lebensweise ändern und begeistert die Göttliche Welt auf der ganzen Erde aufbauen."

„Natürlich, wenn das passieren wird, und noch dazu überall, dann wird sich die Welt tatsächlich verändern. Ich weiß, du träumst davon, Anastasia. Du glaubst an deinen Traum und wirst ihn nie verraten. Viele Menschen haben deine Idee mit den Familienlandsitzen verstanden. Diese

Menschen beginnen tatsächlich zu handeln. Aber, Anastasia, du weißt nicht alles. Komm! Gehen wir in meine Wohnung, in mein Arbeitszimmer. Ich zeige dir jetzt eine Sache und du wirst sehen, du wirst selber verstehen, womit diese Leute konfrontiert wurden."

„Gehen wir, Wladimir, du zeigst mir, was dir so die Ruhe nimmt."

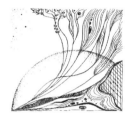

Wer ist dafür, wer ist dagegen?

Als wir in die Wohnung kamen, zog Anastasia ihre Wattejacke aus, legte das Tuch ab, und ihr goldenes Haar fiel auf ihre Schulter herab. Sie schüttelte leicht den Kopf und durch die Wohnung strömte der herrliche Duft der Taiga.

Ich nahm einen Stuhl und stellte ihn neben meinen Sessel im Arbeitszimmer am Schreibtisch, schaltete den Computer an und führte das Programm für den Internetzugang aus.

Nicht alle in Russland wissen, was das ist. Daher möchte ich es kurz erklären. Das Internet ist ein Informationsnetz, das sich in vielen Ländern der Welt intensiv entwickelt. Mit Hilfe eines Computers kann man in dieses Netz über eine Telefonleitung, die mit dem Server verbunden ist, hineingehen. Ein Server ist ein spezieller leistungsstarker Computer, der eine Vielzahl aller möglicher Informationsmitteilungen enthält. Auf dem größten Teil der Server kann man seine eigenen Mitteilungen unterbringen.

Die Stiftung für Kultur und Unterstützung der Kreativität „Anastasia" in Wladimir besitzt gemeinsam mit der Moskauer Firma „Russkij express" auch einen Server und sie haben eine Seite mit dem Namen „Anastasia.ru" eingerichtet.

So kann der Leser, der einen Computer hat, auf der Tastatur diesen Namen eingeben und auf unsere Seite kommen. Er kann seine Meinung zum Gelesenen äußern, indem er eine Mitteilung eingibt, er kann sich mit den Meinungen anderer Leser vertraut machen und über irgendeine Frage streiten oder sie diskutieren.

Diejenigen, die keinen eigenen Computer haben, können dasselbe tun, indem sie sich an einen der Internet-Clubs wenden, die es jetzt in allen Gebiets- und Kreiszentren und wahrscheinlich auch in den meisten Städten Russlands gibt.

Von Zeit zu Zeit ging ich auch über meinen Computer ins Internet und las die Lesermeinungen. Ich konnte es nicht oft tun, da ich es nicht schaffte, auf die persönlich an mich gerichtete Post zu antworten. Auf der Seite Anastasia.ru gingen im letzten Jahr über vierzehntausend Briefe ein. Die Menschen diskutierten konkrete Fragen in Verbindung mit den Ideen Anastasias zu den Familienlandsitzen. Sie schlugen Entwürfe für die Korrektur der Verfassung vor, wollten ein Referendum zu dieser Frage abhalten.

Das Wesen der Idee Anastasias, jeder Familie, die den Wunsch hat, mindestens einen Hektar Land für einen Familienlandsitz zur Verfügung zu stellen, war in den Schreiben an den Präsidenten klarer und stichhaltiger dargelegt, als ich das in meinem Buch „Wer sind wir?" getan hatte. Urteilen Sie selbst. Für die Leser, die keine Möglichkeit des Internetzugangs haben – hier ist ein Auszug aus einem Brief.

Offener Brief
an den Präsidenten der Russischen Föderation,
Wladimir Wladimirowitsch Putin

Sehr geehrter Wladimir Wladimirowitsch,

in den Jahren der Sowjetmacht, an die sich viele auch jetzt noch als an die besten Jahre des Lebens erinnern, ereignete sich wohl das Schlimmste, was passieren kann: Wir, die Bürger eines großen Landes, Russlands, eine historisch entstandene Weltmacht, die als Sieger aus dem furchtbaren 2. Weltkrieg hervorging und die es geschafft hat, in so phantastisch kurzer Zeit die vom Krieg zerstörte Wirtschaft wieder aufzubauen, haben uns unmerklich in ... willenlose ... Parasiten und Schmarotzer verwandelt.

Sehen Sie – wir alle gingen zur Arbeit, sorgten uns nicht über einen freien Arbeitsplatz und erhielten einen stabilen Lohn, für den man normal leben konnte. Wir ließen unsere Kinder studieren und glaubten an ihre Zukunft. Wir wussten, dass wir mit Erreichen des Rentenalters eine stabile Rente erhalten und in Ruhe unser Alter verbringen konnten ... Und diese Stabilität, dieses mächtige totalitäre System spielte uns einen bösen Streich: Jetzt, da wir uns an die soziale Passivität und soziale Apathie und Gleichgültigkeit gewöhnt haben, aber eine solch stabile materielle Grundlage für das Leben nicht mehr erhalten, beginnen wir uns aufzuregen. Sehen Sie, wir haben nicht gehandelt und unser Leben verbessert, sondern haben nur die bestehende Macht gehörig beschimpft und gescholten, jeden neuen Präsidenten und die derzeitige Regierung, und haben sie und nur sie für die Schuldigen an der Gegenwart gehalten. Denn wir sind der Meinung, dass man uns einen stabilen Lohn zahlen muss, dass man sich um unsere Gegenwart und Zukunft sorgen muss. Und wir werden einfach Vergnügen an unserem Leben haben ... und nichts für die Unterstützung dieser Stabilität und des Wohlergehens tun. Sicher sind Sie auch der Meinung, dass es eine parasitäre Erscheinung ist, wenn eine Bewegung nur in eine Richtung erfolgt. Wenn wir nur etwas bekommen möchten, ohne dafür etwas zu geben, dann ist das die Position eines Parasiten.

Aber es geschah etwas WUNDERBARES: Tausende und Abertausende Bürger Russlands sind in Bewegung geraten – AUFBAUEN, SCHAFFEN!

SCHAFFEN – ein herrliches blühendes Eckchen in der Heimat RUSSLAND;

SCHAFFEN – die herrliche Gegenwart und die Zukunft für uns und unsere Kinder;

SCHAFFEN – sein materielles und geistiges Wohlergehen;

SCHAFFEN – Russland zum reichsten und aufblühendsten Land!

Und dafür brauchen diese Menschen alles in allem ein kleines Stückchen Land in der Größe von einem Hektar und die Gewissheit, dass ihnen dieses Land nicht wieder genommen wird, ihre Heimat, wo sie für Jahrhunderte einen Raum der Liebe für sich und ihre Kinder schaffen werden. Einen RAUM DER LIEBE, der aus allen blühenden Eckchen des unermesslichen Russlands zusammenfließen und der ganzen Welt über das große Wunder berichten wird – über die Wiedergeburt des Großen Russland!

Ich habe den Eindruck, dass gerade jetzt in Russland eine Situation entstanden ist, von der jeder Herrscher, nennen Sie ihn Präsident, nur träumen kann: eine Situation, in der die Menschen selbst arbeiten und für sich einen materiellen und geistigen Wohlstand schaffen wollen, ohne den Staat um etwas zu bitten, außer um ein Stück Land und ein Zeichen der Stabilität, im Gesetz verankert.

Ist nicht das der Traum eines jeden Staates – eine UNER-SCHÖPFLICHE QUELLE des Reichtums und des Wohlstandes in sich zu öffnen, STABILITÄT in sich zu erreichen und Unabhängigkeit von äußeren Unannehmlichkeiten!

Sehr geehrter Wladimir Wladimirowitsch, ich bekräftige nochmals wie auch Tausende Bürger Russlands meine Absicht, mein kleines Eckchen Heimat, Russlands, zu ERSCHAFFEN und es zu einem blühenden Garten für viele Generationen meiner Nachkommen zu machen.

Wie Tausende Bürger Russlands bekräftige ich nochmals mein Vorhaben, zum Wohle meiner Familie und zum Wohle meiner Heimat zu arbeiten.

Wie Tausende Bürger Russlands habe ich aufgehört, Sie und unsere Regierung gedankenlos und ungehemmt zu kritisieren, da ich verstehe, wie kompliziert und verantwortungsvoll Ihre Arbeit ist.

Wie Tausende Bürger Russlands glaube ich an Ihre Weisheit und Weitsicht, daran, dass Sie mit aller Verantwortung die entstandene Situation bewerten werden.

Es ist endlich an der Zeit, dass wir ein freundschaftliches Kollektiv werden, ein Kollektiv Gleichgesinnter, in dem wir Sie als einen nahen Freund VERSTEHEN und AUFNEHMEN und Sie unsere Liebe und Unterstützung fühlen und mit der Liebe auch für uns, wie für ein Ihnen anvertrautes Volk, Sorge tragen werden.

UND ZUSAMMEN WERDEN WIR EINE WAHRE UND HERRLICHE ZUKUNFT UNSERER KINDER, UNSERES RUSSLANDS SCHAFFEN!

Wadim Ponomarjow, Bürger Russlands

20. Juli 2001

Genauso verleumdeten sie unsere Ureltern

Einmal schaltete ich das Suchsystem an, das nach Schlüsselwörtern die Anzahl der Web-Seiten ermittelt, die die angegebenen Wörter enthalten. Ich gab das Wort „Anastasia" ein. Auf dem Monitor leuchtete eine sehr große Zahl auf: 246 russischsprachige Server, und es waren auch ihre Adressen angegeben. Ich konnte noch nicht glauben, dass sie sich alle auf die sibirische Anastasia bezogen, und so begann ich, der Reihe nach diese Adressen einzugeben und mich mit ihrem Inhalt vertraut zu machen. Es stellte sich heraus, dass die übergroße Mehrheit in diesem oder jenem Umfang eben über Anastasia aus Sibirien diskutierten. Ihre Ideen wurden auf vielen Servern positiv aufgenommen. Zunächst freute mich das sehr, aber als ich mich mehr in den Umfang der Internetinformationen vertiefte, stieß ich auf eine noch unwahrscheinlichere Tatsache. Auf einigen Seiten waren eine Auswahl von Presseartikeln und anonyme Mitteilungen, in denen davon die Rede war, dass die Anastasia-Bewegung eine Sekte sei. Alle Leser seien Sektenmitglieder. Auf einer Seite waren lakonisch Listen aller oder der meisten in Russland existierenden Sekten aufgeführt, darunter auch „Anastasia" und sie unterstützende. Auf welcher Grundlage es zu einer solchen Erklärung kam und wer diese Gerüchte verbreitete, wurde nicht genannt. Es wurde nur auf die Tatsache verwiesen, als würde sie bestehen und wäre allen schon längst bekannt.

Die Artikel und kurzen Notizen aus verschiedenen zentralen und regionalen Ausgaben, die auf den einzelnen Seiten untergebracht waren, ähnelten einander sehr und stets liefen sie auf eines hinaus – die Bewegung „Klingende Zedern Russlands" ist eine Sekte oder ein Geschäft. Die „Anastasia"-Bewegung wurde mit solchen sektenähnlichen Organisationen wie „Aum Shinrihyô" verglichen. Es war davon die Rede, dass die Leserschaft eine totalitäre Sekte sei. Es wurden Worte verwendet wie „Obskuranten", „Destruktivismus". Konkrete Fakten wurden nicht genannt: nur die Schlussfolgerung – und das war alles.

Da ich die genaue Formulierung des Wortes „Totalitarismus" nicht kannte, schlug ich im Großen Enzyklopädischen Wörterbuch nach und fand in ihm Folgendes: „Totalitarismus ist eine Herrschaftsform, die durch vollständige Kontrolle über alle Sphären des Lebens der Gesellschaft, faktische Liquidation der konstitutionellen Rechte und Freiheiten, Repressionen in Bezug auf die Opposition und Andersdenkende gekennzeichnet ist (zum Beispiel verschiedene Formen des Totalitarismus im faschistischen Deutschland, Italien, das kommunistische Regime in der UdSSR)."

Ein starkes Stück! Das würde bedeuten, dass ich oder Anastasia eine derartige totalitäre Sekte leiten, die bereit ist, die Macht zu stürzen, Freiheiten der Verfassung abzuschaffen und ein faschistisches Regime zu errichten. Ich stehe überhaupt keiner Organisation vor, umso weniger Anastasia. Die letzten sechs Jahre habe ich nur Bücher geschrieben, ein- oder zweimal im Jahr trete ich auf Leserkonferenzen auf, die für alle Interessenten offen sind. Meine Reden werden auf Band aufgezeichnet und jeder kann sich damit vertraut machen.

Aber warum, zu welchem Zweck und von wem wird diese unverhohlene Lüge verbreitet? In einem Zeitungsartikel in Beilage zur „Komsolskaja Prawda" in Wladimir ist sogar die Rede davon, dass Anastasia in den Büchern die Menschen dazu aufruft, ihre Wohnungen zu verlassen und in den Wald zu gehen.

Wie denn das?, dachte ich. Anastasia spricht doch vom ganzen Gegenteil. Ihre Worte waren: „Man muss nicht in die Wälder gehen, räume erst dort auf, wo du Schmutz hinterlassen hast." Und sie ruft die Menschen dazu auf, ihre Familienlandsitze neben den Städten zu bauen und die Lebensweise allmählich in eine zivilisiertere und für die physische Gesundheit und die Seele akzeptablere zu ändern.

Da ich nicht die Möglichkeit hatte, mich selbst mit den vielen Informationen vertraut zu machen und sie noch dazu zu analysieren, wandte ich mich an einige bekannte Politologen, damit diese unabhängig voneinander die Situation analysierten und ihr Gutachten abgaben. Sie nahmen für ihre Arbeit ein nicht geringes Honorar, da jeder dafür die fünf Bücher und die im Internet vorhandenen Informationen zu den Büchern lesen musste. Ich erklärte mich einverstanden.

Drei Monate später erhielt ich das erste Gutachten des Experten und einige Zeit später auch die anderen. Sie gaben ihre Schlussfolgerungen mit verschiedenen Worten wider, unabhängig voneinander, da sie sich untereinander nicht kannten. Sie kamen aber ungefähr zu demselben Schluss. Nachstehend führe ich Auszüge aus einem typischen an:

„... Gegen die Ideen, die in der Buchreihe 'Klingende Zedern Russlands' dargelegt sind, läuft eine zielgerichtete deutliche Kampagne mit dem Ziel, ihre Verbreitung in der Gesellschaft zu verhindern ...

Die Kernideen der Bücher bestehen in der Stärkung des Staates, in der Entwicklung eines nach Möglichkeit vollen Einvernehmens zwischen verschiedenen sozialen Schichten der Gesellschaft durch Wohlstand jeder einzelnen Familie. Der Wohlstand wird erreicht, indem jeder Familie, die das wünscht, mindestens ein Hektar Land zur lebenslangen Nutzung übertragen wird. Im Kontext der Bücher klingt diese Idee recht überzeugend und dominiert über die anderen. Folglich opponieren die Gegner, gleich mit welchen Argumenten, tatsächlich gerade gegen diese Idee.

Die nächste Frage der Buchreihe 'Klingende Zedern Russlands', die das Göttliche Wesen des Menschen, den Ursprung seiner Seele, betrifft, kann auf viele religiöse Konfessionen abstoßend wirken. Die Hauptheldin des Buches bestätigt, dass das paradiesische Leben des Menschen auf der Erde von ihm selbst aufgebaut werden soll. Der Mensch ist ewig, von Jahrhundert zu Jahrhundert ändert er nur seinen Leib. Die ganze uns umgebende Natur ist von Gott geschaffen und ist Sein lebender Gedanke. Nur in Berührung mit der Natur kann der Mensch das Programm Gottes, das Wesen seiner Vorbestimmung auf der Erde verstehen ...

Diese Konzeption, ihre Argumentation und Überzeugung müssen einfach abstoßend wirken, besonders in Kreisen religiöser Fanatiker, die das

Weltende und den Übergang der einen ins Paradies über den Wolken und der anderen in die Hölle für unvermeidlich halten. Eine solche Konzeption ist für viele Menschen vorteilhaft, die unfähig sind, ihr Leben unter den Bedingungen des irdischen Seins glücklich aufzubauen.

Den Ideen der Hauptheldin der Buchreihe 'Klingende Zedern Russlands', Anastasia, wird Widerstand entgegengebracht, indem in den Massenmedien Gerüchte in die Welt gesetzt werden, dass die Leser, die die Initiative ergreifen, um die im Buch dargelegten Projekte umzusetzen, einer totalitären Sekte angehören.

Ein solches Herangehen wurde nicht zufällig gewählt, denn es ist in der Lage, die Staatsmacht von den Lesern, die die Initiative ergreifen, von ihren konkreten Vorschlägen und von der Diskussion der im Buch aufgeworfenen Probleme in den Massenmedien zu distanzieren sowie die Verbreitung der Bücher und der darin aufgeführten Ideen zu verhindern. Es ist die Tatsache zu bemerken, dass die gegenüberstehende Seite ihr Ziel erreicht hat. Nach vorliegenden Informationen wurde in vielen Verwaltungsbehörden die Information verbreitet, dass die Leser der Sekte angehören.

Unklar und recht rätselhaft stellen sich die Ziele der entgegenwirkenden Seite dar.

Beim Machtkampf der Kandidaten kann bei Anwendung schmutziger Technologien der Auftraggeber in der Regel leicht ausfindig gemacht werden. In der Wirtschaft ist es ebenfalls nicht schwierig, im Konkurrenzkampf einzelner Firmen den Auftraggeber für Diskreditierungen und umso mehr sein Ziel auszumachen. Es ist immer klar – der Konkurrent soll beseitigt oder geschwächt werden.

Anastasia spricht von einem neuen Bewusstsein des Menschen, von einer neuen Lebensweise, der Änderung des Staatsaufbaus auf einer vollkommeneren Grundlage.

Wer kann gegen diese Bestrebungen sein? Nur Kräfte, die ein Interesse an einem destruktiven Zustand einzelner Familien, der Staaten und der gesamten Gesellschaft haben. Die Tatsache, dass derartige Kräfte existieren, macht sich durch ihre deutlich ausgedrückte Konfrontation bemerkbar, die in diesem Fall in der Organisation von Handlungen liegt, welche sowohl gegen Anastasia und ihre Ideen als auch gegen die Leser der Bücher 'Klingende Zedern Russlands' gerichtet sind. Allem Anschein nach wirken sie über ihnen direkt oder indirekt untergeordnete Strukturen und einzelne Personen."

Ich zeigte Anastasia einzelne Ausschnitte aus Diskussionen zu Themen auf den Internetseiten, las das Gutachten des Experten, in der Hoffnung, dass diese Situation sie berührte und aufregte und sie diese irgendwie zu korrigieren versuchen würde.

Aber Anastasia saß ruhig neben mir auf dem Stuhl, hatte die Hände auf die Knie gelegt, und ihr Gesicht zeigte keine Aufregung, im Gegenteil, sie lächelte ein wenig.

„Warum lächelst du, Anastasia?", fragte ich. „Regt es dich überhaupt nicht auf, wie deine Leser verleumdet werden? Wie ihre Initiativen, Land für Familienlandsitze zu bekommen, blockiert werden?"

„Wladimir, mich freut der begeisterte Aufbruch vieler Menschen, das Verstehen des Wesens und der Bedeutung der bevorstehenden Vollendungen. Schau, wie bewusst sie ihre Gedanken darlegen und Pläne für die Zukunft schmieden. Der Brief an den Präsidenten ist besser, als du es in deinem Buch formuliert hast. Sie wollen eine Konferenz mit dem schönen Namen 'Wähle deine Zukunft!' durchführen. Es ist sehr gut, wenn die Menschen beginnen, über die Zukunft nachzudenken."

„Sie haben das vor. Aber siehst du denn nicht, welchen Widerstand man ihnen entgegenbringt? Man hat sich einen cleveren Zug ausgedacht: Bezeichnet alle als Sektierer und erschreckt damit das Volk und distanziert die Verwaltungsbehörden. Merkst du das etwa nicht?"

„Ich merke das. Aber in diesem Widerstand ist nichts Cleveres oder Neues. Genau auf diese Weise wurde die Kultur der Lebensweise und das Wissen unserer UrelTern vernichtet. Nun handeln die finsteren Kräfte mit den alten Methoden. Im weiteren werden sie sich selbst irgendwelche

Provokationen ausdenken und dann Gerüchte in die Welt setzen, die die Leute erschrecken. Das gab es schon, Wladimir."

„Ja, genau. Und sie haben gesiegt. Du sagst doch selbst, sie haben die Kultur unserer Ureltern vernichtet, die Geschichte verdreht. Das heißt, sie werden auch jetzt, indem sie die erprobten Methoden hernehmen, gewinnen. Wenn sie nicht bereits gewonnen haben. Wie kann es sein, dass so eine einfache Frage wie das Zur-Verfügung-Stellen eines Hektars Land für jede Familie, die das möchte, in einem Jahr nicht zu lösen ist? Gut, wenn sie für etwas Unanständiges um diesen Hektar bitten würden. Es ist nicht möglich, Land zu erhalten, um darauf seinen Familienlandsitz aufzubauen, normale Lebensbedingungen und Ernährung zu organisieren. Da leben Flüchtlinge schon mehr als drei Jahre in Zeltlagern. Gib denen, die das wollen, einen Hektar Land, und sie hätten sich in diesen drei Jahren schon menschliche Lebensbedingungen eingerichtet. Ich habe viel nachgedacht, Anastasia. Darüber, welch kolossale Veränderungen in unserem Land vor sich gehen könnten. Wenn man den Menschen, die ihre Familienlandsitze schaffen wollen, keine Steine in den Weg legen, sondern sie unterstützen würde. Aber so eine einfache Frage wie die Zuteilung von Land kann nicht entschieden werden."

Frohe Botschaft

„Diese Frage ist ganz und gar nicht einfach, Wladimir. Zieht sie doch globale Veränderungen auf unserem Planeten und im Universum nach sich. Wenn Millionen glücklicher Familien auf der Erde beginnen, den Planeten bewusst in einen blühenden Garten zu verwandeln, wenn die

Harmonie, die auf der Erde herrscht, ihren Einfluss auf andere Planeten und den Raum ausübt. Im Moment steigt von der Erde qualmender Gestank in den Kosmos und auf der Erdumlaufbahn gibt es immer mehr Müll und es geht eine boshafte Energie von der Erde aus. Es wird eine andere Energie ausgehen, wenn die Erdenbürger bewusster leben. Und die Glückseligkeit, die von der Erde ausgeht, wird den anderen Planeten blühende Gärten schenken."

„Das ist grandios! Gab es denn nicht aber schon früher in der Geschichte der Menschheit eine solche Möglichkeit? Denn auch in Russland hatten doch die Gutsbesitzer vor der Revolution ihre Ländereien. Und auch jetzt ist der Grund und Boden in vielen Ländern der Erde in Privateigentum. Bei uns gibt es auch Farmer. Man verpachtet ihnen für einen langen Zeitraum Boden. Aber da kommt nichts Gutes dabei heraus. Warum?"

„Es gab nicht so eine Bewusstheit, wie sie heute in den menschlichen Seelen und im Verstand als Göttlicher Keim heranwächst. Das, was du als einfache Frage bezeichnest, Wladimir, war in Wirklichkeit in den okkulten Jahrtausenden das größte Geheimnis, das die Priester hüteten. In vielen Religionen zu allen Zeiten wurde über Gott gesprochen, aber in keiner wurde vom Offensichtlichen erzählt. Indem der Mensch bewusst mit der Natur umgeht, kommuniziert er mit dem Göttlichen Gedanken. Den Raum verstehen, heißt Gott verstehen. Allein der Gedanke, der Traum vom Familienlandsitz, wo alles in Harmonie mit dir ist, ist in seinem Kern Gott näher als die vielen und ausgeklügelten religiösen Rituale der Menschen. Die Geheimnisse des Alls werden sich dem Menschen öffnen. Der Mensch wird plötzlich in sich Fähigkeiten entdecken, die heute noch nicht einmal in den kühnsten Vorstellungen existieren. Und der Mensch wird wahrhaft zum Ebenbild Gottes, jener Mensch, der die Göttliche Welt um sich zu schaffen beginnt.

Denke nach, warum die Weisen das wohl nirgendwo erwähnen. Alles deshalb, weil der Mensch, der sein irdisches Wesen und seine Möglichkeiten erkennt, frei von okkulten Zaubern wird. Die Macht der Priester weicht von ihm. Nichts und niemand wird über den Menschen herrschen können, der um sich einen Raum der Liebe schafft. Und der Schöpfer wird für einen solchen Menschen kein schrecklicher und strenger Richter sein, sondern ein Vater und Freund. Aus eben diesen Gründen sind in den Jahrhunderten viele solcher Winkelzüge erfunden worden, um den Menschen von seiner Hauptbestimmung abzulenken. Land! So eine einfache Frage, sagst du, Wladimir. Überlege doch mal, warum Jahrhunderte vergehen und der Mensch keinen heimatlichen Boden hat. Du hast von Farmern, von Gutsbesitzern gesprochen. Aber diese haben doch auf der heimatlichen Erde andere gezwungen zu arbeiten. Sie haben danach gestrebt, so viel Gewinn wie möglich aus ihrem Land zu ziehen. Die, die nicht auf ihrem eigenen Land gearbeitet haben, konnten keine Liebe zu ihm empfinden. Oftmals warfen sie die Samen mit Boshaftigkeit in die Erde und Böses wuchs heran. Jahrtausende hat man die einfachen Wahrheiten vor den Menschen verborgen. Den heimatlichen Boden dürfen auf gewaltsamem Wege keine fremden Hände und Gedanken berühren. Die Herrschenden haben zu verschiedenen Zeiten den Menschen Landparzellen zur Verfügung gestellt, aber solche, mit denen der Sinn des irdischen Handelns für den Menschen unverständlich blieb.

Gibt man dem Menschen nur wenig Land, zum Beispiel ein Viertel Hektar, kann eine Familie darauf keine Oase erschaffen, die ihr ohne Anstrengungen des Menschen dienen kann. Eine flächenmäßig große Parzelle kann der Mensch selbst nicht mit seinem Gedanken leiten und er zieht Helfer heran, das heißt fremde Gedanken. So wurden die Menschen die ganze Zeit mit List und Tücke von dem Wesentlichen entfernt."

„Und was heißt es, dass keine einzige Religion im Laufe von tausend Jahren die Menschen dazu aufrief, Göttliche Oasen auf der Erde zu schaffen? Im Gegenteil – ständig riefen sie die Menschen von der Erde irgendwohin! Das läuft darauf hinaus, dass sie ...“

„Wladimir, sag nichts Schlechtes über die Religionen. Dein geistiger Vater, der Mönch Feodorit, führte dich zum heutigen Tag. Und wir beide sind uns einst in vielem auch dank ihm begegnet. Jetzt ist der Tag gekommen, wo die ganze Gemeinde der verschiedenen Bekenntnisse darüber nachdenken muss, wie man die geistigen Führer vor dem Unheil rettet.“

„Vor welchem Unheil?"

„Vor dem, welches sich im vorigen Jahrhundert ereignete, als die Menschen die Kathedralen zerstörten und die Kirchendiener verschiedenen Glaubens in den Tod schickten."

„Du meinst unter der Sowjetmacht, aber jetzt herrscht doch Demokratie, Glaubensfreiheit, und die Staatsmacht hat eine loyale Haltung allen, oder zumindest den Hauptreligionen gegenüber. Wieso sollten sich plötzlich die Ereignisse vergangener Jahre wiederholen?"

„Schau dir die heutigen Ereignisse aufmerksamer an, Wladimir. Du weißt, dass sich viele Länder im Kampf gegen den Terror zusammengeschlossen haben."

„Ja."

„Sie haben andere Länder ausgemacht, die Terrorismus hervorbringen, und sie haben die Namen der Anstifter genannt. Unter anderem haben sie geistige und religiöse Führer beschuldigt. Es wurde angekündigt, dass Sondereinheiten auf sie Jagd machen werden. Aber das ist erst der Anfang. Es gibt bereits mehrere Berichte an Staatsmänner großer und kleiner Länder, in denen das Wesen der vielen Religionen dargelegt wird. In diesen Berichten ist in vielen Beispielen davon die Rede, dass die Kriege auf der Erde und der Terror durch sie – die Religionen – hervorgebracht wurden. Berichte sind vorbereitet. Die Analytiker haben in ihnen alles genau und überzeugend dargelegt. Im weiteren werden die Fakten vieler Verbrechen allmählich bekannt gemacht, man erinnert die Menschen an die vielen Kreuzzüge, an Intrigen, an Perversion und Habsucht der okkulten Diener. Wenn in vielen Menschen die Empörung groß genug geworden ist, kann es überall zu Pogromen und Zerstörungen von Kathedralen kommen. Jetzt versuchen die Diener vieler Religionen den religiösen Extremismus aufzuhalten und geben Erklärungen ab, dass die Extremisten zu ihnen keine Beziehung haben, und verurteilen offen den Extremismus. Noch werden ihre Erklärungen wahrgenommen. Genauer gesagt, die Herrscher stellen sich so, als ob sie nicht verstehen ... und die Erklärungen stellen sie zufrieden. Indessen wird sich in geheimen

Berichten schon vorbehalten: Religionen kodieren die Menschen, egal unter welchem Vorwand. Die Vorwände können wohlgemeint sein und dazu aufrufen, Gutes zu tun. Aber der Glaube an das, was der Mensch nicht sieht und was er ergeben als die Wahrheit vom Prediger hinnimmt, ist immer folgenschwer: Er ermöglicht, den kodierten Gläubigen zu lenken. Der Wille des Predigers kann jedoch aus einem gläubigen Menschen ohne weiteres einen Selbstmordattentäter machen. Zur Bestätigung einer solchen Schlussfolgerung ist in dem geheimen Bericht eine Vielzahl verschiedener Beweise aus der Vergangenheit und der Gegenwart aufgeführt. Die Herrscher neigen dazu, eine Religion auszuwählen und sie unter ihre völlige Kontrolle zu nehmen und alle anderen als destruktiv zu erklären und zu vernichten. Später, wenn es nicht klappt, alle Völker für eine Religion zu begeistern, dann versuchen sie wenigstens, alle Religionen in ihren Ländern zu vernichten. Eine solche Entscheidung führt zu einem nicht enden wollenden Krieg. Der Beginn für einen solchen Krieg ist faktisch schon gelegt, er läuft schon. Er muss gestoppt werden, und das kann nur auf eine Art und Weise geschehen: Den geistigen Führern muss Bewusstheit verliehen werden, nur eine gute Nachricht kann den Frieden auf der ganzen Erde wiederherstellen. Diejenigen, die die gute Nachricht aufnehmen und sie in den großen und kleinen Kirchen verkünden, werden die Kirchen mit vielen Menschen füllen. Diejenigen, die sie nicht wahrnehmen, werden sich in den leeren und zerfallenden Kirchen wiederfinden."

„Welche Nachricht meinst du, Anastasia? Erzähle bitte mit einfachen Worten."

„Diejenigen, die sich als geistige Lehrer bezeichnen, die über Gott sprechen und in modernen Schulen die Kinder unterrichten, müssen die Schaffung des Raumes der Liebe auf dem eigenen Familienlandsitz von jeder auf der Erde lebenden Familie als gottgefällige Tat anerkennen. Sie müssen es anerkennen und in den Kirchen zusammen mit den Gemeinden Projekte für künftige Siedlungen schaffen. Sie müssen mit den Menschen zusammen versuchen, das Urwissen zurückzuholen. Sie müssen träumen und diskutieren und das Projekt im Detail vervollkommnen. Der Prozess des Erschaffens des Traums dauert nicht nur ein Jahr. Dann, wenn sich alles auf der Erde zu verkörpern beginnt, werden die Menschen in Harmonie, im reellen und im Göttlichen Raum leben."

„Anastasia, jetzt habe ich verstanden. Du möchtest, dass man in allen Kirchen und möglichst noch in verschiedenen religiösen Richtungen und an den Schulen und den höheren Bildungseinrichtungen beginnt, die Natur zu studieren. Dass man sich die Wissenschaft von der Schaffung des Familienlandsitzes als ein besonderes Projekt aneignet. Nehmen wir an, dass dadurch tatsächlich verschiedene religiöse Konfessionen, nicht mit Worten, sondern mit Taten zusammengebracht werden können.

Nehmen wir an, dass das die Menschen tatsächlich aus dem hypnotischen Schlaf wecken kann, dass der Terrorismus aufhört, dass es keine Drogensucht und die vielen anderen negativen Prozesse in der Gesellschaft gibt.

Nehmen wir das mal an. Aber ... Wie kannst du alle Patriarchen davon überzeugen, alle Kirchendiener und dann noch von verschiedenen geistigen Konfessionen? Wie wirst du alle weltlichen Bildungseinrichtungen davon überzeugen? Du kannst viel, Anastasia, aber das, worüber du jetzt sprichst, ist absolut unrealistisch."

„Es ist realistisch. Einen anderen Weg haben sie nicht mehr."

„Das denkst du. Und nur du. Das sind nur deine einfachen Worte."

„Aber derjenige, der es mir ermöglicht, solche, wie du sagst, Wladimir, einfachen Worte auszusprechen, verfügt über eine unübertreffliche Kraft. Erinnere dich, vor über sieben Jahren, als du noch Unternehmer warst, habe ich mit einer Rute am See in der Taiga Buchstaben in den Sand gemalt."

„Ja, ich erinnere mich, na und?"

„Und du hast begonnen, Bücher zu schreiben, und viele Menschen lesen sie bereits. Was denkst du, wessen Verdienst das ist? Des Sandes am See in der Taiga oder der Rute, mit der ich geschrieben habe oder der Worte, die ich gesagt habe, oder hat deine Hand allein alle Bücher geschaffen? Dann sprudelte die Poesie in den Herzen der Menschen als eine heilige Quelle hervor. Wer war der wichtigste Schöpfer für das alles?"

„Ich weiß es nicht, vielleicht haben alle Faktoren irgendwie eine Rolle ge-
spielt."

„Glaub mir, Wladimir, bitte, und begreife. Hinter allem, was geschaffen
wurde, stand Seine Energie. Sie hat die Herzen der Menschen begeistert.
Sie wird auch weiterhin begeistern."

„Möglich, aber irgendwie ist es schwer zu glauben, dass die Kirchendiener so zu handeln beginnen, wie du es sagst."

„Du musst daran glauben und in dir eine wohltuende Situation modell-
lieren, dann wird sie sich auch verkörpern. Zumal es dir ja jetzt nicht
schwer fällt, das zu tun. Erinnere dich, als der orthodoxe Priester aus der
Dorfkirche zu dir kam, um deinen geschwächten Geist zu unterstützen.
Ein anderer Geistlicher kaufte deine Bücher für Geld und trug sie selbst
in den Gefängnissen aus. Auch dein Vater Feodorit hat dir vieles erzählt
… Erinnerst du dich?"

„Ja."

„Du musst auch begreifen, das die Kirchendiener in ihrer Weltanschauung nicht alle gleich sind. Es gibt solche, die eine gute Botschaft weiter-
tragen werden."

„Ja, die wird es geben. Aber es wird auch andere geben, die gegenwirken
werden. Und der Oberpriester, von dem du erzählt hast, dessen okkulte
Helfer werden sich auch einige Intrigen ausdenken."

„Das werden sie, natürlich, aber alle Versuche der dunklen Kräfte werden vergebens sein. Der Prozess, der begonnen hat, ist nicht mehr um-
zukehren. Die Menschen werden das irdische Paradies erfahren. Ich spreche einfache Worte, sagst du. Schau, ich spreche jetzt drei einfache Worte aus – und ein Teil der Dunkelheit wird erleuchtet. Die Verbliebenen
sollen ruhig zittern, ihre Namen bleiben verdeckt, sie verlieren die Möglichkeit ihrer Inkarnation in die Wirklichkeit. Die Worte sind ganz einfach: 'BUCH DER AHNEN'."

10. Kapitel

Das Buch der Ahnen

„Die Worte sind tatsächlich einfach und es ist nicht klar, warum alle Mächte der Finsternis vor ihnen zittern sollen?"

„Sie haben Angst vor dem, was hinter diesen Worten steht. Weißt du, wer dieses Buch schreibt und wie viele Seiten in ihm sein werden?"

„Wie viele Seiten? Und wer schreibt sie?"

„Es wird nur wenig Zeit vergehen und Millionen Väter und Mütter werden überall auf der Erde mit eigener Hand Seiten eines Buches füllen. Das wird das Buch der Ahnen sein. Es wird eine sehr große Menge solcher Bücher geben. Und in jedem ist eine Wahrheit, die von ihrem Herzen für ihre Kinder ausgeht. In diesen Büchern wird nichts Arglistiges sein. Vor ihnen fällt die historische Lüge.

Stell dir vor, Wladimir, was passiert, wenn du heute ein Buch in die Hand nehmen könntest, das ein sehr weitläufiger Vorfahre speziell für dich zu schreiben begann, dann hat ein anderer es weitergeführt, dann dein Großvater, dein Vater und deine Mutter.

Auch heute liest der Mensch Bücher; unter denen sind viele, die mit einem bestimmten Ziel geschrieben werden: um die Geschichte, das Wesen des Lebens zu verdrehen. Viele falsche Postulate desorientieren speziell den Menschen im Raum. Man kann das nicht gleich erkennen. Aber es wird sofort klar, wenn der Sohn ein Buch seiner Ureltern liest, das von seinem Vater und der Mutter speziell für ihn fortgesetzt wurde."

„Aber Anastasia, warte, nicht jeder kann doch ein Buch schreiben."

„Es kann jeder, wenn er nur das Verlangen danach hat und wenn er seine Kinder in der Zukunft vor falschen Postulaten bewahren möchte. In wedischen Zeiten hat jeder Vater und jede Mutter ein Buch der Ahnen für seine, für ihre Kinder und Enkel geschrieben. Jenes Buch bestand nicht aus Worten, sondern aus Taten. Die Kinder konnten den geschaffenen Raum wie ein Buch lesen und die Handlungen und Gedanken ihrer Eltern verstehen und sie waren glücklich, den glücklichen Raum aufnehmen zu können. In diesem Buch fehlte nur eines – es gab in ihm keine Warnungen an die Kinder vor der okkulten Welt.

Alle gelehrten Weden wussten nichts davon. Jetzt, da die ganze Menschheit die verderbliche Auswirkung okkulter Postulate an sich selbst erfahren konnte, kann sie auch ihre Kinder davor bewahren.

Auch wenn es noch keine Familienlandsitze gibt, die im Frühjahr blühen, aber die Gedanken darüber gibt es schon in vielen menschlichen Seelen. Man muss auch den Kindern ein Buch über seine Gedanken schreiben."

„Aber wozu soll jeder Vater oder jede Mutter schreiben? Ich schreibe Bücher über Familienlandsitze, der Architekt aus der Siedlung Medwedkowo arbeitet an einem Projekt einer ganzen Siedlung, im Internet diskutiert man eifrig über dieses Thema, ist das denn nicht genug?"

„Nein, das reicht nicht, Wladimir. Schau dir die entstandene Situation genauer an. Du schreibst Bücher, aber andere schreiben das Gegenteil darüber. Es gibt so viele Bücher, dass es ein Mensch nicht einmal schafft, in einem Leben die Hälfte zu lesen. Und dann strömen ja auf den Menschen täglich noch andere Informationen, die nicht aus Büchern kommen, ein. Und scheinen sie auch verschieden zu sein, sie erzählen nur von einem – sie rechtfertigen und verherrlichen die okkulte, nicht reale Welt. Was kann demjenigen, der wieder auf die Welt gekommen ist, helfen, sich zurechtzufinden, was Wahrheit und was Lüge ist? Das größte Heiligtum der Familie wird dabei helfen – das Buch der Ahnen. Vater und Mutter schreiben darin an den Sohn und die Tochter, was man für das Glück im Leben schaffen muss. Die Kinder setzen das Buch der Ahnen fort. Kein Buch wird auf der Welt weiser und wahrhaftiger sein. Alles Wissen der Urquellen fließt darin ein."

„Anastasia, aber wie kann in dem Buch, das die Leute von heute zu schreiben beginnen, schon das Wissen der Urquellen enthalten sein? Woher sollen sie dieses Wissen haben? Du sagtest doch, dass die Kultur unserer Vorfahren, ihre Bücher, dass alles zerstört worden ist."

„Diejenigen, die zu schreiben beginnen, tragen dieses Wissen in sich. Es ist in jedem enthalten. Wenn die Menschen nachdenken und nicht für irgendjemanden schreiben, sondern für ihre Kinder, ist ihnen alles Wissen der Urquellen bewusst und tritt hervor."

„Das heißt, bevor man schreibt, muss man nachdenken, damit gleich auf den ersten Seiten im Buch weise Gedanken dargelegt sind?"

„Die ersten Seiten können von außen einfach aussehen."

„Wie zum Beispiel?"

„Wann wurde der Mensch geboren, der das Buch der Ahnen zu schreiben beginnt? Wie hieß er? Wofür und mit welchen Gedanken begann er, mit der Feder die Seiten des wesentlichsten Buches zu berühren, was wollte er in der Zukunft tun?"

„Ein solches Buch ist für den leicht zu schreiben, der zum Beispiel ein berühmter Schauspieler war oder ein Gouverneur oder ein Wissenschaftler, ein erfolgreicher Unternehmer. Aber was sollen die tun, die einfach gelebt haben? Da hat einer zum Beispiel gearbeitet und kaum das Nötigste gehabt, um das täglich Brot und die Kleidung zu erarbeiten. Was kann er seinen Kindern schreiben, welche Ratschläge kann er geben?"

„Den Herrschern der heutigen Tage und denen, die vor den Menschen in den Strahlen ihres Ruhmes glänzen und denen, die viel Geld erarbeitet haben, wird es schwerer fallen, später vor den Kindern Rede und Antwort zu stehen. Die Taten, die einmal waren, werden die Menschen schnell vergessen. Aber das, was der Mensch in die Zukunft eingebracht hat, wird von kommenden Generationen geschätzt werden. Erinnerst du dich oder irgendein anderer etwa oft an vergangene Gouverneure, berühmte Schauspieler oder Unternehmer?"

„Nicht oft, genauer gesagt, denke ich überhaupt nicht an sie. Ich kenne nicht mal ihre Namen. Aber ihre Kinder werden sich mit Stolz an die Taten ihrer Eltern erinnern."

„Auch ihre Kinder werden versuchen, sie zu vergessen, und sich schämen, die Namen ihrer Eltern zu erwähnen."

„Warum sollen die Kinder sich schämen?"

„Das Schicksal hatte ihren Eltern große Möglichkeiten gewährt, doch sie konnten diese nicht verstehen: Möglichkeiten werden immer gegeben, um die Zukunft zu schaffen. In seinem einen Leben soll der Mensch danach streben, das zweite aufzubauen. Dann wird er wiederkehren und ewig leben.

Jeder Mensch kann bereits heute an seinen Familienlandsitz und an den Raum der Liebe denken, sein Projekt erschaffen und versuchen, ein Grundstück zu nehmen und ein paar Setzlinge oder etwas Samen von Bäumen auf diesem Grundstück aufzuziehen. Auch wenn er die Entwicklung des Hains, des grünen Zaunes und des herrlichen Gartens nicht mehr miterlebt. Auch wenn der arme alte Mann selbst das Fundament für das Haus nicht mehr legen kann. So kann er doch im Buch der Ahnen für die Enkel und für seine Kinder schreiben: 'Ich war arm, erst im Alter begann ich nachzudenken über den Sinn des Lebens, darüber, was ich meinen Kindern gegeben hatte. Und so schuf ich das Projekt eines Raumes für unser Geschlecht. Ich habe ihn für euch, meine Kinder, im Buch beschrieben. Selbst habe ich es noch geschafft, neun Obstbäume im Garten zu setzen und nur einen Baum an der Stelle, wo der Hain sein soll.'

Die Jahre vergehen und ein Enkel wird jenes Buch lesen und sich an den Großvater erinnern, und er geht zu der mächtigen erhabenen Zeder oder Eiche, die unter vielen anderen Bäumen auf dem Grundstück des Familienlandsitzes wächst.

Der Gedanke des Enkels fliegt in den Raum, voller Liebe und Dankbarkeit, er fließt mit dem Gedanken des Großvaters zusammen und für beide entsteht ein neuer Plan des Seins. Dem Menschen wurde das Leben in der Ewigkeit vollständig gewährt. Die Aneignung der Erde, der Planeten des Universums ist nichts anderes als die Umgestaltung von sich selbst.

Das Buch der Ahnen wird hilfreich sein, den Nachkommen die frohe Botschaft zu überbringen, und es wird der Seele desjenigen, der es begonnen hat zu schreiben, helfen, sich wieder auf der Erde zu verkörpern."

„Anastasia, du misst diesem Buch eine solch große Bedeutung bei, dass auch ich beginnen möchte, meinen Nachkommen so eines zu schreiben. Intuitiv fühle ich, dass sich hinter deiner Idee über das Buch auch etwas Großes und Ungewöhnliches verbirgt. Was für ein Name das ist – „Buch der Ahnen", „Ahnenbuch", „Heiligstes Buch der Familie". Worauf kann man es schreiben? Auf einfachem Papier, dann nutzt es sich schnell ab und zerfällt. Auch ein Einband in Heftform und Alben sehen immer primitiv aus. Und wenn das Buch für die Nachkommen vorgesehen ist, wenn das Buch, wie du sagst, große Bedeutung hat, dann muss auch das Papier und der Einband entsprechend sein. Wie denkst du, wie soll es aussehen?"

„So, zum Beispiel", und sie blickte auf ein Buch, das auf meinem Tisch lag. Ich schaute in die Richtung wie sie und hielt in einem Augenblick etwas Ungewöhnliches in der Hand ...

Vor einiger Zeit hatte Sergej aus Nowosibirsk mir das Buch „Anastasia" geschickt. Der übliche Einband des Verlages war abgeschnitten und die Seiten in einen anderen – ich wollte sagen, in einen anderen Einband – eingesetzt, aber das, worin die Seiten eingesteckt wurden, konnte man nicht als solchen bezeichnen. Der sibirische Meister hatte ein ungewöhnliches Kunstwerk geschaffen. Der Buchdeckel mit Buchrücken war aus wertvollen Holzarten gemacht. An den Seiten aus Buche und innen aus Zeder. Alle Teile waren mit kunstvoller Schnitzerei versehen: mit Ornamenten, Text und Darstellungen. All dies ließ sich nur schwer mit dem einfachen Wort „Buchdeckel" bezeichnen. Eine treffendere Bezeichnung wäre vielleicht „Beschlag". Der obere und untere Teil waren mit dem Rücken befestigt und von der anderen Seite durch ein kleines Schloss. Alle Teile waren sehr genau aneinander gepasst worden. Im geschlossenen Zustand waren die Papierseiten genau durch den oberen und den unteren Beschlagteil zusammengedrückt, so dass sich das Papier bei zu hoher oder zu niedriger Feuchtigkeit nicht wellen konnte. Sie wurden nicht einmal durch die Zugluft deformiert wie die anderen Bücher, die ich zum Vergleich daneben legte. Viele, die dieses Kunstwerk sahen, hielten es lange in der Hand, begutachteten es und waren begeistert.

Ich folgte Anastasias Blick und nahm das Buch mit dem Holzbeschlag in die Hand, fühlte seine Wärme und verstand. Ich verstand vielleicht durch dieses ungewöhnliche Werk die noch nie da gewesene Bedeutung des Buches der Ahnen, von dem Anastasia gesprochen hatte.

Sie saß bescheiden auf dem Stuhl neben mir und hatte die Hände demütig auf die Knie gelegt. Ich hatte das Gefühl, dass sie weiser war als alle Priester, die vom tiefen Altertum her ihre Dynastien führten, und sie war weiser als die modernen Analytiker. Und mit ihrer Weisheit, mit der Reinheit ihrer Gedanken, war sie in der Lage, alle negativen Erscheinungen in der menschlichen Gesellschaft zu besiegen. Woher hatte sie solche Fähigkeiten? Welche Schule, welches Erziehungssystem waren in der Lage, den Menschen so zu formen?

Darauf muss man erst einmal kommen, auf so einen unüblichen, unwahrscheinlichen Zug mit dem Buch der Ahnen! Unwillkürlich und schnell dachte ich darüber nach und ... Urteilen sie selbst, was sie sich ausgedacht hatte.

Niemand kann der Flut aller möglichen Suggestionen widerstehen, die jede Minute auf die Menschen in verschiedenen Ländern und in erster Linie auf unsere Kinder einströmen.

Suggestionen! Unaufhörlich laufen im Fernsehen Actionfilme, die das Publikum unterhalten sollen. In Wirklichkeit jedoch zeigen sie, wie herrlich man seinen Wohlstand durch Gewaltanwendung sichern kann.

Suggestionen! Wie toll ist es, eine bekannte Sängerin zu sein, die in einem Meer von Lichtern und von Applaus glänzt und in prächtigen Wagen zu Empfängen fährt. Suggestionen! Ansonsten wäre es erforderlich, daneben die anderen Abschnitte des Lebens dieser Menschen zu zeigen, die wesentlich länger dauern. Die tägliche schwere Arbeit, nicht enden wollende Intrigen der Show-Konkurrenten, alle möglichen endlosen Attacken von Neidern und denen, die von der so genannten freien Presse an den bekannten Persönlichkeiten verdienen wollen.

Ungeheure Suggestionen – aggressive spitzfindige Werbung, bereit, für alles mögliche Reklame zu machen, Hauptsache, es wird bezahlt.

Suggestion! Endlose Neuigkeiten über alle möglichen internationalen Wohltätigkeitsstiftungen, wundertätige Politiker, und die Menschen gewinnen den Eindruck, dass es nur durch sie in den Häusern warm und gemütlich sein kann und dass man satt wird. Und wenn die Heizkörper in einem Haus kalt bleiben, unternehmen die Menschen gar nicht erst den Versuch, darüber nachzudenken, wie sie ihr Leben ändern können, wie sie von der Zentralheizung, der Wasser- und Elektroversorgung unabhängig sein können. Die Leute gehen wie Verrückte auf die Straßen mit Plakaten in der Hand, auf denen steht: „Gebt uns ...!" Die Suggestion der eigenen Hilflosigkeit! Falsche Postulate werden Kindern und Erwachsenen eingeimpft.

Kinder! Von welcher Kindererziehung kann überhaupt die Rede sein, wenn wir alle – die Eltern – abseits dieser Erziehung stehen? Wir erlauben es irgendjemandem, in irgendwelchen Einrichtungen an der Geburt unserer Kinder teilzuhaben. Dann erlauben wir es irgendjemandem, sie im Kindergarten und in der Schule zu unterrichten. Wir erlauben es, dass vor ihnen auf vielen Ladentischen offene und verdeckte Pornoliteratur ausgebreitet wird.

Wir erlauben es irgendjemandem, unseren Kindern Bücher und Lehrbücher zu empfehlen. Wir erlauben es irgendjemandem, für sie Fernsehprogramme zusammenzustellen. Wem eigentlich? Für wen ist es von Vorteil, die ganze Erziehung unserer Kinder in den Händen zu halten? Vielleicht ist es unwichtig, wem wir es erlauben. Vielleicht ist das wichtig, dass wir unsere völlige Hilflosigkeit und Nichtigkeit fühlen? Wir spüren, dass es nicht möglich ist, die Missstände zu stoppen. Aber das ist nicht wahr! Jeder Elternteil kann das machen. Wenn er es nur will. Wenn er nachdenkt. Das Buch der Ahnen! Toll ausgedacht! Ende des Missstandes der merkantilen Suggestion. Soll doch dieser Missstand noch ein bisschen dableiben, sich produzieren. Aber bald nimmt der Mensch das Buch der Ahnen in seine Hände, und dort ist mit der Hand des Großvaters, der Großmutter, des Vaters und der Mutter geschrieben, worin die Vorbestimmung des Menschen liegt. Wir, die heutigen Eltern, finden in jedem Fall heraus, worin sie besteht. Zweifellos! Wir haben Erfahrung, wir haben schon vieles gesehen, gehört und an uns ausprobiert. Wir müssen nur etwas einhalten, uns von den einströmenden Suggestionen abwenden und selbst mit unserem eigenen Kopf denken. Jeder Elternteil muss unbedingt nachdenken. Selbst! Und nur selbst. Es hat keinen Sinn, die Antworten auf die Fragen über den Sinn des Lebens in weisen Büchern vergangener Jahrhunderte zu suchen, wie sehr man diese Bücher auch gepriesen und propagiert haben mag. Es ist genauso sinnlos, die Antworten in Arbeiten von Weisen zu suchen, die das Wissen über Jahrtausende zurückhalten.

Sie – die Weisen – waren große Prediger und eine Art Messias. Sie versuchten, ihre Werke den künftigen Generationen zu verkünden und für sie zu schreiben. Aber nicht eines, nicht eines dieser großen Werke werden wir je sehen. Sie wurden meisterhaft vernichtet. Das kann man leicht verstehen, wenn man einhält und nachdenkt.

Urteilen Sie doch selbst, tauscht man in einem kleinen Satz nur ein Komma, kann man den Sinn der Aussage verändern. Erinnern Sie sich an das berühmte Beispiel: „Hinrichten nicht, begnadigen!" – „Hinrichten, nicht begnadigen!" Wie viele solcher Änderungen wurden in den Werken alter Denker vorgenommen? Vorsätzlich und versehentlich von Abschreibern, Übersetzern, Verlegern und Historikern. Und es geht dabei nicht nur um das Versetzen von Satzzeichen, es wurden Kapitel und Seiten entfernt, eigene Auslegungen geschrieben. Im Ergebnis leben wir in einer illusorischen Welt. Unablässig kämpft die Menschheit gegeneinander. Die Menschen vernichten einander wie besessen und können nicht verstehen, warum die Kriege nicht aufhören. Wie können sie aufhören, wenn die Menschheit kein einziges Mal den Anstifter des Krieges feststellen konnte? Sie konnte es nicht, weil sie nicht selbstständig dachte und das ihr eingeflößte als Wahrheit nahm.

Wer begann den Zweiten Weltkrieg? Wer hat mit wem gekämpft? Wer hat den Sieg davongetragen? Die ganze Weltgemeinschaft weiß: Der Krieg ging von Hitlerdeutschland mit Hitler an der Spitze aus. Den Sieg hat die Sowjetunion errungen mit Stalin als Führer. Und diese Halbwahrheit, genauer gesagt, dieser Unsinn, wird von den meisten als absolute, allen bekannte historische Fakten hingenommen.

Nur einige Historiker und Forscher erwähnen manchmal die geistigen Lehrer Hitlers, zum Beispiel den russischen Lama Gudshijew, der über Karl Haushofer wirkte. Noch ein geistiger Lehrer Hitlers war Dietrich Eckart. Die Historiker wissen auch von Kontakten dieser geistigen Lehrer mit über ihnen stehenden höheren Hierarchien. Namen werden schon nicht mehr genannt, die Forscher behaupten lediglich, dass die Spuren in den Himalaja und nach Tibet führen und in geheime und offene okkulte Gesellschaften, die in Deutschland existierten und in denen Hitler Mitglied war.

In Deutschland wurden Organisationen gegründet wie „Germanischer Orden" oder die Gesellschaft „Thule", deren Symbol das Hakenkreuz mit Kranz und Schwert war.

Jemand hat klar und zielgerichtet in Deutschland eine eigenartige, bis dahin unbekannte Ideologie gebildet, den Menschen einen bestimmten Typ einer Weltanschauung anerzogen. Im Ergebnis dessen kam es zu einem großangelegten Krieg, zu einer Unmenge menschlicher Opfer, zum Nürnberger Kriegsverbrecherprozess, auf dem Hitlers Mitstreiter gerichtet wurden. Aber vor Gericht standen einfache Soldaten, und selbst wenn sie im Range eines Generals oder Feldmarschalls standen, waren sie dennoch

Soldaten, einschließlich Hitler. Soldaten des unsichtbaren Priesters, der die Ideologie formte. Und er, der Hauptstratege und Organisator, wurde in den Gerichtsprotokollen nicht einmal erwähnt. Wer ist er? Wer sind seine nächsten, geheimen Mitkämpfer und Helfer? Und wie wichtig ist es, eine Vorstellung von ihnen zu haben? Wichtig! Außerordentlich wichtig! Denn gerade sie waren es, die den Krieg anzettelten. Und wenn sie im Schatten bleiben, beginnen sie ihn erneut. Mit der Erfahrung werden neue Kriege noch raffinierter und von noch größerem Ausmaß sein.

Was wollten sie tatsächlich, als sie den Zweiten Weltkrieg anzettelten? Vielleicht bringt es uns näher an des Rätsels Lösung, wenn wir den folgenden Fakt erfassen.

Für die Ideologen des Nazismus, der damals in Deutschland existierte, sammelte die Organisation „Ahnenerbe" alte Bücher in der ganzen Welt. In erster Linie interessierten sie alte russische Ausgaben der vorchristlichen Epoche. Es lässt sich eine seltsame Kette verfolgen: Himalaja, Tibet, Lamas, geheime Gesellschaften und im Endergebnis – eine verstärkte Jagd auf das Wissen unserer Vorfahren aus der heidnischen Rus. Uns erschienen sie als nicht erforderlich, aber für irgendjemanden waren sie lebensnotwendig. Warum? Welche Geheimnisse birgt dieses Wissen in sich? Und diese Geheimnisse sind offensichtlich tiefer als all das, was die tibetischen Mönche wissen. Aber wie kann man wenigstens eines dieser Geheimnisse antasten? Nur eines! Und wenn es als wesentlich erscheint, welch verlorene Welt könnte sich den heutigen Menschen eröffnen, wenn noch einige oder alle bekannt gemacht würden? Aber wo, in welchen Jahrtausenden ist die Lösung zu finden? Rom! Im alten Rom! Irgendetwas Außergewöhnliches ist dort auch vor viertausend Jahren geschehen. Außerordentlicher als die Eroberung der römischen Legionen. Ach, ja! Das ist es, das Unglaubliche! Die römischen Senatoren, der Hochadel jener Zeit, die Sklaven besaßen, gaben ihren Sklaven, die Feldfrüchte anbauen sollten und konnten – denen gaben sie Land – zur Nutzung zeit ihres Lebens mit Erbrecht. Der Familie des Sklaven wurden Mittel zum Bau eines Hauses ausgehändigt. Die Familie des Sklaven konnte nicht ohne das Land an einen anderen Besitzer gegeben werden. Das Land war unabdingbarer Bestandteil der Familie des Sklaven.

Aber wieso nahmen die Sklavenbesitzer so einen humanitären und altruistischen Akt vor? Aus Gründen der Wohltätigkeit, oder erhielten sie dafür etwas im Gegenzug? Sie erhielten etwas – zehn Prozent der Ernte auf ihren Tisch. Das war wahrscheinlich die kleinste Steuer in der ganzen uns bekannten Zeit. Stellt sich die Frage: Warum ging der römische Adel auf so etwas ein? Der Sklavenhalter konnte seine Sklaven zwingen, im Schweiße ihres Angesichts auf den Feldern zu arbeiten und sich so viel zu nehmen, wie sie gerade wollten. Aber nein! Warum? Weil im heidnischen Rom noch das Wissen der Weden vorhanden war. Und die Patrizier und Senatoren wussten: Ein und dasselbe Produkt, das vom Sklaven nicht auf seinem eigenen Grund und Boden gezüchtet wurde, unterscheidet sich erheblich von dem, was auf seinem eigenen Land wächst und mit Liebe aufgezogen wird.

Damals wusste man noch, dass alles auf der Erde Wachsende in sich auch eine psychische Energie trägt. Um gesund zu sein, muss man gute Früchte als Nahrung zu sich nehmen. Davon ist auch in einigen alten Büchern der Alexandrinischen Bibliothek die Rede, die vernichtet wurde. Welches Wissen, welche Weisheit wurde mit diesen Büchern verborgen? Anastasia sagt, dass man das Wissen und die ganze Weisheit von den Urquellen angefangen in sich wiederbeleben kann. Jeder könne das tun. Und man möchte an so eine Behauptung glauben, aber man glaubt es nicht vollkommen. Wo findet man Beweise, dass so etwas möglich ist? Welche Fakten sollte man aus dem Gedächtnis hervorrufen, um es vollkommen überprüfen zu können?

Soll man sich an alles, was man von Vater und Mutter gehört hat, an alles in der Schule Gelehrte und alles, was man im Leben gelesen hat, erinnern? Aber in den Erinnerungen gibt es keine gewichtigen absoluten Beweise. Sich an alles erinnern, was der geistige Vater Feodorit sagte? Aber er sagte nicht viel. Er hörte mehr zu und gab alte Bücher zum Lesen, aber auch dort gab es keine Beweise. Also wie? Wie kann ein moderner Mensch plötzlich in sich dieses verborgene Wissen der Urquellen entdecken? Er kann es!!! Es gibt wahrscheinlich in den Erinnerungen jedes Menschen charakteristische Beispiele und Beweise! In meinen Erinnerungen habe ich einen gefunden.

Die gütige und aufmerksame Großmutter

Die Großmutter! Meine Großmutter war eine Hexe. Keine aus einem Märchen, sondern eine wirkliche, eine gute Hexe. Die Alteingesessenen erinnern sich vielleicht an ihre unglaublichen Wunder. Sie lebte in der Ukraine, in einem Dorf mit dem Namen Kuznitschi im Kreis Gorodnjansk im Bezirk Tschernigow. Sie hieß Jefrosinja Werchuscha. Einmal, als ich noch ganz klein war, war ich bei ihren Wundertaten dabei.

Damals verstand ich noch wenig davon, aber jetzt wurde absolut alles klar. Oh, Gott, welche Einfachheit lag in der rätselhaften Unglaublichkeit! Ich glaube, die Hälfte der heute lebenden Menschen, besonders Heilpraktiker, könnten ganz einfach solche Ergebnisse wie die Großmutter erzielen. Ich werde etwas genauer erzählen, was geschah:

Ich verbrachte meine frühe Kindheit in einem Dorf in der Ukraine in einer kleinen weißen, mit Stroh gedeckten Hütte. Ich schaute gern zu, wie meine Großmutter sich am Ofen zu schaffen machte. Einmal hörte ich, als ich mich mit einem meiner Altersgenossen gezankt hatte, etwas Beleidigendes: „Und deine Großmutter ist eine Hexe." Die anderen verteidigten meine Großmutter sofort. „Meine Mutter sagt, sie wäre gut."

Mehrmals habe ich gesehen, wie die Großmutter Leute behandelte. Ich maß dem keine Bedeutung bei. In jenen Zeiten gab es auf den Dörfern viele, die andere heilten. Dem einen gelang die Heilung der einen Krankheit besser, dem anderen die einer anderen Krankheit. Und niemand wurde als Hexe bezeichnet. Aber die Fähigkeiten der Großmutter gingen über den üblichen Rahmen der Heilkunst hinaus. Meine wenig gebildete Großmutter konnte, wie sich herausstellte, ohne weiteres viele Tiere heilen. Sie tat das auf den ersten Blick auf eine ungewöhnliche Weise. Sie verschwand mit dem kranken Tier für einen Tag, dann kam sie mit dem bereits gesunden oder etwas kurierten Tier zurück und sagte dem Besitzer, wie er es weiter behandeln sollte.

Als ich von meinem Altersgenossen das beleidigende Wort „Hexe" über meine Großmutter hörte, verhielt ich mich zu meiner gütigen Großmutter genauso gut wie bisher, obwohl Kinder vor Hexen Angst haben. Sie, oder besser, das, was sie tat, weckte mein Interesse.

Einmal brachte man zu meiner Großmutter das reinrassige Pferd des Kolchosvorsitzenden, das vor kurzem für dessen Ausritte aus dienstlichen Gründen gekauft worden war. Wir, die Kinder, die hier lebten, bewunderten stets das Pferd, wenn der Vorsitzende vorbeiritt. Es hielt den Kopf erhoben, es lief viel ausgelassener und schöner als alle anderen Dorfpferde. Aber dieses Mal brachte man es nicht an einen Wagen angespannt und ohne Sattel zur Großmutter. Es kam jetzt niedergeschlagen und sich langsam fortbewegend an einem Zügel. Ich hatte so etwas noch nicht gesehen, das Pferd des Vorsitzenden in unserem Hof, und ich verfolgte das Geschehen mit Interesse.

Die Großmutter ging zum Pferd, streichelte es am Maul, dann neben dem Ohr und flüsterte ihm ruhig etwas Zärtliches zu. Dann nahm die Großmutter es aus dem Zaum (sie zog das Metallgebiss aus dem Maul des Pferdes heraus), trug eine Bank aus dem Haus auf den Hof, legte Kräuterbüschel auf, führte das Pferd zur Bank und bot dem Tier der Reihe nach die verschiedenen trockenen Kräuter an. Das Pferd beachtete einige davon nicht und wendete sich von ihnen ab, aber an einigen roch es und versuchte sogar ein wenig davon. Die Büschel, die das Pferd beachtete, warf die Großmutter in einen Kübel mit Wasser, der auf den Kohlen stand, und ihr Häubchen mit dazu.

Ich hörte, wie sie den Leuten sagte, die das Pferd gebracht hatten, „kommt übermorgen früh wieder". Als die Leute fortgingen, verstand ich, dass die Großmutter vorhatte, wieder mit dem Pferd zusammen für einen Tag irgendwohin zu verschwinden, und ich bat sie, mich mitzunehmen. Die Großmutter, die meine Bitten immer erfüllte, lehnte es auch dieses Mal nicht ab, aber sie stellte eine Bedingung: Ich sollte mich früher als gewöhnlich schlafen legen. Ich fügte mich.

Die Großmutter weckte mich bei Sonnenaufgang. Vor dem Haus stand das Pferd, das mit einem kleinen Leinentuch bedeckt war. Ich wusch mein Gesicht mit einem Sud aus dem Kessel. Die Großmutter gab mir ein kleines Bündel mit Essen, nahm die Zügel in die Hand, die am Zaum des Pferdes festgebunden waren, und wir liefen auf dem Rain, der die Gärten trennte, zu dem hinter den Gärten liegenden Wäldchen. Am Waldrand liefen wir sehr langsam. Genauer gesagt, die Großmutter lief neben dem Pferd und blieb jedes Mal stehen, wenn das Pferd den Kopf zum Gras senkte und irgendwelche Kräuter probierte. Die Großmutter hielt die Zügel so schlaff, dass sie sogar ihrer Hand entglitten, wenn das Pferd plötzlich irgendetwas im Gras erblickte und den Kopf abrupt zur Seite drehte.

Manchmal zog die Großmutter das Pferd doch hinter sich her, aber wenn wir an einem neuen Platz ankamen, ließ sie ihm wieder völlige Freiheit. Wir liefen bald am Waldrand, bald gingen wir ein Stück hinein. Nach dem Mittag gelangten wir an den Knüppeldamm (eine Sumpfstelle mitten auf dem Feld). Bei einem Heuhaufen der ersten Mahd ließen wir uns nieder, um uns auszuruhen und etwas Vesperbrot zu essen. Nachdem ich Milch mit Brot zu mir genommen hatte und müde von dem langen Marsch war, wollte ich nun schlafen. Die Großmutter holte aus ihrem Bündel ein kleines Schafspelzchen, breitete es bei dem Heuschober aus und sagte: „Leg dich hin, schlaf ein wenig, Enkelchen. Du wirst müde sein."

Ich legte mich hin und kämpfte mit dem Schlaf, da ich Angst hatte, dass die Großmutter auf geheimnisvolle Weise mit dem Pferd und ohne mich verschwinden würde, aber der Schlaf überwältigte mich.

Als ich aufwachte, sah ich, wie die Großmutter irgendwelche Kräuter neben dem grasenden Pferd pflückte und sie in ihr Bündel legte. Bald begaben wir uns in die Richtung des Hauses, gingen aber einen anderen Weg. Als es dunkel wurde, wollte ich wieder schlafen und wieder legte mich Großmutter auf das Schafspelzchen. Sie weckte mich noch vor Tagesanbruch, und wir setzten unseren Nachhauseweg fort. Ich hörte, wie die Großmutter von Zeit zur Zeit dem Pferd irgendetwas sagte. Den Sinn der Worte merkte ich mir nicht, aber ich behielt die Intonation ihrer Stimme: Sie war ruhig, kosend und fröhlich. Zu Hause gab die Großmutter dem Pferd sogleich Wasser, nachdem sie den Sud aus dem Kessel in den Eimer hinzugegossen hatte.

Dann sah ich, wie sie den Leuten, die gekommen waren, um das Pferd abzuholen, die während unserer Reise gesammelten Kräuterbündel gab und ihnen etwas erklärte.

Das ein wenig munter gewordene Pferd ging ungern von unserem Hof weg, es war wieder aufgezäumt und spannte den Zügel, wobei es den Kopf zur Großmutter drehte.

Mehrere Tage war ich meiner Großmutter böse, dass sie mir nicht gezeigt hatte, wie man durch Hexerei verschwindet, sondern nur die ganze Zeit das Pferd geweidet, Kräuter gesammelt und zu Bündeln zusammengelegt hatte.

Ich hätte die Wanderung und die Hexerei schnell vergessen, aber als ich demjenigen, der meine Großmutter beleidigt und als Hexe bezeichnet hatte, sagte, dass meine Großmutter nirgendwohin verschwindet, sondern die kranken Tiere weidet, führte er, der etwas älter war als ich, ein gewichtiges Argument an, gegen das weder ich noch die, die auf meiner Seite standen, die Dorfkinder, etwas erwidern konnten: „Und warum bleibt das Pferd dann jedes Mal, wenn der Vorsitzende an eurem Hof vorbeireitet, stehen, geht nur im Schritt vorbei und gehorcht nicht einmal der Peitsche?"

Ich erinnere mich nicht mehr, was mir die Großmutter erklärte. Ich verstand erst jetzt den Grund. Klarheit und Zuversicht, dass die Tiere so behandelt werden können, wie sie das tat, hatten nur die Menschen, die ein gutes Herz hatten und sich der Natur und den Tieren gegenüber aufmerksam verhielten.

Jetzt verstand ich: Indem sie dem kranken Pferd Bündel verschiedener Kräuter reichte, stellte sie einfach fest, welcher Kräuter das kranke Pferd bedurfte, danach bestimmte sie die Route mit der Berechnung, dass sie auf dem Weg solche Kräuter antrafen und auch solche, die sie im Augenblick nicht hatte.

Sie musste deshalb für einen Tag und eine Nacht weggehen, weil jede Pflanze ihre Zeit hat, in der sie am besten als Nahrung aufgenommen werden kann. Den Zügel hielt sie nicht gespannt, sodass das Pferd bestimmen konnte, welche und wie viele Kräuter es zu sich nehmen sollte. Die Tiere fühlen das auf eine unerklärliche Weise. Da der Sud aus Kräutern gemacht wurde, die das Tier selbst aussuchte, wurde das Häubchen mit dem Sud gewaschen, wahrscheinlich, um eine größere Zuneigung des Tieres zu sich zu gewinnen. Es erweist sich also alles als sehr einfach. Unklar ist, woher die nicht sonderlich gebildete Großmutter all das wusste. Und wie kompliziert machen wir diese Einfachheit! Vielleicht herrschen deshalb in Europa solche Viehseuchen (Massenerkrankungen von Tieren) großen Ausmaßes, und die gegenwärtige Wissenschaft kann sich nichts Besseres ausdenken, als die erkrankten Tiere zu Tausenden zu verbrennen.

Ich führte nur ein Beispiel an, das davon zeugt, dass die Errungenschaften unserer Medizin illusorisch sind, aber man kann eine Vielzahl ähnlicher Beispiele illusorischer Errungenschaften der modernen Gesellschaft aufführen. Ja, wozu über Einzelheiten und Besonderheiten sprechen, wenn man gleich zur Hauptsache übergehen kann?!

Leben in der herrlichen Realität

In welcher Gesellschaft leben wir heute überhaupt? Wonach streben wir? Was wollen wir in der Zukunft aufbauen? Die übergroße Mehrheit wird ohne zu stocken antworten: „Wir wohnen in einem demokratischen Staat und streben danach, eine freie demokratische Gesellschaft aufzubauen, so wie in den zivilisierten entwickelten westlichen Ländern."

Genau das ist die Antwort der meisten Politiker und Polittechnologen.

Genauso lautet die Antwort aus den Fernsehkanälen und so schreiben die Zeitungen.

Genau das ist die Meinung der meisten Menschen in unserem Land.

Genau eine solche Meinung der meisten beweist die Behauptung Anastasias, dass ein Teil der Menschen der modernen Zivilisation in der heutigen Zeit schläft, und der andere ist codiert und besteht aus biologischen Robotern in der Hand eines Häufchens von Priestern, die sich als Herrscher der Welt dünken.

Hält man etwas ein in der fieberhaften und eintönigen Hast des Alltags und denkt selbstständig nach, kann man Folgendes verstehen:

Demokratie! Was ist das für ein Wort? Welche Bedeutung hat das Wort selbst? Die meisten werden mit einem Zitat aus dem bekannten Großen enzyklopädischen Wörterbuch oder dem Bedeutungswörterbuch der russischen Sprache antworten. Sie enthalten ungefähr die gleichen lakonischen Erörterungen: „Demokratie ist eine Form des staatlichen politischen Aufbaus der Gesellschaft, die auf der Anerkennung des Volkes als machtausübende Kraft basiert. Die Hauptprinzipien der Demokratie sind die Macht der Mehrheit und Gleichberechtigung der Bürger ..."

Und die Menschen in den hochentwickelten demokratischen Ländern wählen Parlamente und Präsidenten mit der Mehrheit der Stimmen.

Wählen?! Völliger Unsinn! Völlige Illusion! Es gibt keine Wahlen! Kein einziges Mal, in keinem Staat, der als demokratisch und zivilisiert gilt, war je das Volk an der Macht.

Und die Wahlen? Sie sind völlig illusorisch! Erinnern Sie sich, was immer vor den Wahlen in einem so genannten demokratischen Staat geschieht. Es bekämpfen sich die Gruppen der Polittechnologen der Kandidaten unter Einsatz riesiger Geldmittel, raffinierter Methoden des psychologischen Einflusses auf die Menschen durch die Massenmedien, Fernsehen, durch anschauliche Agitationen.

Je höherentwickelter ein Staat ist, desto raffinierter ist sein Suggestionsverfahren in Bezug auf die Technik.

Völlig offensichtlich ist die Tatsache, dass immer das Team der Polittechnologen gewinnt, welches den größten Einfluss, die größte Suggestion hat. Unter dem Einfluss dieser Suggestion wählen die Menschen. Und sie denken, sie wählen auf eigenen Wunsch. In Wirklichkeit erfüllen sie nur irgendjemandes Willen.

Somit ist die moderne Demokratie – *eine Illusion der Menschenmassen. Ihr Glaube an einen irrealen Aufbau der Gemeinschaft, eine nicht reale, illusorische Welt.*

Alles liegt nur daran, dass es in der Natur keine Unterordnung unter die Mehrheit gibt. Die Gemeinschaft der Pflanzen, der Tiere, der Insekten kann sich ihrem Instinkt, der Bewegung der Planeten, der von der Natur eingerichteten Ordnung, dem Leittier unterordnen. Und die menschliche Gesellschaft wurde stets von einer Minderheit geleitet.

Nicht die Mehrheit führte Revolutionen aus und zettelte Kriege an, sondern sie beteiligte sich an Revolutionen und Kriegen unter der zielgerichteten Suggestion der Minderheit. So war es und so ist es.

Die Demokratie ist die gefährlichste Illusion, der eine große Zahl von Menschen unterliegen. Gefährlich deshalb, weil in der demokratischen Welt tatsächlich eine oder wenige Personen mit Leichtigkeit alle demokratischen Länder leiten können. Es braucht dazu nur viel Geld, ein gutes Team von Psychologen und Polittechnologen.

Und wir, die heutigen Eltern, die wir uns unter dem Einfluss von Illusionen befinden, versuchen auch noch, unsere Kinder zu erziehen. Aber faktisch führen wir sie, ja wir stoßen ihr Bewusstsein in diese illusorische Welt ... Wir geben sie faktisch in die Klauen von irgendjemandem ... Nur nicht von Gott. Wir geben sie genau dem Entgegengesetzten.

Die Welt Gottes ist nicht illusorisch, sie ist real und wunderschön. Sie hat ihre unübertroffenen Aromen, Farben, Formen und Laute. Das Tor zu dieser Welt ist immer offen, man kann immer hindurchgehen, wenn sich unser Bewusstsein von den verwirrenden Illusionen befreit.

Ich werde auch mein BUCH DER AHNEN für meine Nachkommen und für mich selbst schreiben. Und ich werde unter anderem darin schreiben: „Ich, Wladimir Megre, lebte in einer Epoche, als die Menschheit nicht in der reellen Welt existierte. Ihr Leib ernährte sich von Gaben der reellen Welt, aber das Bewusstsein irrte in der illusorischen umher. Das war eine sehr schwere Zeit im Leben der Menschen. Jetzt versuche ich, mein Bewusstsein in die reelle göttliche Welt zurückzuholen. Diese göttliche Welt der Natur litt unter dem Bewusstsein der Menschen. Sie litt stark. Ich habe das verstanden und werde versuchen, das zu korrigieren. Soweit ich kann, soweit ich es schaffe, vielleicht schaffe ich nur das Projekt meines Familienlandsitzes. Vielleicht nur einen Teil davon. Die Hauptsache ist es, es zu verstehen und dass die Kinder es verstehen."

Anastasia saß nach wie vor still neben mir und hörte zu, wie ich laut nachdachte. Als ich fertig war, stand sie auf und ging zum Fenster:

„Am Himmel beginnen die Sterne zu leuchten. Es ist Zeit für mich zu gehen, Wladimir. Du hast in vielem Recht. Aber mögen die neuen Visionen in dir nicht den Wunsch entstehen lassen, Menschen leiten zu wollen. Überwinde die Versuchung und tritt keinen Organisationen bei. Andere Menschen sehen auch die Realität. Sie tun Bedeutendes auf der Erde, wenn sie sich zusammenschließen. Du wirst noch deine Bestimmung im Leben begreifen."

„Ich habe nicht vor, irgendwo einzutreten und irgendjemanden zu leiten, Anastasia. Aber über welche Vorbestimmung sprichst du?"

„Es wird die Zeit kommen, wo du sie selbst fühlen wirst. Lege dich jetzt ins Bett, schlaf und ruhe dich aus. Du bist aufgekratzt. Ein untrainiertes Herz kann den Aufregungen mitunter nicht standhalten."

„Ja, ich weiß. Aber wenn ich einschlafe, gehst du weg. Du gehst immer weg. Manchmal möchte ich gar nicht, dass du gehst. Ich möchte, dass du immer neben mir wärst."

„Ich bin immer neben dir. Wenn du dich an mich erinnerst. Du wirst das bald fühlen und verstehen. Wasch dich jetzt und schlafe ein."

„Ich kann nicht einschlafen. Überhaupt schlafe ich in letzter Zeit schlecht. Die Gedanken lassen mich nicht schlafen."

„Ich werde dir helfen, Wladimir. Wenn du möchtest, lese ich dir Gedichte vor, die die Leser schicken, und ich singe dir ein Wiegenlied."

„Ja, fang an, ich werde es versuchen, vielleicht schlafe ich tatsächlich ein."

Als ich mich gewaschen hatte und mich in das schon vorbereitete Bett legte, setzte sich Anastasia daneben, legte mir die Hand auf die Stirn. Dann strich sie mir durch das Haar und sang leise ein Lied, das eine Leserin aus der Ukraine geschrieben hatte. Anastasia sang ganz leise. Es schien jedoch, als hörten viele Menschen und Sterne ihre Stimme. Sie hörten ihre reine Stimme und die Worte:

Schmiege deine Wange,
In meine Hand.
Morgen kommt
Ein neuer Tag.

Stunde um Stunde
Pflücke ich Traurigkeit
Aus deinem Haar,
Damit du ruhst.

Mit Blau überdecke ich
Die gestickten Sterne
Und bleibe bei dir,

Damit du nicht frierst,
Wenn du an mich denkst.

Aus der Nacht werde ich
Ewiglich kommen.
Meine heilenden Hände
Nehmen dir den Schmerz,
Wenn du mir vertraust.

Ein Stein wird fallen,
Dich aber nicht treffen.
Ich weiß längst,
Wo du scheiterst.

In Paläste und Tempel
Geh nur hinein.
Zwischen allen schönen Damen
Und dir stehe ich.

Auch ich werde leben
In der schwarzweißen Welt,
Damit Pfeile und Schwerter
Nicht mehr nötig werden.

Wenn du - wenn du
Mich liebst.

Eine ergebene Meise
Send ich zum Kranich am Himmel.
So zärtlich ist meine Liebe
Dass ich dich nicht einmal im Traum störe.

Bevor ich in einen tiefen und ruhigen Schlaf eintauchte, dachte ich noch: „Gewiss, morgen wird ein anderer Tag. Er wird besser sein. Ich werde die Morgendämmerung des neuen Tages beschreiben. Und viele Menschen werden in ihren Büchern der Ahnen zu schreiben beginnen, wie die neue herrliche Morgenröte der Menschheit begonnen hat. Und es werden die größten historischen Bücher für die Nachfahren für Jahrtausende sein. Und darunter auch eines von mir. Morgen fange ich an, das neue Buch zu schreiben, jetzt werde ich es nicht mehr so verworren tun. Und das neue Buch wird von der neuen, der historischen Umkehr der Menschen der Erde zur herrlichen Göttlichen Realität handeln."

Bis zum Treffen, verehrte Leser, in der neuen herrlichen Realität!

W. Megre

Fortsetzung folgt ...

Zedernprodukte
"Die klingenden Zedern Russlands"

Zedernöl
nach Angaben von Anastasia

Zedernholzanhänger Zedernnüsse

"Vladimir Jan"
Import-Export von
Naturprodukten
Schuetzlerbergerstr. 43
D-67468 Frankeneck
Tel. **+49 6325-183857,**
+49 6325-980461;
Fax +49 6325-183859;
E-mail: info@zedernprodukte.de
www.zedernprodukte.de

Liebe Leserin, lieber Leser!

Wunderbare Leute aus einem kleinen Dorf in der sibirischen Taiga sammeln Zedernnüsse und gewinnen daraus Öl gemäß den Vorgaben von Anastasia. Dieses Zedernöl wird in einem auf Naturprodukte spezialisierten Unternehmen abgefüllt und verpackt. Auf der Verpackung steht das Logo "Die klingenden Zedern Russlands".
Der sehr hohe Qualitätsstandard und die starke Energetik des Zedernöls "Die klingenden Zedern Russlands" wurden bereits mehrfach wissenschaftlich bestätigt und von Naturheilmedi-zinern und Heilpraktikern empfohlen.

In Russland gibt es zur Zeit viele Hersteller von Zedernöl und es macht mich sehr traurig, wenn andere Zedernprodukte im Namen Anastasias in Deutschland verkauft werden, aber leider mit geringeren Qualitätsstandard und Wirkung.

Für diese Produkte möchte ich als Autor keine Verantwortung übernehmen, weil sie die Ideen Anastasias diskreditieren und den ganzen Prozess der positiven Veränderungen behindern.
Bei Zweifeln wenden Sie sich bitte an den offiziellen Repräsentanten der Zedernprodukte "Die klingenden Zedern Russlands" in Deutschland: "Vladimir Jan - Import-Export von Naturprodukten".

Mit freundlichen Grüßen

Wladimir Megre

www.anastasia-de.com

Diese Web-Seite wurde für diejenigen geschaffen, die den Ideen Anastasias nahe stehen und die erleben wollen, wie unser Planet sich in einen blühenden Garten verwandelt und wie im "Raum der Liebe" unsere Kinder glücklich leben - also für ALLE, die diese Veränderungen miterleben wollen. Hier könnt Ihr Fragen stellen oder Eure eigenen Erfahrungen und Ideen einbringen und andere Meinungen kennenlernen. Ihr könnt Treffen organisieren und Ausstellungen besuchen.
Ihr habt auch die Möglichkeit, Euch über die Bücher von Wladimir Megre und über die sibirischen Zedern und Zedernprodukte zu informieren. Aber vor allem könnt Ihr hier neue Freunde finden!

Vertreter Anastasia Founds in Deutschland - Tel +49 6325 955-99-39,
E-mail: info@anastasia-de.com

Anastasia Founds in Russland: www.anastasia.ru, E-mail: root@kedr.elcom.ru

ANASTASIA BAND 7

... ab März 2004

ISBN 3-89845-058-9
ca. 274 Seiten
mit Abbildungen | gebunden
€ [D] 14,90 / sFr 26,80

Wladimir Megre

Anastasia
– Die Energie des Lebens

Das Wesen eines Menschen besteht aus einer Vielzahl verschiedener Energien. Eine dieser Energien ist die Gedankenkraft. Denn der Gedanke ist der Ursprung aller Dinge. Die Kraft der Gedanken muss trainiert und gefördert werden. Die richtige Lebensweise und Ernährung sind hierfür der Schlüssel.

Anastasia zeigt in diesem Buch u. a., wie man es schaffen kann, seine Gedankenenergie auf das Niveau der bisherigen wahren Herrscher unseres Planeten zu heben. Wenn dies allen Menschen gelingt, wird Frieden, Freiheit und Glück für alle möglich. Sie kreiert damit einen Traum, der auch in Deutschland inzwischen von vielen geträumt wird. Und die Energie unserer Träume ist die stärkste Energie, die es gibt. Es ist die Energie des Lebens.

ISBN 3-89845-024-4
64 Seiten | durchg. farbig
gebunden | 15 x 15 cm
€ [D] 9,90 / sFr 18,10

Elisabeth Kübler-Ross

In Liebe leben

„In Liebe leben" ist die Essenz der Erfahrungen und Erkenntnisse der weltberühmten Ärztin und Sterbeforscherin Elisabeth Kübler-Ross. Durch ihr eigenes außerkörperliches Erlebnis und die Begleitung vieler Sterbenden konnte sie Millionen Menschen die Angst vor dem Tod nehmen und die Bedeutung unseres Erdenlebens vermitteln.

Ein lichtvolles, liebevoll illustriertes Geschenkbüchlein, das uns daran erinnert, was das Wichtigste in unserem Erdendasein ist: „In Liebe leben".

ISBN 3-89845-013-9
64 Seiten | gebunden
mit Illustrationen
€ [D] 9,90 / sFr 18,10

Isabella Monti

Ein himmlischer Dialog

Eine neugierige Seele spricht mit Gott über unsere Welt

Eine kleine Seele trifft Gott bei einem Sparziergang im Himmel. Zwischen den beiden beginnt ein »himmlischer« Dialog – über Liebe und Angst, Schuld und Unschuld, über Freude und Leid, Krankheit und Tod, über Erziehung und Beziehungen, Sucht und Eifersucht, über Religion und den Sinn unseres Erdendaseins. Und Gott antwortet geduldig auf alle Fragen, einfach und klar.

»Ein himmlischer Dialog« ist für Jung und Alt, für Männer und Frauen, für (Noch-) Pessimisten, Optimisten und Realisten, für Gläubige und Ungläubige – und ganz besonders für Sie bestimmt. Die Geschichte der kleinen Seele ist ein wertvoller Wegweiser, der Mut machen und neue Perspektiven eröffnen kann. Weise Botschaften, verpackt in einer genial einfachen Geschichte. Und genau darin liegt ihr Zauber: Sie tut der Seele einfach gut und man kann fühlen, dass tief im Inneren Heilung geschieht. Ganz von selbst.

ISBN 3-89845-007-4
Handbuch 156 Seiten
49 vierf. Symbolkarten
karton. in Stülpschachtel
€ [D] 29,00 / sFr 50,70

Ingrid Auer | Karten-Set mit Buch |

Heilende Engelsymbole

49 Schlüssel zur Engelwelt

Ein Geschenk aus der Engelwelt! Einfühlsam und leicht verständlich ermöglicht Ingrid Auer mit ihren 49 Engelkarten und dem sehr ansprechend gestalteten Begleitbuch einen natürlichen, unbefangenen Zugang zur Engelwelt.

Die im Buch vorgestellten Engelsymbole verhelfen dazu, Blockaden im seelischen und körperlichen Bereich zu lösen und die Chakren sowie Wasser, Nahrungsmittel und vieles mehr zu energetisieren. Auch die verschiedenen Legesysteme bergen eine Fülle von Anwendungsmöglichkeiten. So lassen sich mit Hilfe der kraftvollen Symbolkarten Fragen zu den Themen Selbsterkenntnis, Lebensweg, Lernaufgabe, Vergangenheit - Gegenwart - Zukunft etc. beantworten.

ISBN 3-89845-001-5
147 Symbole mit Handb.
198 Seiten | gebunden
€ [D] 29,00 / sFr 50,70

Ingrid Auer | Karten-Set mit Buch |

Heilen mit Engel-Therapie-Symbolen

Die Heilkraft der Engel in Therapie und Alltag

In ihrem zweiten Band stellt Ingrid Auer 59 Sets mit Engel-Therapie-Symbolen vor, die auf geistigem Wege direkt aus der Engelwelt empfangen wurden. Die beeindruckenden Symbole – die 15 wichtigsten Sets zu je 7 Symbolen sind auf farbigem Karton vorgestanzt zum sofortigen Gebrauch beigefügt – wirken auf die feinstofflichen Körper der Menschen. Denn eine Heilung auf feinstofflicher Ebene geht in der Regel der Heilung auf physischer Ebene voraus. Durch die Symbole werden Heilungsprozesse beschleunigt, indem die Selbsterkenntnis gefördert und die spirituelle Entwicklung unterstützt wird. Die Anwendungsmöglichkeiten der 59 Sets werden mit Blick auf die dazugehörigen seelischen Hintergrundthemen und anhand von zahlreichen Fallbeispielen anschaulich erläutert.

ISBN 3-89845-010-4
192 Seiten | gebunden
€ [D] 16,90 / sFr 30,10

Anneliese Seebacher

Damit die Liebe wieder fließen kann

Neue Harmonie in der Familie

Dies ist ein Buch über die Liebe, über Liebende und Nicht-mehr-lieben-Könnende. Es handelt von der großen Sehnsucht nach Liebe, die wir alle kennen, und den tiefen Schmerzen, die oftmals mit den Erfahrungen von Liebe einhergehen.

Viele Menschen machen die Erfahrung, dass Liebe weh tut. Warum ist das so? Unsere Meisterschaft im Lieben, über die wir von Geburt an verfügen, wird durch unser soziales Umfeld unterbrochen, blockiert und beschnitten. Wie gehen die Eltern mit dem Kind um? Was denken sie über die Liebe und wie begegnen sie einander? Wie gehen sie selbst mit ihren Eltern um, liebevoll akzeptierend oder lieblos anklagend? Wie sieht es mit der Liebe zu ihren Geschwistern aus? Diese Prägungen wirken sich auf unser späteres Liebes- und Beziehungsleben aus.

ISBN 3-89845-030-9
Handbuch 184 Seiten,
mit 38 farb. Karten
€ [D] 22,90 / sFr 40,10

Magda Wimmer | Karten-Set mit Buch |

Das Herzenswissen der Maya Tagehüter

Die universelle Weltordnung und das Webmuster der Zeit

Träumen Sie nicht auch davon, das Mysterium längst vergangener Kulturen zu lüften?

Dieses Set hilft Ihnen spielerisch, den kosmischen Weisheiten und Prophezeiungen der Maya auf die Spur und ihnen somit etwas näher zu kommen. Maya bedeutet dabei „Wissen um den Ursprung der Welt zu haben", und das Tagehüten ist das Hüten der Sonne und des Wissens um die Quelle, aus der wir alle kommen. Wagen Sie den Sprung auf ein neues Terrain des spirituellen Lernens! Lernen Sie, wieder auf Ihre innere Stimme zu vertrauen, und bekommen Sie dadurch die Sicherheit, die nächsten Schritte zu gehen.

Denn wir alle sind Mitspieler und beeinflussen das große Spiel des Lebens. Jeder Gedanke verändert die Welt!

ISBN 3-931652-97-1
168 Seiten | broschiert
€ [D] 14,90 / sFr 26,80

Judith Bluestone Polich

Die Wiederkehr der Kinder des Lichts

Prophezeiungen der Inkas und Mayas für eine neue Welt,

Das Werk bietet einen tiefen Einblick in die alten Hochkulturen. Doch das eigentlich Faszinierende besteht darin, wie sehr sich in unserer unmittelbaren Gegenwart die Prophezeiungen jener Kulturen erfüllen. Es ist die Synthese der Wissenschaften mit einem völlig neuen Bewusstsein, die uns in ein neues Zeitalter führen wird. Überzeugend wird dargelegt, dass es dabei keineswegs zu Apokalypsen kommen wird, sondern zu einem tiefen Selbstverständnis des Menschen, der zugleich Schöpfer einer neuen planetaren Zivilisation wird. Unser Weg in eine Zukunft mit völlig neuen Möglichkeiten führt über das Verstehen unserer Vergangenheit, worüber die Inkas und Mayas bereits damals ein tiefes Wissen hatten. Es ist vor allem ein Buch über unsere enormen Chancen für eine schon nahe Zukunft.

ISBN 3-89845-034-1
160 Seiten | gebunden
€ [D] 14,90 / sFr 26,80

Squire Rushnell

Wenn Gott zwinkert

Wie die Kraft des Zufalls Dein Leben leitet

Haben Sie sich jemals über Zufälle gewundert? Warum passierte mir das gerade, als ich es so dringend brauchte? Als ob es jemand geplant hätte. Nicht nur Sie stellen sich solche Fragen. Viele haben schon festgestellt, dass es weit mehr seltsame Zufälle im Leben gibt, als man ahnen möchte. Auch der Autor hat eine Menge dieser Gotteswinke erlebt und zeigt, wie der Leser sie leichter entdecken und sein Leben damit bereichern kann. Mit einer Reihe von faszinierenden Wink-Geschichten aus der Welt der so genannten Zufälligkeiten im Leben von Berühmtheiten und Leuten wie du und ich schließt sich der Reigen rund um das von einer höheren Kraft in die Hand genommene Schicksal.

ISBN 3-89845-014-7
384 Seiten | gebunden
€ [D] 24,90 / sFr 43,70

Trutz Hardo

Das große Karmahandbuch

Wiedergeburt und Heilung

Deutschlands bekanntester Rückführungstherapeut Trutz Hardo legt hier ein umfassendes Grundlagenwerk vor, das sowohl die Allgemeinmedizin als auch die Psychotherapie mit einem neuen Heilansatz konfrontiert – und sie womöglich revolutioniert.
Neueste empirische Forschungsergebnisse aus der Rückführungstherapie zeigen, dass die meisten physischen und psychischen Krankheiten schon in früheren Leben verursacht wurden und sich im heutigen Folgeleben als Symptome manifestieren. Während einer Rückführung kann die Ursachensetzung in jenen früheren Leben aufgelöst werden und Heilung wird möglich – zahlreiche Beispiele belegen es!

ISBN 3-89845-002-3
248 Seiten | gebunden
€ [D] 14,90 / sFr 26,80

Pierre de Forêt

Die Weisheit deiner Seele

Einblicke in Höheres Wissen

Literatur, die sich spirituellen Themen widmet, lässt die Leserschaft häufig mit vielen sich daraus ergebenden Fragen zurück. Der Autor wendet sich diesen Fragen zu. Sein „Begleiter" weicht auch heiklen Fragen nicht aus und führt die Leserschaft mit seinen tiefgründigen Antworten behutsam an verschüttetes Wissen der eigenen Seele heran. Was erwartet uns nach unserem Tod? Wer bestimmt den Zeitpunkt unseres Todes? Worin liegt der Sinn unserer uns manchmal sinnlos erscheinenden irdischen Existenz?